同济大学欧洲与德国研究丛书

总主编: 郑春荣

编 委（按姓氏笔画为序）:

伍慧萍 孙宜学 宋黎磊 陈 强 单晓光

本书为作者主持的 2013 年度国家社科基金一般项目
"极右翼思潮蔓延对欧洲左翼政党的影响研究"（13BZZ013）结项成果。

同济大学欧洲与德国研究丛书

极右翼阴影下的
欧洲左翼政党

THE EUROPEAN LEFT PARTIES
IN THE SHADOW OF EXTREME RIGHT

杨云珍　著

社会科学文献出版社
SOCIAL SCIENCES ACADEMIC PRESS (CHINA)

序 言

　　2021 年是中国共产党建党 100 周年，以此为契机，国内学术界对百年政党和百年大党进行了深入的研究分析，取得了十分丰硕的成果。其中之一是人们更深刻地认识到政党发展是一个国家政治生活中最充满生气的领域，从来没有静止的形态，也没有终极的模式。随着经济社会的发展，政党的组织结构、意识形态、选民基础或者阶级基础都处于发展变化之中。一些成立很早的老党，有的因能适应历史的变迁，依旧能焕发生机，成为百年政党；有的则逐渐衰落，退出了历史舞台。那些不断出现的新政党，有的激流猛进，在政治舞台上大显身手；有的显赫一时却昙花一现，走进了历史的山洞。一些国家或地区实行了切合实际的政党政治，社会和经济因而步入正轨，得到了快速发展；一些国家或地区则因党派斗争，而使人民陷于社会极化所致的不安定中。这些现象表明，在当今世界和中国所面临的国际、国内两个大变局中，政党政治的重大变化是引发国际大变局的一个至关重要的原因。杨云珍博士的新著《极右翼阴影下的欧洲左翼政党》就是这样的一部力作——研究了欧洲政党政治在进入 2010 年代后所发生的重大变化。

　　本书以新自由主义政策引发的全球化和欧洲一体化为背景，以 2008 年的金融危机、2009 年的欧债危机和 2015 年的难民危机为契机，将欧洲的政党政治置于多重的背景中加以考察和分析，进而指出危机的根源为极右翼思潮抬头与极右翼政党崛起提供了政治机会。极右翼政党的崛起使欧洲主流左翼政党面临着前所未有的困境。基于此，本书聚焦探讨了极右翼政党力量的上升给欧洲左翼政党带来的影响，并分析了欧洲左翼政党在极右翼政党阴影下的艰难现状，以及双方正发生着怎样的博弈。最后，在政党竞争的语境中，杨云珍博士思索了欧洲左翼政党在"阴影"下的未来。

　　首先，本书构建了一个多元的理论分析框架，以极右翼政党的意识形态诉求为基，借鉴伊斯顿"系统论"中"需求一方"（含有六个维度，包括全球化给传统政党政治带来的压力、欧洲一体化、经济危机、局内人与局外人——移民与身份政治、日益加剧的不平等以及重回民族国家）和"支持一方"（以安东尼·唐斯的政党竞争空间模型和社会民主党自身身份与话语权的缺失为理论基础）的理论，解读了极右翼政党对欧洲左翼政党的影响。基于此，作者认为任何单一的理论都不足以解释这种现象，它们是多种因素合力综合作用的结果；因此，需要构建一个多元的理论分析框架，以便不断地审视极右翼政党与中左翼政党的力量博弈过程。

其次，本书指出，社会民主主义在意识形态上失败的主要原因与当初成功的原因基本一致。其当年的成功在于把国家视为对资本主义经济进行规制与管理的工具，并成功使其民主化，以社会民主主义作为凝聚国家的力量。但是当资本主义的主要结构要素，尤其是资本和金融越过国家的边界开始在全球流动后，以国为界的社会民主主义就失去了当初规制国家的功能和效力，致使西方资本主义民主面临目前的两难困境。

再次，本书进一步指出，正是由于新自由主义引发的全球化，资本、劳动力和金融组织才在全球广泛而迅速地流动，而社会民主主义是以国家为导向的意识形态，在面对全球化的冲击时，其短时间内无法跳出国家的边界来维系自身在福利国家、教育和公民权利等方面所取得的成就。这也是导致极右翼思潮抬头的一个重要原因。与此同时，欧洲各国社会内部日益增加的不平等和对移民问题的担忧也为极右翼政党扩大自身影响力提供了契机。

最后，本书还对欧洲左翼政党的发展走向作了探讨，即社会民主主义左翼政党虽然面临着重重困境，但它的价值追求并未过时，其所倡导的其实是一个关乎集体的道德工程和一项关乎所有人命运的共同事业。

杨云珍博士十几年来专注于政治学和政党政治的专业研究，对欧洲左右翼政党的研究有着较为深厚的积累和学术造诣。相信通过本书丰富的资料、详实的数据以及鞭辟入里的分析，读者们能够更为深入地了解欧洲左右翼政党的重大发展变化。本书既是呈现给国际政治、政党政治和党的建设等专业工作者的一本必读书和参考书，也是提供给从事国际政治、国际关系、政党政治的广大党政工作者和青年学子的一个重要读本。

周淑真

2021 年 10 月 15 日

目录
CONTENTS

第一章

导　论

　　2008 年肇始于美国的次贷危机，引发了全球金融风暴。危机不断延续和深化，2009 年 10 月欧洲主权债务危机率先在希腊爆发，并于 2010 年 3 月进一步发酵，蔓延至葡萄牙、意大利、爱尔兰和西班牙。这是自 1929 年以来资本主义世界遭遇的最严峻的一次经济危机，西方学者称其为"大衰退（Great Recession）"。这样一场经济衰退在给欧洲重债国家带来经济重创的同时，也引发了一系列深刻的政治危机，街头抗议运动风起云涌，执政党面临困境，而在政治谱系的左右两端，民粹主义力量不断上扬和凸显。欧债危机让欧洲泥足深陷，到 2014 年时，多国政府财务状况依然风雨飘摇，增长前景在可预见的未来也一片暗淡。一波未平，一波又起，2015 年初，由叙利亚内战引发的难民危机爆发，如潮水般涌入欧洲的难民又给各国带来了新的挑战。在此背景下，极右翼民粹主义进一步升温，以反移民、排外为主要政治诉求的极右翼政党在不同层次的选举中成为最大赢家。这不仅深刻地改变了欧洲的政党生态，欧洲政党政治的钟摆右倾，进而使欧洲社会充满了恐惧的心理和情感，侵蚀着第二次世界大战结束后欧洲所倡导的主流价值观，给欧洲民主带来挥之不去的阴影。2016 年，英国法拉奇领导的独立党直接推动了英国"脱欧"，给欧洲一体化建设带来了前所未有的重创。

　　基于此，本书以 2008 年金融危机以来欧洲所面临的多重危机为大背景，分析极右翼思潮蔓延，极右翼力量崛起的深层次原因。在此基础上，力争从极右翼政党的意识形态、动员方式、话语策略等维度探究其对欧洲主流左翼政党的影响。极右翼政党强烈的反建制、反移民、反欧盟、反多元主义、仇外的政治诉求以及充满民粹主义色彩和修辞的动员方式和策略手段，以及在各成员国和欧盟层面选举中不断获取的胜利，使得后金融危机时代欧洲政党政治生态呈现碎片化、极化、选举政治空心化、政治不断右倾的特征，并同时在欧盟层面也进一步引发了更深刻的危机。

伴随着 2016 年英国"脱欧"公投，2017 年德国大选中德国选择党成为第三大党，并正式成为德国政党格局中建制派的一部分，以及 2018 年意大利大选后，由右翼民粹主义的"北方联盟"与"五星运动"领导人联合执掌政府权力，欧洲正经历着极右民粹主义浪潮的洗礼。值得深思的是，在极右翼力量崛起的进程中，有着 150 年历史，曾形塑了欧洲福利国家与民主价值观的欧洲左翼的社会民主党，却在近年的选举中经历了前所未有的挫折与失败。在这样的背景之下，分析极右翼思潮蔓延，极右翼政党在哪些维度对欧洲左翼政党带来了何种影响，以及极右翼政党与左翼政党之间的力量博弈如何深刻地改变了欧洲的政治生态，不仅关乎欧洲的未来，在一定程度上也决定着世界政治的未来走向。因此，本课题的研究既具有学理意义，又有着深刻的现实观照精神。

一　国内外关于欧洲极右翼的研究综述

（一）国内关于欧洲极右翼的研究

国内学者从 1990 年代末开始关注当代西欧极右翼思潮的兴起。在研究极右翼政党的相关学术论文中，多数学者对极右翼政党的核心概念、分类、兴起的原因及未来走向进行了分析和论述。在对极右翼政党的核心概念的界定上，孙恪勤认为极右翼政党的核心内容是"种族优越论，即认为本种族、本民族或团体较其他种族、民族或团体优秀，它否定人的平等、人权和民主制度，宣扬白人至上和社会达尔文主义、反对社会主义和共产主义"。[①] 张英武和陈永亮认为极右翼政党是指在意识形态上奉行法西斯主义，具有极端民族主义、种族主义和专制主义的特征，旨在参与或执掌国家政权的政党。当前，反对外来移民、欧洲一体化以及欧盟东扩是它们共同的政治诉求，极端狭隘的民族利己主义是它们的本质特征。[②]

---

① 孙恪勤：《欧洲极右势力为何屡屡抬头？》，《求是》2002 年第 4 期。
② 张英武、陈永亮：《当代欧洲极右翼政党分析》，《贵州师范大学学报》（社会科学版）2004 年第 2 期。

值得关注的是，国内学者对于极右翼政党的分类也有不一致的地方，一些学者将法国的"国民阵线"[①]和海德尔领导的奥地利自由党归为民粹主义政党，如林红[②]和杨皓、史志钦[③]。而田德文认为法国的"国民阵线"不属于民粹主义政党，应归类为极右翼政党[④]。他认为当代欧洲的极右翼政党基本上可以分为三类：第一类是继承了法西斯主义衣钵的传统极右翼政党，例如意大利的"三色火焰""法西斯与自由"，德国的"国家民主党"，这些政党公开为法西斯翻案，宣扬种族主义和排外主义。第二类是后工业时代出现的法西斯主义色彩并不明显的极右翼政党，例如法国的"国民联盟"、德国的"人民联盟"、意大利的"北方联盟"和比利时的"佛拉芒集团"等，它们虽不像传统的极右翼政党那样公然为法西斯招魂，但其党魁不时以出格的言语挑起社会矛盾，影响非常恶劣。如勒庞在竞选中就呼吁建立一个法兰西民族利益高于一切的以种族主义为核心的国家，主张在就业、住房等福利方面法国人优先。这类极右翼政党已经在各国议会获得了一定席位，并且业已成为当代欧洲极右翼政党的主流派别。第三类是"新右翼政党"，也有人称之为"民粹主义政党"。瑞士和丹麦的"人民党"以及挪威的"自由党"都属于此类。这类政党以国家、民族及平民利益为号召，具有强烈的民粹主义色彩。党魁为了赢得下层群众的信任，大都把自己设计成为"平民领袖"。这类政党摆脱了与法西斯主义和纳粹主义的任何联系（除了海德尔本人之外），放弃了与"国民联盟"和"佛拉芒集团"这样的党派（这些人在它们的认识里属于"极端主义分子"）合作的任何念头。[⑤]

关于极右翼政党兴起的原因，国内学者普遍认为经济全球化的浪潮虽然有利于资源在全世界的优化配置，但不可避免地加剧了国际国内竞争，使欧洲弱势群体的处境更为艰难；欧洲一体化很容易在西欧各国内部造成信仰危机。国家主权让渡、民族身份丧失，使弱势群体对欧洲一体化的切身感受是失业、贫困和危机。西欧主流政党的中间化，左右翼意识形态趋同，使选民的归属感淡化，这就给极右翼政党"标新立异"的政治诉求提供了生存

---

① 2018 年 6 月 1 日，该党党魁玛丽娜·勒庞宣布将"国民阵线"更名为"国民联盟（Rassemblement National）"（本书中，前后两种名称均有出现）。

② 林红：《后冷战时代的欧洲新民粹主义》，《国际论坛》2005 年第 4 期。

③ 杨皓、史志钦：《欧洲新民粹主义政党探析》，《国际论坛》2004 年第 4 期。

④ 田德文：《欧洲极右翼势力的政治化趋势》，《光明日报》2000 年 12 月 20 日。

⑤ 〔英〕让－尹夫·加缪：《欧洲的极右翼》，陈露译，《当代世界与社会主义》2001 年第 3 期。

空间。

对于极右翼政党的影响及未来发展趋势，国内学者认为，从深层次来讲，1990年代欧洲极右翼思潮和政党的兴起，是全球化以及现代化过程中出现的"历史反弹"，也是西欧政党格局分化组合的结果。国内学者侧重于考察它的兴起给当代国际关系的演绎和发展带来的喧嚣与变数，认为虽然极右翼政党不可能在短时间内消失，但也很难取代主流政党的地位。①

在与极右翼政党相关领域的研究中，值得关注的有林红的《民粹主义：概念、理论与实证》②。作者以民粹主义的视角统领全书，从民粹主义的要素分析、草根性的民粹主义、非理性的民粹主义、批判性的民粹主义四个方面对民粹主义的概念进行了梳理；从思想传统、社会根源、制度环境、心理基础四个方面对民粹主义进行了解读；在实证部分对当代欧洲的极右翼政党进行了分析，将其界定为欧洲新民粹主义。作者研究的重点在于民粹主义，对于欧洲的新民粹主义的根源、特征与面临的困境进行了探讨，是国内学术界对民粹主义论述较系统和深刻的一本专著。但局限之处，是作者着重于从思潮的角度而非从政党自身的角度进行分析。

截至目前，国内关于当代欧洲极右翼政党研究的专著还比较少。在国内学术界关于政党研究的一些专著中，对极右翼政党有所提及，但没有进行具体深入的分析。顾俊礼主编的《欧洲政党执政经验研究》一书，主要是研究欧洲政党执政经验。但鉴于当代欧洲极右翼政党在欧洲政坛上的兴起以及影响，该书还专门列有一个附录，探讨了"全球化浪潮中欧洲的极右翼"。对极右翼政党的概念进行了界定，将极右翼政党的意识形态主张归纳为"民族主义、种族主义、仇外、反民主和强国家"，并且对不同国家的极右翼政党作了介绍。③ 林勋健的《政党与欧洲一体化》④ 和李景治、张小劲主编的《政党政治视野下的欧洲一体化》⑤，都涉及对极右翼政党的研究，均侧重于研究极右翼政党对欧洲一体化的影响，但对于欧洲极右翼政党自身没有进行深刻的探讨和学理上的分析。张莉同样以民粹主义的动员方式为出发点，将这一类型的政党称作右翼民粹主义的政党，对不同国家的右翼民粹主义政党

---

① 王缉思、阎学通、史志钦等：《右翼，极右翼与未来的世界》，《世界知识》2002年第11期。
② 林红：《民粹主义：概念、理论与实证》，中央编译出版社，2007。
③ 顾俊礼主编《欧洲政党执政经验研究》，经济管理出版社，2005，第305页。
④ 林勋健：《政党与欧洲一体化》，当代世界出版社，2000。
⑤ 李景治、张小劲：《政党政治视野下的欧洲一体化》，法律出版社，2003。

作了介绍和分析，指出这一类型的政党是西欧民主制度的幽灵。① 笔者在《当代西欧极右翼政党研究》中，聚焦探讨了西欧极右翼政党的意识形态特征，构建了一个多元的理论框架，分析了极右翼政党崛起的原因，指出任何一个单一理论都不足以解释极右翼政党的崛起，它是多种历史合力带来的结果，并且分析了极右翼政党对西欧社会的深远影响。②

（二）国外关于欧洲极右翼的研究

和国内的研究现状相比较，国外的研究成果相对较为丰富，研究角度的选择更具多样性，在研究方法的使用上，既有定性的分析，也有定量的测量。

国外学者对于极右翼政党的研究著作或论文较多关注以下几点：极右翼政党的概念和认同、极右翼政党的意识形态、极右翼政党的领袖、极右翼政党所面临的适应困境以及极右翼政党兴起的原因。关于极右翼政党兴起的原因，不同的学者分别从社会学、社会心理学、系统分析和理性选择、人权和文化传承以及其他的分析视角进行了深刻的探讨和剖析。2008年金融危机以及欧债危机爆发后，伴随着在政治实践中极右翼政党力量的异军突起，尤其是2016年英国"脱欧"，美国特朗普胜选之后，学者们在研究领域中对极右翼、民粹主义有了更多的关注与思考，相关文献如雨后春笋般涌现。

1. 极右翼政党的概念

奥顿·A. 纳斯塔萨斯基（Othon A. Nastasakis）曾总结了有关极右翼政党研究的三个欠缺：一是缺少大致被接受的定义；二是充满令人困惑的术语；三是面对众多的个案在分类上面临诸多困难。

关于"极右翼"这一称谓，不同的学者赋予它不同的概念。荷兰学者卡茨·穆德（Cas Mudde）称之为"极端的右翼民粹主义（radical populist right）"③，皮帕·诺里斯（Pippa Norris）称之为"激进右翼（radical right）"④，伊丽莎白·卡特（Elisabeth Carter）和皮耶罗·伊戈纳兹（Piero Ignazi）则称之为

---

① 张莉：《西欧民主制度的幽灵：当代西欧右翼民粹主义政党研究》，中央编译出版社，2011。
② 杨云珍：《当代西欧极右翼政党研究》，上海人民出版社，2012。
③ Cas Mudde, *Populist Radical Right Parties in Europe*, Cambridge University Press, 2007.
④ Pippa Norris, *Radical Right-Voters and Parties in the Electoral Market*, Cambridge University Press, 2005.

"极右翼（extreme right）"①。

在对"极右翼政党"这一概念进行界定时，卡特引进了三个标准：排外主义方式的民族主义；种族主义者或者至少是本民族文化的遵奉者；反对民主或至少是要求对民主进行制度上的修正。②

2. 极右翼政党的意识形态及分类

卡茨·穆德在其著作《欧洲的民粹主义极右翼政党》中，认为极右翼政党意识形态的核心概念是本土主义（nativism）、威权主义（authoritarianism）和民粹主义（populism）。③ 伊丽莎白·卡特在其著作《西欧的极右翼——胜利或失败》一书中，把极右翼政党的意识形态诉求作为选举成绩的标志之一，是近年来对极右翼政党进行比较研究中为数不多地将意识形态与选举成绩之间的关系进行考量的学者。

赫伯特·基切尔特（Herbert Kilschelt）在同意他们三人观点的基础上，认为他们对于极右翼政党诉求的关注不很充分。他认为，政治精英所提供的政策在多大程度上能够被选民所理解和接受，能更直接地测定一个政党的纲领。他认为当政治经济发生变化时，极右翼政党需要照顾分布在政治不同"格子"中之人的诉求。主张市场自由主义的政党并不总是选举中的胜利者，极右翼政党可以在它们的包裹里囊括市场自由主义。④

赫伯特·基切尔特从理论和经验的角度探讨了那种认为极右翼政党的成功和市场自由没有联系的观点。他认为在竞争民主制度中，政党不能仅仅把关注的焦点集中于它们自己最喜欢的问题，因为其并不能控制政治议程。从经验层面来看，所有竞选胜利的极右翼政党都把它们的纲领诉求置于政治分布维度中的市场自由主义的一方，支持极右翼政党的选民也把他们置于政治光谱中市场自由主义的一方。⑤

汉斯（Hans）认为极右翼政党意识形态最显著的特征是移民问题上的民

---

① Elizabeth Carter, *The Extreme Right in Western Europe-Success or Failure?* Manchester University Press, 2005.

② Elisabeth Carter, *The Extreme Right in Western Europe-Success or Failure?* Manchester University Press, 2005.

③ Cas Mudde, *Populist Radical Right Parties in Europe*, Cambridge University Press, 2007, p. 293.

④ Herbert Kitschelt, Anthony J. Mcgaa, *The Radical Right in Western Europe, A Comparative Anaylysis*, The University of Michigan Press, 1995.

⑤ Herbert Kitschelt, Anthony J. Mcgaa, *The Radical Right in Western Europe, A Comparative Anaylysis*, The University of Michigan Press, 1995.

族主义和经济问题上的新自由主义。比如，英国国家党（British National Party）的纲领清楚地表明该党不接受自由民主秩序，同时公开强调移民问题，坚持必须把非白人遣送回国，这是它主要的政纲条款，认为政党的核心是拥护国家社会主义的专制，像希特勒的第三帝国。尽管他们骨子里支持纳粹，但表面上持一种隐蔽的态度，强调英国的根，因为这样才能获得英国大众的支持。①

在对极右翼政党的意识形态进行分类研究方面，不同学者根据不同的分类标准和维度，对极右翼政党的意识形态进行了区分。贝茨（Betze）、塔格特（Taggart）、英格尔哈特（Inglhart）等主要学者认为对于极右翼政党的分类应与它的概念界定紧密联系在一起。②

皮耶罗·伊戈纳兹按照极右翼政党与古老的法西斯主义政党有没有联系，将其分成"旧的极右翼政党"和"新的极右翼政党"两种类型。第一种类型的极右翼政党宣称自己是旧的已经坍塌的法西斯主义的继承者，新的极右翼政党宣称自己和老的法西斯主义没有任何联系。③

卡特按照极右翼政党对于移民问题和种族问题的态度、对于民主和议会政治的态度、对于多元主义的态度，以这三个维度为参照，把其分成了五种类型：新纳粹主义政党、新法西斯主义政党、独裁主义仇外的政党、新自由主义仇外的政党、新自由主义的民粹主义政党。

关于极右翼政党中对欧洲一体化的怀疑，塔格特认为，边缘性政党更倾向于具有疑欧主义的特征。政治谱系左右两端的极端政党在体制中处于边缘的地位，也恰是因为这种边缘位置，极端政党通过增强对欧盟的反对以凸显自己与主流政党的区别。④

明肯贝格（Minkenberg）认为，极右翼的政策针对的是反移民。它们强调种族中心主义，追求保卫"处于危险中的国家和人民"，极右翼政党反对

---

① Roger Karapin Hans Source, Radical-Right and Neo-Fascist Political Parties in Western Europe, *Comparative Politics*, 30（2）, 1998.

② Betze, Hans-Georg, *Radical Right-Wing Populism in Western Europe*, Macmillan, 1994.〔英〕保罗·塔格特：《民粹主义》，袁明旭译，吉林人民出版社，2005。Inglehart, Ronald, *The Silent Revolution: Changing Values and Political Styles Among Western Publics*, Princeton NJ: Princeton University Press, 1977.

③ Piero Ignazi, *Extreme Right in Western Europe*, Oxford University Press, 2003.

④ Taggart, A Touchstone of Dissent: Euroscepticism in Contemporary Western European Party Systems, *European Journal of Political Research*, 33（3）, 1998.

欧洲一体化，致力于同各国极端的种族、宗教、文化和排外的政治力量相联合，以便构建国家和民族的归属感。①

3. 极右翼政党中的领袖

多数学者认为极右翼政党有极具个人魅力的领袖，这是极右翼政党的一个主要特征。但是伍特·范·德尔·布鲁格（Wouter van der Brug）和安东尼·穆汉（Anthony Mughan）在《领袖对于极右翼民粹主义政党的作用与支持》一文中，通过对荷兰三次选举的考察，以选民的阶级、收入、受教育程度、宗教、年龄和性别为测量的变量，认为年龄、宗教、政党在政治光谱中的左右定位以及政党规模等四个因素对于选民的政党偏好具有重要的影响，作者最后得出结论说，政党领袖对于极右翼政党的作用同那些主流政党没有任何不同。②

4. 极右翼政党的适应困境

卡茨·穆德在其著作《欧洲民粹主义的极右翼政党》一书中，提出了一个独到的名词和见解，即"适应困境"。③ 他指出不管当代极右翼政党是否真正地反对民主，毫无疑问，在极右翼和欧洲民主之间存在紧张关系。大多数的极右团体是批评民主自由的，同时，民主自由也倾向于把极右翼政党当作威胁。因此，极右翼政党面临一个"适应困境"。一方面，它希望被主流政治体制所接受，并规避所在国家对它的抑制，因此它们需要作出调适。另一方面，为了满足立场强硬的核心成员的要求，它又必须保持一个不同于其他政党的清晰轮廓——需要保持极端。④ 另外，他还指出极端和民主的关系体现在多个层面上，包括国家层面、次国家层面、超国家层面等，并且论述了极右翼政党和暴力之间的关系。卡茨·穆德还考察了主流民主政党，以及市民社会这些力量对于保卫民主、抵制不同类型的极端主义的威胁所起的作用。

① Minkenberg, The New Radical Right in the Political Process: Interaction Effects in France and Germany, in Martin Schain, Aristide Zolberg (eds.), *Shadows over Europe: The New Development and Impacts of the Extreme Right in Western Europe*, Palgrave Macmillan, 2002.

② Wouter van der Brug and Anthony Mughan Charisma, Leader Effects And Support For Right-Wing Populist Parties, *Party Politics*, 2007, pp. 13, 29.

③ Cas Mudde, *Populist Radical Right Parties in Europe*, Cambridge University Press, 2007.

④ Roger Eatwell and Cas Mudde, *Western Democracies and the New Extreme Right Challenge*, London and New York: Routledge Taylor and Francis Group, 2004, p. 193.

5. 极右翼政党带来的影响

关于所带来的影响，M. A. 施恩（M. A. Schain）认为，一般情况下，极右翼政党通常更多是对政治谱系中的右翼或中右翼的政策、策略产生影响。[①] 在一定程度上，近年来极右翼政党和主流政党的定位和议题有趋同的趋势，如共同打出反移民的口号，这些都使得极右翼政党和主流的右翼政党滑到一边。[②]

威廉姆斯（Williams）发现极右翼政党在选举中的胜利是和媒体对它们的广泛报道分不开的，也正是主流媒体对极右翼政党和其所鼓吹的议题进行连篇累牍的报道，使得西欧国家的政府决策部门对于移民问题和难民问题不断关注，并使得移民政策不断收紧。

尤其值得关注的是，国外有学者关注了极右翼思潮蔓延给西欧社会心理带来的广泛而深远的影响。法国国际政治学者多米尼克·莫伊西（Dominique Moisi）指出，极右翼思潮的蔓延，使得一种恐惧的情感和文化在西欧不断弥漫，"我们是谁？"西欧发出了这样的质疑和感叹。[③]

在论述极右翼对欧洲左翼政党的影响时，丹尼尔·厄什（Daniel Oesch）分析了西欧的工人阶级为何转为支持极右翼政党。[④] 他指出，1990年代，工人阶级已成为西欧右翼民粹主义政党的核心支持者。他根据奥地利、比利时、法国、挪威和瑞士的欧洲社会调查数据，以实证方法检验了工人支持右翼民粹主义政党的动机。对三种不同的解释进行了检验：①强调经济决定因素的假设，即对工资压力和福利竞争的担忧；②强调文化决定因素的假设，即将移民视为对国民身份的威胁；③关注社会异化的假设，即对国家民主运作方式的不满和对工会整合能力不足的不满。通过实证研究，作者发现共同体与身份认同显然比经济上的不满更重要。在奥地利和瑞士，极右翼民粹主义政党在工人中的选举成功似乎主要归功于这两个国家的文化保护主义传统：捍卫民族认同对抗外来者。在比利时、法国和挪威，既有文化保护主义

① M. A. Schain, Book Review: The Radical Right in Western Europe, *Comparative Political Studies*, 30（3），1997，pp. 375 – 380.

② Cas Mudde, *Populist Radical Right Parties in Europe*, Cambridge University Press, 2007.

③ 〔法〕多米尼克·莫伊西：《情感地缘政治学：恐惧、羞辱与希望的文化如何重塑我们的世界》，姚芸竹译，新华出版社，2010。

④ Daniel Oesch, Explaining Workers' Support for Right-Wing Populist Parties in Western Europe: Evidence from Austria, Belgium, France, Norway, and Switzerland, *International Political Science Review*, 29（3），2008.

的因素，还有工人阶级对国家民主运作方式的深刻不满。

6. 极右翼政党兴起原因

下面将以极右翼政党兴起的原因为主线，对国外相关研究进行回顾和梳理，包括以下几种研究视角：社会学分析视角、社会心理学分析视角、系统分析和理性选择视角、人权和文化传承视角、新自由主义和全球化分析视角，以及其他相关的研究视角等。

（1）社会学分析视角

在社会学的分析视角中，不得不提到欧洲的社会分层、社会冲突和社会排斥，以及由此产生的怨恨的政治诉求。

法国社会学家布迪厄（Bourdieu）所倡导的反思社会学，始终遵循着涂尔干的立场，深切地关注着社会学的道德意义和政治蕴含。1990 年代以后，布迪厄是公认的新自由主义全球化的最著名的批判者之一。布迪厄成为无家可归者、非法移民、反种族主义活动者和工作不稳定劳动者的忠实辩护人。在《世界的苦难》一书中，布迪厄走入一个法国阿尔及利亚人聚居的传统产业区，他通过访问这样的社区，亲身感受到伴随着整体性衰落的个体所经受的生活挫折。在这些经历了"产业结构调整"的工人聚居区，工厂倒闭，大量工人失业，公共服务设施撤离。而这些地区的外来移民家庭更是由于种族歧视而在工作和生活中受到冲击。在这些地区，社会关系与交往遭到破坏，正常的邻里关系不复存在，外裔族群和整个社区经受着社会排斥和污名化的过程，居民之间的怨恨和歧视不断积聚，导致了民众对极右排外主义的政治支持。在布迪厄看来，怨恨是人类苦难最深重普遍的形式。因此在实际调查中，他尤其关注社会生活中普遍存在的怨恨心态及其生成机制，并将以勒庞为首的法国极右势力抬头的原因归结为此。不过，对于这种政治立场，布迪厄视之为一种对痛苦的反应和表达。①

卡茨·穆德以社会学的路径和泛欧洲的视角对欧洲极右翼政党进行了研究。在这种路径中，政治制度只处于中间层面，作者更多关注的是一个国家中的社会冲突。②他从微观层面到宏观层面论述了极右翼政党意识形态的建构，包括其主要议题中的敌人、妇女、经济、民主、欧洲和全球化。"敌人"范畴的给出，指明了极右翼政党反对谁、支持谁，以及它们如何看待自己和

① Bourdieu et al., *The Weight of the World: Social Suffering in Contemporary*, Polity Press, 1999.
② Cas Mudde, *Populist Radical Right Parties in Europe*, Cambridge University Press, 2007, p. 4.

自己的国家。他还论述了妇女在极右翼政党选举中的位置和作用，以及极右翼政党选举的胜利和失败。最后，他还探究了极右翼和民主的关系，极右翼政党对于欧洲民主的侵蚀。

（2）社会心理学视角

法国人古斯塔夫·勒庞（Gustav Le Bon）从 1894 年开始，写下了一系列社会心理学著作，包括《乌合之众》、《各民族进化的心理学规律》、《社会主义心理学》、《法国大革命和革命心理学》以及《战争心理学》等。勒庞认为传统的宗教、政治及社会信仰的毁灭，技术发明给工业生产带来的巨大变化，是引发传统社会进入现代化转型的主要原因。这一变化反映在西方各民族政治生活的层面，则是群众作为一种民主力量的迅速崛起，而且在西方文明的发展过程中，这种"群众的崛起"有着"命运"一般无可逃避的特点。正是基于这一认识，勒庞认为，"我们要进入的时代，千真万确将是一个群体的时代"。[1] 勒庞讨论群体心理学的另一个出发点是，强调遗传赋予每个种族（race）中的每个人以某些共同特征，这些特征加在一起，就构成了这个种族的禀赋。

勒庞认为，群体中的个人表现出明显的从众心理——"群体精神统一性的心理学定律"，[2] 另外一条规律是，约束个人的道德和社会机制在狂热的群体中失去了效力。"孤立的个人很清楚，在孤身一人时，他不能焚烧宫殿或洗劫商店，即使受到这样做的诱惑，他也很容易抵制这种诱惑。但是在成为群体的一员时，他就会意识到人数赋予他的力量，并且会立刻屈服于这种诱惑。"[3]

自法国大革命以来，由领袖、意识形态和勒庞意义上的群体所组成的这种新的三位一体，便取代了宗教与皇权，成为一切民主宪政架构之外政治合法性运动的要件，尤其在勒庞之后的一百年里，上演了一幕幕规模宏大而惨烈的悲剧。[4]

弗罗姆在《逃避自由》一书中指出，纳粹主义一方面是个心理学问题，但心理因素本身是由社会经济因素塑造而成的；另一方面，纳粹主义是个经济政治问题，但它对整个民族的统治主宰是建立在心理基础之上的。他详细

---

① Gustav Le Bon, *Crowd: A Study of the Popular Mind*, New York, Viking Press, 1960, p. 14.

② Gustav Le Bon, *Crowd: A Study of the Popular Mind*, New York, Viking Press, 1960, p. 24.

③ Gustav Le Bon, *Crowd: A Study of the Popular Mind*, New York, Viking Press, 1960, p. 38.

④ 冯克利：《尤利西斯的束缚——政治思想笔记》，江苏人民出版社，2004，第 146 页。

地阐述了纳粹主义的心理学基础，指出个人的微不足道感和无能为力感是法西斯主义滋生的温床。[①] 丧失了个人独立自由的弱势群体，表现出对权威的渴望和臣服的心理，这也能帮助我们理解为什么法西斯主义、极右翼主义表现出的典型特征之一是有一个强有力的克里斯玛型领袖。

当代西欧极右翼政党一个明显的特征是其民粹主义色彩，而这和勒庞所说的群体心理学的规律，以及弗罗姆所说的纳粹主义的心理学基础都有惊人的相似之处。极右翼政党的社会基础，是处于社会底层的弱势群体。而在极右翼政党的动员机制中，也正是抓住了群体心理的特点，抛出吸引选民的议题，以民粹主义的动员方式，反对现存的政治体制。

（3）系统分析和理性选择视角

皮帕·诺里斯从系统分析和理性选择的视角对极右翼政党作了分析研究。在她的著作《极右翼——选举市场中的选民和政党》中，她借用了"理性的选民"和"理性的政党"的概念，通过引进"政党市场"的概念，区别了哪些是政党的"需求"，而哪些是政党的"支持"，它们都在特定的选举规则环境里运行。她考察其他一般的理论在多大程度上能为解释像约尔格·海德尔领导的奥地利自由党、玛丽娜·勒庞领导的法国"国民联盟"所得到大众支持和动员的根本原因提供有价值的解释分析。她认为最重要的不在于大众社会潜在的条件——被失业所困扰、大规模移民的方式或者是新的社会危机的生长——而在于政党如何推销它们的价值观以及构建自己的组织方式去适应选举规则限定下的广泛结构。基于此，她认为政党不是在理想的竞争状态下生存，相反，它们的活动被限定在"政党市场"中，而这个市场是由广泛的制度环境所决定的。[②]

诺里斯著作的核心困惑在于试图去解释为什么近年来在多样性的民主国家，极右翼政党在议会中占有一席之地。这些民主国家原本是依据其社会宽容和自由的态度，从而去反对这种排外主义的诉求。她重新审视这个传统问题——理解极右翼政党兴起的条件，选举发生变化的本质，以及政党竞争背后的真正动力。诺里斯分析了极右翼政党如何最大限度地和选举要求相匹配、相适应，特别是关注了在这种制度环境中，极右翼政党是否既不强调意

---

① 〔美〕埃里希·弗罗姆：《逃避自由》，刘林海译，国际文化出版公司，2000，第148、171页。

② Pippa Norris, *Radical Right-Voters and Parties in the Electoral Market*, Cambridge University Press, 2006.

识形态，也不强调大众的诉求；若想取得长久胜利，需要极右翼政党自身建立牢固有效的政党组织。

诺里斯指出，单独分析社会结构并不能说明为什么当代极右翼政党会在失业率相对较低的国家（瑞士和奥地利）以及失业率相对较高的国家（法国）同时出现，所以仅仅考虑社会结构的变化对于解释极右翼思潮的蔓延是不足够且有局限性的。

诺里斯同时考察了极右翼政党"支持一方"的作用。对于"支持一方"的研究途径集中于政党竞争的方式，包括主流政党会把它们自身置于意识形态谱系中的左边、右边还是中间；同时，还考察了极右翼政党自身采取的行动，以及主流政党和极右翼政党二者间相互作用的动力。极右翼政党推行的经济政策、与选民之间的联系通道、动员民众的方式和话语策略等，是极右翼政党动员选民的要素，使它们的领袖既有自身的特征，又受大众的推崇，进而使资金资源得到保证和政党得到相应的组织。

延斯·里德格伦（Jens Rydgren）从"要求"和"支持"的角度解释了极右翼政党何以在一些国家比在另一些国家更成功。前者即所谓"要求居中"的解释，也就是说集中于选民当中那些变化了的参数如信仰、态度；后者包含所谓的"支持"，关注政治机会结构和政党组织的因素。[①]

（4）人权和文化传承视角

尼尔斯·穆兹尼耶克斯（Nils Muiznieks）从人权的角度切入，对极右翼政党的兴起进行了研究。最早是 1990 年，当第一个小的极右翼团体出现在拉脱维亚时，他正在拉脱维亚的一个人权和伦理研究中心和一个非政府组织中做研究工作，他尝试从人权的角度对极右翼进行研究。他的研究内容包括：自由表达的底线是什么？怎样进行集合或联合？政府、媒体、市民社会对极右翼的反应是什么？要阻止这个反民主的力量，该怎样面对社会中根深蒂固的种族意识形态？[②]

在分析了工人阶级为什么支持极右翼之后，丹尼尔·厄什（Daniel Oesch）认为经济因素在右翼民粹主义政党崛起中扮演的角色比通常假设的要小。与对经济的担忧相比，支持右翼民粹主义的选民似乎更害怕移民对国家

---

① Jens Rydgren, The Sociology of the Radical Right, *Annual Review of Sociology*, 33, 2007.

② Cas Mudde, *Racist Extremism in Central and Eastern Europe*, Routledge Taylor and Francis Group, 2005.

文化认同带来的负面影响，更具体地说，对于支持右翼政党的工人来说，对于移民在文化方面的不满，也比对劳动力市场中最薄弱的生产和服务领域的不满更重要。这个发现也与之前的研究结果保持一致，即在右翼民粹主义政党力量上升的原因中，文化方面的身份认同比经济资源更重要。①

（5）新自由主义和全球化分析视角

2008年金融危机，2015年难民危机爆发后，面对着在政治实践中极右翼、民粹力量的强劲反弹，学者们将目光聚焦对新自由主义的批评。尼尔·戴维森和理查德·萨鲁更是尖锐地指出，新自由主义和极右翼之间存在一种古怪的联姻，一直以来，新自由主义都对民主持有怀疑态度，特别是它认为那些体现民主国家公民集体意志的机构和制度干预了市场经济的运行。在公共政策的关键领域出现的向国际化和专家治国化发展的各种趋势，以及由此造成的民主政治从社会生活中越来越多的领域撤离，在很多方面为极右翼的民众动员提供了重要的动力来源。②

在全球化的大背景下，越来越多的极右翼政党反对全球化，尤其是2008年金融危机后，反欧盟成为极右翼意识形态诉求不可或缺的一部分。有学者探讨了之前不受人们关注的欧洲议会选举。为什么传统大党在最近几十年里失去了选举的支持？与以往一直强调的"去联盟化（dealignment）"不同，英国牛津大学学者埃利阿斯·戴纳斯（Elias Dinas）与其合作者、西班牙学者佩德罗·里埃拉（Pedro Riera）将"次等选举（second order class）"理论与政治社会理论相结合，剖析了欧洲议会选举与各国国内政党格局的关系。他们发现，当1979年欧洲议会进行第一次选举时，并没有人关注它会对各政党在国内选举层面的力量变化产生什么影响。因为，欧洲议会选举是政治精英推动的，其主要目的在于增强欧盟的合法性。欧洲议会选举作为一个次等选举的典范，与国家层面的选举相比，选民的态度会更加漫不经心。因而，欧洲议会选举在某种程度上鼓励了对持反欧盟立场的抗议型小党的支持。③

① Daniel Oesch, Explaining Workers' Support for Right-Wing Populist Parties in Western Europe: Evidence from Austria, Belgium, France, Norway, and Switzerland, *International Political Science Review*, 29 (3), 2008.

② 〔英〕尼尔·戴维森、〔英〕理查德·萨鲁：《新自由主义与极右翼联姻：一个充满矛盾的组合》，杨颖、王潇锐译，《国外理论动态》2018年第1期。

③ Elias Dinas, Pedro Riera, Do Europe Parliament Elections Impact National System Fragmentation? *Comparative Politics Studies*, 51 (4), 2018.

（6）其他相关分析视角

汉斯 – 格奥尔格·贝茨（Hans-George Betz）认为，极右翼政党的兴起不仅反映了暂时的怨恨和对单一问题的反抗，更为重要的是，它是对西欧高级民主存在的结构性问题的一种回应。对于极右翼政党的纲领和社会基础的分析表明它们的成功依赖于两个方面：其动员怨恨和反抗的能力；伴随发达的西欧民主所产生的经济、社会和文化变迁的挑战，极右翼政党提供导向的能力。

格奥尔格·贝茨认为把极右翼政党和主流政党区别开来的最重要特征不仅是它们反对移民，而是它们所宣称的新自由主义的立场。极右翼政党持强烈的国家立场。格奥尔格·贝茨认为这些威胁不仅来源于对国家和地区认同的缺失，而且也源于全球经济竞争威胁加剧了国内的经济问题，使得西欧国家被边缘化。极右翼政党所代表的不仅是为社会底层群体提供了一个反抗的通道，更重要的是在它们看似不连贯的纲领和矛盾的立场后面有着明确具体的政治目标，极右翼政党的纲领混合了排外主义和新自由主义，是对当代全球变化所产生的成功者和失败者的一种反应。意识形态的特征是新孤立主义。这就解释了为什么极右翼政党在西欧一些最富裕的地区"发展"得好，因为在那里不仅对移民有怨恨，而且对欠发达地区也有很多的抱怨。

如果这种威胁的观念部分解释了极右翼政党纲领中似乎矛盾的观点，第二个解释则来自极右翼纲领的混合性。极右翼政党面对不同的选民有不同的纲领，它在选举中的胜利被归因于竞选纲领的特殊混合性。这个纲领包括借助一个未来导向对怨恨的民众进行动员，是对发达的西欧社会所面临的深刻的经济、文化和政治变迁的挑战所作出的回应。这个变迁被广义地描述为信息、消费和后工业社会的来临。在这个简洁陈述的背后是假设当前加速度的科技现代化，尤其是在通信和信息领域，均给西欧的民主结构带来了挑战，在一定程度上这一变化不亚于革命所带来的变化。①

赫伯特·基切尔特的理论认为主流政党在意识形态谱系中的位置限制了极右翼政党扩张的机会。马丁·施恩（Martin Schain）的理论认为，当主流政党寻求在反移民、对政治不满意这些主要问题上同极右翼政党联合时，这会提升极右翼政党在选民心目中的合法性。② 极右翼政党被认为是在扮演一

---

① Hans-George Betz, The New Politics of Resentment Radical Right-Wing Populist Parties in Western Europe Source, *Comparative Politics*, 25（4），1993.

② Pippa Norris, *Radical Right-Voters and Parties in the Electoral Market*, Cambridge University Press, 2006.

个理性的角色，从其他主流政党的意识形态的位置中寻求生长的机会，反之，这也影响着它们竞争对手的位置。

皮耶罗·伊戈纳兹认为探析极右翼政党兴起的原因，有四个方面的因素值得考虑，即"新保守主义"文化模式的兴起，西欧政治领域里出现的极端化和极化现象，政治和政党制度中潜藏的呈上升趋势的合法性危机，以及安全和移民问题。[①]

二 国内外关于欧洲左翼政党的研究综述

（一）国内关于欧洲左翼政党的研究

相较于对极右翼政党的研究，国内学界对欧洲左翼政党的研究是比较丰富的。可以分为两个维度：第一个维度聚集于对西欧左翼政党的内部和外部边界的划分进行讨论，对左翼的概念进行界定，根据不同的分类维度对左翼进行类型学的分类，与此同时，关注整个欧洲左翼政党的历史发展演变过程，并进行研究；第二个维度侧重于从不同层次分析选举结果，包括对各国议会、总统选举以及历次欧洲议会选举中西欧左翼政党的选举结果进行分析，在分析选举结果的同时，以重大的历史事件，如苏联社会主义阵营的瓦解、2008 年金融危机、2009 年欧洲主权债务危机、2015 年难民危机等为因变量，这些重大变化对西欧左翼政党在意识形态定位、社会政策选择、话语动员模式的影响，以及与主流右翼政党的关系等方面展开阐述与研究。

1. 左翼、左翼政党的概念及分类

陈林认为，在当前资本主义生产方式和社会方式居于支配地位的大背景下，只要是对这种方式持批判、否定态度，主张对它进行改造（包括改良和革命两种方式）的思想、组织和运动都可以划归于左翼范畴。因此现实的社会主义国家、以社会主义为发展方向的民族主义国家，以及共产党人、社会民主党人、环保主义者、女权主义者、各门各派的进步学者、托派以及其他激进人士，都属于左翼。[②] 王克宁在此基础上认为由于运动主体不同、实践目标各异、斗争方式多样而将欧洲左翼分为代表传统左翼的共产党和社会民

---

① Piero Lgnazi, *Extreme Right Parties in Western Europe*, Oxford University Press, 2006.

② 陈林：《对欧洲左翼问题的几个概念的理解》，《欧洲研究》，1999 年第 1 期。

主党，以及独立左翼人士、新社会运动左翼和东欧左翼。①

林德山按照左翼政党在政治光谱中的位置，以及内部不同的政治主张，将其分为三类：温和左翼，即中间偏左的社会民主党，更为激进的左翼政党，以及极左政党。作为欧洲左翼的主流政党代表，社会民主党（包括社会民主党、社会党、工党）是欧洲左翼中稳定的执政力量，以参与执政为主要目标。因此，如果衡量社会民主党的政治现实和前景，主要依据的是它们在国家、地方和欧盟层面的选举表现，以及对既有和未来欧洲政治议程的影响能力。②

周穗明认为西方三大左翼指的是西方社会民主党、共产党和"新马克思主义"的左翼。③

2. 社会民主党及其转型

1990 年前后东欧剧变、苏联解体，随着西欧社会民主主义政党推行的"第三条道路"改革，国内学界一批从事国际共运以及政党政治的知名学者不仅翻译介绍了国外学界关于欧洲左翼政党研究的最新状况，同时对社会民主主义理念的转型进行了深入的分析与思考。

殷叙彝先生在介绍德国社会民主党价值观委员会主席托马斯·迈尔的《社会民主主义导论》的基础上，进一步对"民主社会主义"和"社会民主主义"两个概念的渊源和演变进行了详实的剖析，着重指出：①历史上的社会民主主义不管是从革命角度还是从改良角度加以解释，它所主张或标榜的社会主义都是应当取代资本主义的一种新制度。②这种思想并不是主张摒弃民主社会主义概念之人的一家之言，而是也受到主张保留这一概念的人们的赞同。后者实际上认为西欧发达资本主义国家的民主的工人运动已使那里的资本主义"改变成一种受到社会节制的、开明的和温驯的资本主义"，而且认为从理论上也可以设想"有可能实现一种不再主要依靠剥削人的劳动力的资本主义经济"，因此他们也不再主张从制度上以社会主义取代资本主义。这一看法目前已成为西欧社会党人的共识。④

---

① 王克宁：《冷战结束以来欧洲左翼思想变迁的理论分析》，中共中央党校硕士学位论文，2006。

② 林德山：《欧洲左翼政党的现状与前景》，《当代世界》2015 年第 14 期。

③ 周穗明：《20 世纪西方三大左翼关于社会结构演进的理论沿革》，《当代世界社会主义问题》2008 年第 1 期。

④ 殷叙彝：《"民主社会主义"和"社会民主主义"概念的源起和演变》，《中国特色社会主义研究》2007 年第 5 期。

在面对全球化带来的压力下，史志钦关注了社会民主党的转型，指出在全球化背景下，社会民主主义存在着选举危机、意识形态危机、政策纲领危机。① 在第三条道路理论的指引下，欧洲社会党在实践中抛弃了意识形态的信念，一系列的改革措施虽曾使欧洲社会民主主义出现复兴，但 2008 年的金融危机深刻暴露了"第三条道路"的危机，在尔后的一些选举中，在左右竞争的政党政治格局中，左翼处于明显的劣势。社会党在 1990 年代转型之后尝到了变革红利，但转型引发的问题日渐凸显，尤其在面临金融危机和之后的难民危机时，有些涉及了其生存的深层次问题。②

关于激进左翼和其政党的研究有：李其庆指出，欧洲激进左翼是一个模糊的概念。一般人们从两种不同意义上使用该概念。一种是泛义地指称所有站在社会民主党左边的力量，另一种则是指居于中间化的社会民主党与极端左翼力量之间的力量。③

林德山认为激进左翼政党包括那些自认为非社会民主主义，或者非绿党的政治组织，包括传统的共产党组织、托派组织、形形色色的社会主义政党以及一些新激进左翼团体如持生态主义、和平主义、女权主义等观念的激进组织，并可分为三类。第一类是共产党，第二类是从社会民主党内部左翼力量分化出来的政党，第三类是传统左翼力量与随新社会运动发展起来的激进团体联合而成的政党。④

李其庆通过分析激进左翼政党同其他政党的关系，将欧洲激进左翼政党定义为一支采取合法的斗争方式反对资本主义的政治力量，认为资本主义社会需要剧烈的变革并力求用创新的手段追求激烈的进步。⑤

王聪聪对欧洲激进左翼政党的选举支持进行了比较分析。指出激进左翼政党在动员传统工人阶级、失业人群以及其他中低收入人群方面具有广泛的潜力。但由于其内部不同派系，如传统的马克思主义政党、具有民主社会主义倾向的现代激进左翼和"红绿"政党等本身存在的多样性和异质性，因此其核心支持选民也呈现出一定的差异性。像北欧和西欧的一些"红绿"政党

① 史志钦：《全球化与欧洲社会民主党的转型》，中央编译出版社，2007。
② 史志钦：《欧洲社会民主党的转型与困境》，《人民论坛》2013 年 12 月上。
③ 李其庆：《"欧洲激进左翼"探析》，《当代世界与社会主义》2014 年第 4 期。
④ 林德山：《欧洲激进左翼政党现状及变化评介》，《马克思主义研究》2014 年第 5 期，第 130～138、160 页。
⑤ 李其庆：《"欧洲激进左翼"探析》，《当代世界与社会主义》2014 年第 4 期。

吸引了越来越多的中间阶层、女性和年轻选民的支持。与此同时，一些制度性因素，如政党制度、政党竞争也影响着欧洲激进左翼政党的选举命运和政治走向。并且，欧洲社会民主党、极右翼政党与欧洲激进左翼政党三类政党在部分选民群体上的趋同性，也挤压了激进左翼政党的政治空间。①

3. 关于左翼政党的联合

冷战后经过了漫长时间的准备，"欧洲左翼党"于2004年在意大利罗马组建。张文红对此给予了关注并进行了研究，指出2004年的欧洲议会选举促进了"欧洲左翼党"的诞生。其政治纲领是希望在政治上建立"另一个欧洲"，即民主的、福利的、生态主义的、女权主义与和平的欧洲；罗马会议通过的《"欧洲左翼党"纲领》批判了当今资本主义的统治秩序，认为资本主义全球化推行的是大资本家的利益，而普通民众则深受其苦；提出欧洲左翼要超越资本主义、家长制的逻辑，目标是人类的解放，即把人从各种形式的压迫、剥削和排斥中解放出来。张文红还对其组织形式，以及面临的困难进行了论述。②

（二）国外关于欧洲左翼政党的研究

1. 关于左翼的界定与分类

彼得·格洛茨（Peter Glotz）认为左翼是为限制市场的逻辑力量而奋斗，或者更慎重一些来说，是为限制与市场经济相一致的理性追求而奋斗；其对社会问题敏感，支持福利国家和具体的民主制度，倡导新自由行动权利的时间转换，为妇女争取显著的平等，保护生命和自然，以及反对民族主义。③

埃里亚斯·迪亚兹（Elias Diaz）将左翼定义为，"一种涉及财富再分配和均衡性拉平的经济政策的较大倾向，这种倾向更多的是基于劳动而不是资本；一种更多为了公共和公有组织而不是私人和个体组织的考虑；一种合作和一起工作的价值而不是比较和竞争的价值的盛行；对新的社会运动以及它们的和平主义、生态主义或女性主义要求更加开放；对于人权，尤其是诸如老年人、孩童等相关边缘群体的人权的有效实施的关注；坚持诸如良好的医

① 王聪聪：《比较视野下的欧洲激进左翼政党选举支持探析》，《欧洲研究》2017年第3期。
② 张文红：《"欧洲左翼党"的建立及其面临的问题》，《国外理论动态》2004年第8期。
③ 〔意〕博比奥：《左与右：政治区分的意义》，陈华译，江苏人民出版社，2012，第92页。

疗、教育和居住这样的基本必需品的首要性；对贫困和萧条地区更大的国际关注和友善；以及意志自由的自主和理性争论"。①

意大利政治家博比奥②认为，平等是区分左与右的基石与标准，对自由的不同态度是区分左翼和右翼中的温和主义与极端主义的标准，那么就可以用下面四个类型来概括各种政治光谱：极端左翼、中间左翼、中间右翼、极端右翼。他认为极端左翼既包含平等主义的运动，也存在独裁主义运动、雅各宾主义是历史上最重要的极端左翼的事例；中间左翼既包含平等主义的学说和运动，同时也包含自由主义的学说和运动，我们现在称之为"自由社会主义"，它包括具有各种政治实践的一切社会民主党派。③

2. 关于社会民主党的研究

面对 1970 年代的社会变迁，一些进步主义学者提出了"超越左和右"的主张，创建了"第三条道路"的理论，为社会民主党在政治方式和政治结构上的中间化道路提供了理论依据。④ 而在 2008 年金融危机爆发后，以及面对信息革命浪潮的裹挟，随着"第三条道路"的失灵，当初创建"第三条道路"理论安东尼·吉登斯认为，在新的语境下，左派的价值没有变，它意味着促进平等，或至少限制不平等；为团结而行动，在个人和共同体之间，保护弱者，特别保护穷人的医疗保健等基本公共服务。但是在技术和全球化的压制下，"第三条道路"已经死亡。⑤

当前西欧大多数的社会民主党遭受到了挫折。国外学界目前主要关注的是社会民主党的现状如何，造成这种现状的原因是什么，可以采取哪些措施来使社会民主党在未来发展得更好。

尼尔·劳森（Neal Lawson）认为，当前的社会民主主义的传统理念与今天需要一个多元化、更具复杂性，且兼顾本地化和全球化的时代精神形成分歧。今天，作为一种政治实践的社会民主和作为实现政治信念的社会民主主义者，不管愿不愿意，都需要从整体上面对 21 世纪给社会民主主义带来的

---

① 〔意〕博比奥：《左与右：政治区分的意义》，陈华译，江苏人民出版社，2012，第 93 页。

② 意大利政治哲学家、政治思想史学家，当代西方最重要的自由左派理论家之一。

③ 〔意〕博比奥：《左与右：政治区分的意义》，陈华译，江苏人民出版社，2012，第 95 页。

④ 〔英〕安东尼·吉登斯：《第三条道路：社会民主主义的复兴》，郑戈译，北京大学出版社，2000。

⑤ 《国际思想周报 第三条道路之死》，澎湃新闻，2015 年 4 月 15 日。

四个方面的巨大挑战：超越涡轮式的消费社会，构建一个美好社会；全球化以及跨越国家边界驯服资本；文化方面获得民众信任的需要；建立变革联盟的机构的必要性。①

让－米歇尔·德·韦勒（Jean-Michel De Waele）和法比恩·埃斯卡洛纳（Fabien Escalona）认为，社会民主主义促进人类变革大约已有 150 年的历史，它曾经是欧洲最成功的现代政治家族之一，在逆境和危机中幸存下来，使资本主义从阶级政治转变为更加平等和民主。但在这个宏大的叙事背后，资本主义与民主之间的斗争一直没有改变，并且在今天丝毫没有减弱的迹象。社会民主党人需要反复问自己，曾经赢得了什么，需要不断重新思考调整自己的战略、组织和前景。但有一点是肯定的，没有一个简单的、整齐划一的社会民主主义，社会民主主义是一个具有不同策略的复杂的大家庭。不同力量之间的分歧有时会削弱社会民主自身的力量。②

迪米特里斯·萨鲁哈斯（Dimitris Tsarouhas）聚焦讨论了全球化给瑞典社民党带来的威胁，③ 并探讨了瑞典劳动力市场的极端化，以及雇主的极端化，传统的支持社会民主党的蓝领工人人数大幅下降，在全球化和欧洲一体化的压力下，社会民主党的生存空间受到进一步挤压。萨氏还认为瑞典的案例是一种深刻的制度范式的转换，而不仅是劳资关系的变化。但与此同时，瑞典社民党人保留着强大的资源能力，需要增强与工会的联系。在后福特主义时代，需要一个制度设定才能实现社会民主党人的政治抱负，这是值得付出辛苦和努力的，因为它是为了保护民主和社会公正。

《迷失的左翼，欧洲社会民主党对经济危机的纲领性回应》仍然主张能够接受与自己价值观相悖的理念。有许多观察家认为是经济危机和普遍采取的紧缩措施导致了欧洲社会民主的危机。比约恩·布雷默（Björn Bremer）研究了 11 个西欧国家社会民主党对这场危机所作出的纲领性反应。他使用原始的数据集合，记录了政党对不同议题的倾向，以及在竞选期间就不同议题采取的不同立场，并且对 2008 年前后社会民主党的纲领进行了比较，进而将经济问题分为三种不同的类型。研究结果发现西欧社会民主党在福利和

① Neal Lawson, Social Democracy without Social democrats? http://www. compassonline. org. uk.
② Jean-Michel De Waele, Fabien Escalona, Mathieu Vieira（eds.）, *The Palgrave Handbook of Social Democracy in the European Union*, Palgrave Macmillan, 2013.
③ Dimitris Tsarouhas, *Social Democracy in Sweden the Threat from a Globalized World*, Tauris Academic Studies Press, 2008.

经济自由方面向左转，它们基本上接受了严格的预算和紧缩政策。① 由此引发的思考问题在于，为什么社会民主党在应对危机时能够接受紧缩的政策，而这一政策和它自身的身份定位是矛盾的，在党内容易引起信任危机。这和极右翼有关系吗？

亨宁·迈耶（Henning Meyer）和乔纳森·卢瑟福（Jonathan Rutherford）面对当前整个欧洲社会民主所陷入的严重困局，与其他学者一起指出，恰恰是在这个政治危机时期，才更需要超越狭隘的国家、市场和社会的概念，学者们起草了一份《建立良好社会》的宣言："我们对良好社会和更平等的经济有一个愿景，将创造一个安全、绿色和公平的未来。但要实现这一目标，资本主义现在必须对民主负责，民主需要得到更新和深化，以便适合这项任务。一个好的社会不能自上而下建造，而只能来自人民的运动。创造美好的社会将是我们这个时代的最大挑战，它将塑造未来几代人的生活。希望借此宣言开启欧洲社会民主主义的新时期。"②

3. 欧洲中左翼政党与工会的关系

欧洲政党政治领域的学者们考察了新的政治经济语境下，即 2008 年金融危机后，21 世纪西方中左翼政党与工会关系的变化。③ 他们将政党的主要职能概括为社会集团利益的代表、政府组成的工具和政治精英的招募手段等三种类型。在考察中左翼政党与工会的关系时，学者们设计了五种假设情况：组织结构完全重叠；组织内部之间的联系；相互、持久的联系；单向、偶尔的联系；互惠、偶尔的联系。最后一种仅指个人层面的联系。以澳大利亚、奥地利、芬兰、法国、德国、以色列、意大利、荷兰、瑞典、瑞士、英国 11 个国家的中左翼社会民主主义政党与工会的关系为研究个案，该研究指出最初意义上的社会民主党与工会完全合一的现象，比如瑞典的情况，现在已然鲜见。但从整体来看，中左翼的社会民主党与工会之间仍然维持了较为密切的关系，尤其是在那些相互联系且制度化程度较高、历史联系更为悠久的国家（如奥地利和德国）。而从选举政治的实践层面来看，中左翼政党

---

① Björn Bremer, The Missing Left? Economic Crisis and the Programmatic Response of Social Democratic Parties in Europe, *Party Politics*, 24, 2018.

② Henning Meyer Jonathan Rutherford (ed.), *The Future of European Social Emocracy Building the Good Society*, Palgrave Macmillan, 2012.

③ Elin Haugsgjerd Allern and Tim Bale (eds.), *Left of Centre Parties and Trande Unions in the Twenty First Century*, Oxford University Press, 2017.

与工会这种密切关系似乎并没有有利于社会民主党的竞选与执政。过去半个多世纪以来，德国和奥地利社会民主党力量不断式微就是一个例证。

4. 欧洲激进左翼政党

卢克·马奇（Luke March）将激进左翼政党界定为：首先是激进的，因为它反对当代资本主义的基本社会经济结构及其价值观和实践。其次，支持建立一种替代的经济和权力结构，包括对现存政治精英进行重要的资源再分配。激进左翼政党把经济不平等视为现存政治和社会安排的基础，把实现集体的经济和社会权利提上议事日程。表达的是反资本主义而非反民主的情绪，尽管在许多党的再分配目标中，存在彻底推翻自由民主制度的倾向。最后，左翼政党是国际主义者，它们寻求建立跨国关系与彼此之间的团结，宣称国家和地区性社会政治议题有其产生的全球性结构根源，诸如"帝国主义"或"全球化"。[①]

卢克·马奇认为，共产党还有其他更激进的左翼政党，在意识形态方面比苏联时期的极左翼意识形态色彩明显淡化且更加务实。

（三）小结

综观上述国内外文献，极右翼思潮的蔓延，极右翼政党力量的崛起，是一个充满动态的变化过程。作为政治学者也需要用动态、辩证的眼光来审视今天欧洲政党政治生态中出现的新变化。这一点，尤其体现在对于德国极右翼的研究方面。比如，戴维·阿特（David Art）在 2006 年从文化传承的角度，以比较和历史的视角，比较分析了德国和奥地利的极右翼政党。作者提出的问题是，历史上这两个国家都有过纳粹主义存在，但为什么在德国极右翼政党的产生要比在奥地利更为困难一些呢？作者讨论了德国和奥地利面对和处理纳粹历史的不同做法，而这种处理的不同对这两个国家政治文化和政治参与都有着重要的作用。作者建立了一个分析体系，他认为公共的商议考虑对于"历史的教训"在德国产生了一种"悔悟文化（contrition）"，这在一定程度上阻止了德国统一后极右翼的崛起。相反，"公共争论（public debate）"在奥地利培育了"牺牲欺骗（victimization）"的文化，而这为奥地利极右翼政党的崛起提供了很好的环境。同时戴维·阿特相信极右翼政党的长

---

① 〔英〕卢克·马奇：《欧洲激进左翼政党》，于海青、王静译，社会科学文献出版社，2014，第 12 页。

远发展会受到主流政党、媒体、市民社会对其作出的回应的影响。① 这是作者在 2006 年的观察和思考，但时间如果放到 2008 年欧洲债务危机之后，放到 2015 年叙利亚内战引发的难民危机之后，就会看到 2013 年才成立的德国选择党已经打破了在某种程度上德国二战后所形成的"政治正确性"的政治禁忌，在 2017 年联邦大选中一跃成为第三大党，正式成为建制派的一部分。

在目前已有的文献中，大部分聚焦于新自由主义、全球化与欧洲一体化给欧洲传统政党政治带来的冲击与影响，表现为政党政治碎片化和极化。政治左翼、右翼两端的民粹主义力量凸显，尤其是极右翼力量的崛起侵蚀着欧洲二战之后所确立的民主价值观，使得传统的中左、中右政党的解决危机的方式都已失灵。而在目前的文献中，集中探讨极右翼崛起对于欧洲左翼政党影响的相关文献则较少，从而为本课题留下了相应的研究空间。

三　研究方法

在坚持辩证唯物主义方法论的同时，笔者以政党政治理论为具体分析工具，借鉴安东尼·唐斯的"政党竞争的空间模型"分析极右翼政党的兴起；在分析过程中做到方法论方面的三结合：规范性研究与经验性研究相结合、历史研究与比较研究相结合、宏观研究与微观研究相结合。

（一）规范性研究与经验性研究相结合

方法论主要涉及两个方面：首先，关于极右翼，将其理解为一种社会思潮和观念体系，需要对其进行规范性研究，重视其作为历史的、社会的一般概念与理论所展现的方法论价值。其次，将极右翼放到具体的实践中，即对极右翼政党这一特定的政党家族进行研究。对西欧不同国家不同的极右翼政党在实际政治生活中的表现进行分析和论述，寻找其相似与相异之处，进行实证分析。极右翼主义是一个典型的定性分析问题，多义并且充满不稳定性，选择这样的论题作为研究对象是一个富有挑战性的任务。这种挑战性主要来源于：第一，在概念和理论上精确界定极右翼的价值何在？第二，如何评价诸多学者对极右翼的界定？第三，任何先入为主的评判都会有失公允，如何在纷繁复杂的个案中把握极右翼的内在规定性，获得最接近本质的诠

---

① David Art, *Nazi Past in Germany and Austria*, Cambridge University Press, 2006.

释？第四，对极右翼进行的概念梳理和理论构建，对于分析现实政治的可行性价值究竟体现在哪里？

欧洲社会民主党秉承社会民主主义的价值观，相比较于极右翼政党而言，有着150多年的历史，在形塑欧洲的福利国家和民主价值观中，曾经发挥了中流砥柱的作用，并且是欧洲一体化的开拓者。在政治哲学，以及在政治实践中，社会民主主义及其载体社会民主党给今天欧洲的政治文化打下了自己深刻的烙印，留下了自身的色彩。而在全球化兴起、欧洲一体化不断扩大与深化、面对新技术新科技的压力与挑战的背景下，建立在民族国家基础之上的社会民主主义理念也受到了重创。在2008年金融危机后，在新政治经济语境下，传统左与右的政治分野过时了吗？传统左翼价值观的理念还值得人们追求吗？面对全球化带来的巨大分化与不平等的世界，面对极右翼政党的指责与诟病，中左翼的社会民主党人从思想层面会作出哪些回应？从政策实践层面会作出哪些调适？社会民主党下一步将何去何从？

总之，本书希望通过慎重缜密的方法论选择，对这些问题展开全面深入的研究。

（二）历史研究与比较研究相结合

李普塞特指出："在国别研究中，我们并不需要在分析当前联盟情况时生搬硬套。我们认为，对该国全体公民来说，很难辨别各党派的上下和优劣多寡。然而，一旦要进行比较研究，我们便必须考虑历史。"[①] 极右翼本身作为一种政治思潮，是在特定的历史环境下产生和发展起来的，在不同的历史时期，表现出不同的特征。所以要考察当代第三波极右翼思潮和极右翼政党，就必须追溯它的历史渊源，对极右翼思潮和运动的缘起与流变进行历史维度的梳理，剖析极右翼思潮和运动在现代化进程中的缘起、发展和嬗变的过程，并且比较当代的极右翼同古老的法西斯主义之间的联系和区别。

比较历史分析是比较政治学最基本和最重要的传统方法，在我国最早进行政党生态研究的王邦佐认为："研究政党和政党制度，在目前乃至今后一段时间，似可着重从三个方面着手：从政党的生态环境的角度进行研究；从

---

① 〔美〕西摩·马丁·李普塞特：《一致与冲突》，张华清等译，上海人民出版社，1995，第134页。

政党与国家、社会的关系进行研究；从比较政治的角度进行研究。"①

比较研究体现在不同层面。作为一个组织，不论左翼政党还是极右翼政党，它们的意识形态纲领、政策定位、支持选民以及在不同层次选举中的选举结果，都不是一成不变的，而是一个充满变化、动态的过程，唯其如此，才能与政党所处的不断变化的社会、政治、经济、文化环境相适应。

首先，可以比较在不同历史时期，极右翼政党与社会民主党各自意识形态内容的调整与变迁，同时可以将极右翼政党所秉持的意识形态和主流左翼政党的意识形态进行比较，通过比较指出哪些特定的选民群体在选举过程中出现了"选举流动"，尤其是那些原本支持左翼政党的选民滑向了支持极右翼政党。

其次，在极右翼政党家族内部、社会民主党家族内部也可以进行比较。不同国家的极右翼政党与社会民主党虽然都同属于各自的大家庭，但每个成员在拥有共性的时候，也拥有个性的差异，这与每个政党依托的国家历史、文化传承、经济发展水平、民主转型完成的时间等具有深远的关系，也导致了不同的极右翼政党、社会民主党在选举中的结果并不一样。

最后，即使同一个政党，在不同的历史时期，由不同的政党领袖领导，面对不同的社会大背景时，也会对自己的意识形态内容和政策纲领进行调适，也会调整自己与政党政治体系内其他政党之间的关系，以应对不断变化的外在环境。②

（三）宏观研究与微观研究相结合

所谓宏观研究指的是将本书的研究内容作为一个整体，将其置于全球化、后工业社会、欧洲一体化的大背景中进行考察分析。首先，从宏观层面对全球化、欧洲一体化带来的各种现象与结果进行探究与解读，以此解释哪些社会变迁为极右翼政党的出现提供了契机，哪些理论可以从宏观层面解释这种类型政党的崛起；在此基础上，将极右翼政党作为自变量，考量这一政党家族力量上升对欧洲左翼带来的深远影响。其次，不同类型的政党归属于不同的政党家族，每个成员在拥有共性的同时也拥有个性的差异，这就需要

① 王邦佐：《中国政党的社会生态分析》，上海人民出版社，2000，第12页。
② 法国的"国民阵线"就不断地"祛魅化"，力争使自己在选民心目中的形象更温和。尤其是玛丽娜·勒庞接替父亲任"国民阵线"的领袖之后。

从微观层面进行实证个案的分析，详细解读每一个政党在历史时空中所经历的缘起与流变，这样就可以在研究角度的选择上富于多样性，在研究方法的使用上，既有定性的分析，也有定量的测量，从而凸显本课题研究的跨学科性特征。

四　创新与不足

本课题以由新自由主义政策引发的全球化和欧洲一体化为分析背景，以2008 年爆发的经济大衰退、2009 年欧债危机、2015 年难民危机为契机，将欧洲政党政治视作一个系统来加以考察，政党所处的社会经济结构和外部环境都发生了巨大变化，政党自身的意识形态定位、政治诉求以及彼此之间的力量博弈也随之发生了改变。本课题聚焦于极右翼为何崛起，以及当前社会民主主义为何衰退。指出社会民主主义在意识形态上的主要失败，是同其最初成功的原因相一致：其成功在于正确地把国家视为对资本主义经济进行规制与管理的工具，并成功地使其民主化。当国家占据这一地位时，社会民主主义就可保持自己全部的凝聚力。但是当资本主义各方面，尤其是资本和金融越过国家边界，在全球流动时，以国家为导向的社会民主主义就失去了当初的效力。而这也是当前西方民主资本主义面临的两难困境。

本课题的突出特色在于构建了一个多元的理论分析框架，以极右翼政党意识形态诉求的内容为基础，借鉴了伊斯顿"系统论"中"需求一方"和"支持一方"的理论，以全球化给传统政党政治带来的压力、欧洲一体化、经济危机、局内人与局外人——移民与身份政治、日益加剧的不平等、重回民族国家作为"需求一方"的理论支持；以安东尼·唐斯的政党竞争空间模型，以及社会民主党自身身份与话语权的缺失为"支持一方"的理论。在这样一个多元的理论分析框架下解读极右翼政党对欧洲左翼政党的影响，指出任何单一理论都不足以解释这一现象，而需要构建一个力的平行四边形，即一个多元的理论分析框架体系，从而对欧洲政党政治力量博弈的变化进行探究。

诚如萨松所言，研究一个政党的历史，实际上就是关注这个政党所在国家的历史。欧洲文化素以多样性著称。同一个政党家族内部，绝不是铁板一块，不同的政党之间有相同，也有差异；即使同一个政党，也有历史性的变化。加之，西欧、北欧、南欧、中东欧，这些地区的国家民主制度确立的时间不同，中东欧和西欧之间又有原先冷战遗留的分歧与裂痕。这就需要研究者有宽阔的视野，而不仅仅局限于政党政治。

此外，搜集整理这些国家的政党研究资料时，自然而然也要关注成员国层面、地方层面、次区域层面以及欧盟层面政党的选举结果与成绩，选举资料的搜集、整理与统计，对笔者而言是一项繁难而有挑战性的工作。

本书将重点聚焦于中左翼的社会民主党，因为极右翼的兴起，是中左翼社会民主党力量衰退最主要的诱发因素之一，而传统上社会民主党形塑了欧洲的福利国家体系，这一制度饱受金融危机后紧缩政策的冲击。激进左翼政党力量的增大，其中一部分原因在于对资本主义本身的批评，本书中，这一部分的内容较少。这种比例不均衡是本课题的不足之处。

共产党是欧洲资本主义社会中长期以来一种抗议性的思想存在，但由于其在目前的选举中影响较小，最主要的也是因笔者此前在此方面的研究积累不足及时间和精力的局限，本书中没有对共产党和绿党展开讨论。

本课题的难点。在阅读与梳理文献的过程中，笔者的理解是新自由主义带来了极右翼的兴起，欧洲各国社会所面临的深刻的社会政治经济结构变迁，导致传统的"政党冻结理论"失灵，最明显的体现就是原来支持中左翼社会民主党的选民，滑向了极右翼一端，主流的左右翼政党意识形态趋同，选民对政治出现冷漠与愤懑的情绪，选择弃权或者是抗议性投票。因此，本书尝试得出的结论是，极右翼政党的兴起与中左翼政党的衰退是同一个事物的两个不同方向的结果，它们互为因果，不是单向度的因果链条可以简单加以解释的。因而，从某种程度上来说，极右翼的上扬、中左翼力量的衰落都是症状而不是原因，根源在于新自由主义半个多世纪以来造成的对资本主义社会深刻的结构变迁。

五　本书的基本构架

本书聚焦于 2008 年金融危机以来欧洲政党政治生态变迁，在新的政治经济语境下，欧洲政党政治生态，面临全球化以及信息化等新技术的巨大压力，出现了重大的变化。其中最醒目的就是政治光谱中最右翼的极右翼思潮和极右翼政党的兴起，在全球民粹主义浪潮的裹挟下，其给欧洲传统的政党政治带来了巨大冲击。在此过程中，受损失最大的就是欧洲主流的左翼政党——社会民主党。这个曾经为奠定欧洲福利国家作出过重要贡献，拥有

150 多年历史的老党派，在 21 世纪初遭到了深刻的侵蚀，处于前所未有的困境当中。

全书由导论、主体部分和结语组成。

第一章：导论，介绍本课题的研究基点与大背景。并对国内外关于极右翼、极右翼政党、左翼、左翼政党的研究文献进行了详细的梳理与评述，介绍了本课题的研究方法和基本思路。

第二章：介绍极右翼的概念、极右翼政党的意识形态特征，以及当前欧洲极右翼的最新发展态势。并且对与极右翼相关的概念进行厘定、比较，分析类似概念中存在的微妙差异与不同侧重。

第三章：介绍欧洲左翼政党相关概念。并介绍了社会主义，进而对社会民主主义和民主社会主义两个概念作了梳理，区分了二者的区别。最后对社会民主党的理论变迁作了阐述。

第四章：聚焦于个案，分析德国选择党和 PEQIDA（爱国欧洲人反对西方伊斯兰化）运动兴起的原因；同时选取法国的"国民联盟"、瑞典民主党、荷兰自由党为研究对象。指出在更为富裕且注重多元文化的北欧国家，极右翼的力量正在凸显，且打破了传统的政治禁忌。极右翼的兴起，威胁着欧洲的价值观。而在德国和法国，极右翼政党兴起的同时也深刻地改变了传统的政党政治格局。

第五章：聚焦于 2008 年金融危机后社会民主党的衰落。社会民主党在欧洲是一个大家族，并且不同的社会民主党之间仍存有差异与不同，并非铁板一块。本章以欧洲不同的地域为分类维度，分别以西欧的德国社会民主党与英国工党、南欧的意大利民主党、北欧的瑞典社会民主工人党和中东欧的匈牙利社会党为研究对象。在简要交代各自历史的基础上，着重分析其历时性向度下意识形态的变迁、政策纲领定位的变化，以及选民群体的支持，从定量的角度来分析社会民主党力量的消长与变化。

第六章：是本课题的重心所在。尝试以全球化、欧洲一体化、经济危机、移民与身份政治、贫困与不平等、重回民族国家六个维度作为"需求一方"的理论；以政党竞争的空间模型、主流政党的趋同作为"支持一方"的理论，探析极右翼思潮蔓延给欧洲左翼政党带来的影响。进而指出，经济危机后欧洲政治不断向右倾斜，社会民主党跟在中右翼政党身后亦步亦趋，丧失了自己的根基与身份标识，使得左右翼政党不断趋同，给极右翼政党力量凸显留下了政治空间。并且，极右翼力量上扬与中左翼力量衰退，不是一个简单的单向因果关系，而是一个多重的因果关系，它们之间既相互影响，又相互作用。

第七章：聚焦于欧洲左翼如何应对未来。在主流左翼力量受到侵蚀和挤压后，激进左翼获得了相应的生存空间，力量得到上扬，从而使得欧洲各国政党政治不断极化。在这样的背景下，主流的中左翼政党该何去何从？如何因应极右翼的挑战？如何捍卫欧洲的民主？如何保卫欧洲一体化？如何构建一个更美好的社会？左翼政党任重而道远。

最后是全书的结语。从根源上指出，正是新自由主义引发的全球化，使得资本、劳动力、金融组织广泛在全球流动，而社会民主主义是以国家为导向的意识形态，面对全球化的冲击，短时间之内还无法跳出在自己国家边界内维系自身成就（福利国家、教育和公民权等）的窠臼，此为极右翼思潮抬头的原因之一。与此同时，欧洲国家内部的社会、制度等原因也加剧了不平等，亦成为极右翼崛起的原因之一。极右翼降低世界的复杂性，以简单手段作为解决复杂问题的方式是危险的。在危机重重的现实中，我们有理由坚信，左翼的价值追求，即社会主义与平等作为一种集体的善，这样的一种价值理念追求仍然有着深远的意义。

英国历史学家萨松认为，了解一个政党的历史，就如同了解这个国家的历史一般重要。在深入分析欧洲政党政治生态的变化，探讨极右翼对中左翼的影响之后，能对欧洲政党政治生态面貌有进一步的了解与认识，将有助于把握今天欧洲政治的走向，构建良好的中欧关系。而这也是本书的研究意义所在。

第二章

极右翼政党的概念和意识形态

极右翼政党作为政党家族中的一员，通常是以其在政治谱系中所处的位置来被界定的。因此，追溯并厘清政治学中两个特定的非常关键的术语——左和右——对于理解极右翼政党的概念和内涵就显得至关重要。

一 左和右——一个概念史的考察

意大利政治学家诺伯特·博比奥（Norberto Bobbio）认为左和右是两个正相反的术语。两个多世纪以来，这一术语一直被用来区分那些使社会分裂的政治思想和意识形态之间彼此对立冲突的立场。作为正相反的术语，它们互相排斥、无所不在地包含于冲突的宇宙之中。任何一种教义和运动要么是左的，要么是右的；没有任何教义和运动能在同一时间既是左的，又是右的。[①]

左和右"这个伟大的两分"，把所有的知识领域都分开了。左和右之间的界定与区分，代表了一种典型的二价思维方式，它已经广泛地被心理学、社会学、历史学和生物学等诸多学科所解释和应用。

（一）左和右的人类学解释

左和右的概念可以从"有机人类学"的理论来加以解释。有机人类学认为，两分法是一种"最初的空间观念"，与物理的空间概念分类相联系，它

---

① Norberto Bobbio, *Left and Right*, *the Significance of a Political Distinction*, Polity Press, 1996, p. 1.

通过一个物理空间对称的语汇来体现政治空间对应的概念。

关于"右"这一术语的起源，体现在印欧语系中，它表现出历时的稳定性和在社会生活中不断扩散的特质。与此相反，"左"这一术语却是高度不稳定的，在不同历史时期对其解释有着巨大的差异。这两者在语言中不同的命运，一方面强化了对于"右"这一术语先天的积极含义，另一方面使得"左"这一术语通常都是与不稳定、消极和模糊这样的意义相联系。[1] "右"通常都与表示"积极的"形容词联系在一起，例如诚实、可靠、正直、真实、活跃和司法权力以及政治权利；相反，"左"通常都和邪恶、危险、不负责任、不值得信任、无能，甚至和死亡联系在一起。这个区别，最早主要来自于罗伯特·赫兹（Robert Hertz）对于人类有机对称的研究——自然界更偏爱右手——这反映和重新产生了一个现实与观念相对立的世界。考察身体的左边和右边之间的二重性，尤其是右手，在最早的文化中，赫兹强调说左和右之间的区分决定了社会组织和宗教的仪式。[2] 右手往往代表着生命、力量、刚强有力，而左手却代表着相反的意思。右手通常都和神联系在一起，并且能埋葬死亡、签订条约。

同样的内涵也体现在古希腊以来一以贯之的西方文化中，除了罗马共和国和早期的罗马帝国以外，基督教的肖像画里尤其突出了对于"右"的尊重，每个人都握着耶稣的右手；耶稣坐在神父的右边，上帝在宇宙中的手，右手代表着一个人可以去天堂得到幸福，而左手代表着一个人必须去地狱接受惩罚。同样在日常生活和社会关系中也是这样，握手的时候用的是右手，宣誓时也是用右手，对女士伸出右手，坐在右边合适的位置表示尊敬，等等。

这种横向的不同是和纵向的上下间的区别联系在一起的，其他一些基础的分析几乎在所有的文化里都是相通的。当我们提到世界和神圣的权力——上帝、天堂和国王——时，它们都在上方；而魔鬼、地狱和人类则在下方。因此，高处和右边代表着神圣、有力量、正直，而低处和左边代表着亵渎、没有权力和邪恶。

---

[1] Jean A. Laponce, *The Use of Visual Space to Measure Ideology*, Toronto University Press, 1972, pp. 52 – 53.

[2] Herz, J. Die Dienstklasse, Eine empirische Analyse ihrer demographischen, kulturellen und politischen Identitat, *Soziale Welt*, 41（Special issue），1990. Quoted in Ignazi, Piero, *Extreme Right Parties in Western Europe*, Oxford：Oxford University Press, 2003.

（二）政治学中的左和右

在政治学领域中，一直存在左和右的区分。但这两个术语是何时，又是怎样进入政治学领域的呢？最早在法国大革命时期，更确切地说当制宪议会在决定国王是否拥有选举权时，左和右第一次被引入了政治舞台。

1789年8月29日，为了方便计算代表们的选票，大会主席要求成员们举手表决。如果他们支持国王持有选举权，就举起右手；相反，如果他们反对国王拥有选举权，就举起左手。这次选举具有不同寻常的意义，因为它代表着前所未有的政治上的意义，即左和右第一次进入了政治舞台，成为一个非常关键的转折点。当时的政治小册子将右描述为传统的、保守的，而将左描述为现代的、变革的。自从它们第一次出现在政治语境中，这两个术语就被赋予了特定的含义，之后很少再有改变。①

实际上，自从1789年制宪议会以来，左就和第三等级联系在一起，而它要反对的就是最高等级，包括国王、贵族，以及天生就拥有特权的人，还有神权和教堂。因此，社会中的地位低下者，就和左重合在一起，所要反对的是那些社会地位较高的等级。

1815年法国君主制复辟以后，左派表示支持革命，右派表示反对革命。左派认为主权在民，赞成共和制，反对教会特权；而右派则推崇"王权与祭坛"，即推崇以教会的价值观为基础以及维护教会特权、专制和君主制政权。19世纪欧洲国家的议会也以议长的座椅为界，分左、右两派就座，这一传统沿袭至今。所以左派和右派就成了政治名词，并以此为基础把议会内的政党分为左翼政党和右翼政党。② 在1848年的政治学词典中，坐在左边表示"保卫自由的原则"，而坐在右边则表示"保卫权力的原则"，这一区分直到今天仍然有效。

左和右在不同的历史时期，各有不同的内涵。工业革命之后，随着社会阶级的剧烈分化和社会分裂程度的加深，左和右的概念也得到了强化，在政治学领域，对它的使用更加普遍起来。左和右的区分首先用来体现工人和雇主间的矛盾，这一矛盾体现了西欧社会长达一个世纪的政治冲突，被普遍地

---

① Dialogue Avec L'insense, *Essais D'histoire De La Psychiatrie*, Marcel Gauchet and Gladys Swain, 1994. Quoted in Ignazi, Piero, *Extreme Right Parties in Western Europe*, Oxford University Press, 2003.

② 周淑真：《如何区分左翼和右翼》，《环球时报》2004年10月29日。

转化为左和右的两极。在这里，左的一面代表的是无产阶级和工人的利益，左派等同于对工人阶级的利益抱支持态度；右的一面代表着雇主的利益，右派等同于对企业主和资本家的利益抱支持态度。

这种左和右的政治社会学解释，虽然简约了空间表述的内涵，却还是得到了普遍认同。在社会学的基础上，左逐渐被赋予了要求社会变革以实现更多平等的含义；而右被赋予了要求保持传统的社会经济和资本主义秩序的内涵。自从第一波民主化浪潮以来，左和右的政治概念，就不断形塑着整个欧洲的政党制度。①

左派，从政治方面来看，它通常相信人的进取完善能力和通过政治机构而改善个人与社会的可能性；推崇最大限度地扩大公民自由和道德自由以及政治事务中的平等，推崇博爱和国际主义。左派认为应该将理性和科学置于传统和宗教教义之上。从经济方面来看，左派追求保护产业工人和无地农民的利益，主张国家干预市场机制并且为社会地位低下的人提供财政和社会福利保证。右派，从政治角度来看，往往对能否通过政治机构的改革而完善人性持怀疑态度，看重社会和经济不平等所带来的某些好处，并在态度上倾向于民族主义。其意识形态除了表现为理性之外，还常常表现为非理性的信仰和情感，包括宗教信仰和情感，此外，其还肯定传统的家庭道德。从经济角度来看，右派信仰经济领域内的选择自由，赞成自由市场经济和尽量减少国家干预，赞成在一切可能的方面实行志愿性自助和个人保障体制，而不赞成由国家组织的社会保障制度。②

值得关注的是，当一种政党在意识形态内容上体现为政治上的右派与经济上的左派相结合，就会产生极右翼。而当今的西欧极右翼政党所秉持的正是这样一种混合的纲领。

英格尔哈特认为后物质主义③社会的来临，使得左和右所代表的社会基础发生着变迁。④ 随着物质主义及后物质主义的不断增长，在这个价值观的

---

① Stefano Bartolini, The Class Cleavage: The Political Mobilisation of the European Left, 1860 – 1980, *Cambridge Studies in Comparative Politics*, Cambridge University Press, 2000, p. xxiv.

② 〔英〕戴维·米勒、〔英〕韦农·波格丹诺编，邓正来主编《布莱克维尔政治学百科全书》，中国政法大学出版社，1992，第 402 页。

③ 物质主义侧重于保护已经取得的经济成果以及法律和秩序的强制执行；后物质主义则持有参与更多的决策过程以及获得更多的自由的价值观。

④ Ronald Inglehart, *The Silent Counter-Revolution*, *Changing Values and Political Styles among Western Publics*, Princeton University Press, 1990, p. 289.

基础上，原有阶级冲突的概念发生了变化，政治分野变得模糊不清，一个新的政治空间被凸显出来。[①] 一方面是旧政治，即力图维护那些和传统社会联系在一起的利益和价值观念；另一方面是新政治，包括非物质主义，更多关注于生活的品质、妇女在社会中的地位和作用、少数族裔的权利、非传统的生活方式、环境保护、政治和社会的参与以及社会平等。这种对于政治空间的新解释并不能代替传统的左和右的划分：它只是为认同左和右这两个术语带来了新的内涵，左和右再也不仅仅是工人阶级和中间阶层之间的矛盾了。伴随着新的物质主义和后物质主义分裂所产生的静悄悄的反向革命，面对着"新中间阶层"的出现，部分的、传统的中间阶层成员仍然持有同以往相同的政治立场。因此，左和右在形式和内容上的多样化和变化是与社会利益重新结合相伴相生的。[②] 这样带来的结果就是，欧洲的选举经历着经济和非经济的政治偏好和利益的重新组合。

总之，政治空间范式的变化丰富了左和右的内容而不是使它们在政治领域中被边缘化。通过对欧洲经验的比较研究，显示出传统的左和右的定位"仍然会持续下去或者说还会增长，因为它和物质主义和后物质主义的价值观的增长是相关联的"。[③] 因为在欧洲社会中"旧"的分裂，尤其是关于阶级和宗教的分裂仍然存在，它并没有被新的价值观定位所代替，只不过这种旧的分裂已不再占据主导地位而已。新与旧，冲突的双方都会影响着各自在政治空间中的位置。正如金和福丁（Kim and Fording）所说："即使左和右的两分不是西欧民主中占支配地位的分野，但左和右的维度仍然是最重要的一个内容。"[④] 总之，还没有经验证据去支持这种理论，即认为左和右空间的两分已然失当。

安东尼·吉登斯强调指出共产主义的崩溃、社会民主的危机、全球化的到来、反社会的行为，以及社会的原子化，所有这些都已经固化了左和右的

① Offee Claus, *Social Movement: Challenging the Boundaries of Institutional Politics*, New York: St. Martine' Press, 1985.

② Kitschelt Herbert, *The Radical Right in West Europe: A Comparative Analysis*, Ann Arbor: University of Michigan Press, 1995, p. 124.

③ Oddbjorn Knutsen, Cleavage Dimension in Ten West European Countries: A Comparative Empirical Analysis, *Comparative Political Studies*, 21（40）.

④ Kim and Fording, Voter Ideology in Western Democracies, 1946–1989, *European Journal of Political Research*, 33（1）.

概念，他进一步断言左和右的两分还会在"政党政治的语境里幸存"。①

20世纪以来，西欧社会经历了一个漫长的走向平等的过程，至今这一过程仍在延续。当然，有些时候会发生倒退，有些时候会发生剧烈的变化，有些时候则会安于现状。在一些工业国家，似乎已实现了平等和接近平等。然而，正如博比奥所强调的，尤其是在经济领域，持续存在的第三世界国家和西方国家不断扩大的差距与巨大的鸿沟，这种明显的不平等在今天体现着左和右一开始就存在的两分的方式。② 基于此可以断言，被经验分析牢固支持的左和右的两分，从来就没有在政治生活中消失过。

二　极右翼的概念界定

什么是极右势力呢？1945年前后，学术界一度喜欢使用"激进右派"来指代那些与战前法西斯主义有因缘联系而又不认同法西斯主义的团体。20世纪六七十年代，"激进右派"被"极右翼"一词所取代。最早源自丹尼尔·贝尔（Daniel Bell）于1963年出版的《极右翼》一书。③ 起初，学者常用"推崇暴力"来界定极右翼，后来慢慢放弃了这个标准，因为在西欧，那些在选举中稍有影响的极右翼政党都不再公开支持暴力。也有学者将极右翼归结为"接受自由民主的制度，但拒绝尊重少数种族和文化多元性的自由价值观"。④

（一）概念上的争论

尽管不同的学者一直在对极右翼进行持续的关注和研究，但实际上，对极右翼的定义进行毫不含糊的界定在学术领域里却几乎是没有的。几乎每一位研究者都指出，要对这一定义作一个精确的界定是非常困难的。贝林（Billing）曾指出，"极右翼"是一个非常让人感到麻烦和费解的术语；⑤ 罗

① Antoney Giddens Giddens, *Beyon Left and Right*, Polity Press, 1994, p. 251.
② Norberto bobbio, *Left and Right*, *the Significance of a Political Distinction*, Polity Press, 1996, p. xx.
③ Daniel Bell (ed.), *The Radical Right*, New York: Transaction Books, 2001.
④ P. Lucardie, and G. Voerman, *The Extreme Right in the Netherlands*, *the Centrists and Their Radical Rivals*, Paper presented to a workshop on the extreme right in Europe at the ECPR Joint Sessions, Bochum, April 1990.
⑤ Michael Billing, The Extreme Right: continuities in Anti-Semitic Conspiracy Theory in Post-War Europe, in Roger Eatwell and Noel O'Sullivan (eds.), *The Nature of the Right*, London: Pinter, 1989.

伯特（Robert）也指出，"对于极右翼这个概念，缺少令人满意的可以操作的指针"；① 冯·拜姆（von Byeme）认为建立在历史观点基础上的正式的定义和分类在很大程度上不能为极右翼提供一个令人信服的概念。与此同时，其他那些用来对这一概念作出标签的分类标准也存在诸多问题。②

极右翼缺少令人信服、一致同意且接受的定义，这也意味着学者对于那些现存的极右翼政党的概念界定是不满意的。汉斯沃斯（Hainsworth）论述说："对极右翼的关键分类充满了问题，不是很容易能提供一个整齐的、自我包含的、不容置疑的关于极右翼分类的模式，而且这个分类模式应该能够为选民提供一个令人满意或者是可以接纳的标准，使得选民知道他们是否属于或不属于这个政党家族。"③

在已有的学术文献中考察极右翼政党的不同定义，有一点是相同的，即极右翼被认为是一种特定的意识形态。④ 还有一些学者指出，应将特定的政治方式、行为、策略和组织，或者是特定的选民基础作为极右翼分析的面向和维度加以考虑，⑤ 但这些对于极右翼来说，应该是从属的和居于第二位的概念维度，而不应属于具体的定义。然而，这些内容首先和最主要的都应归属于意识形态的范畴。因为没有组织或者是其策略特征能和我们通常所说的"极右翼"的多样性的现象相提并论，极右翼政党的组织结构对于准确地描述这些现象是非常重要的，但是要去界定这些定义，又是十分困难的。⑥

有些学者认为极右翼政党可以被界定为拥有一种单一的意识形态特征。哈斯本德（Husbands）指出"种族的排外主义"组成了西欧极右翼共同的意识形态核心；⑦ 伊特维尔（Eatwell）指出各种样式的民族主义是西欧极右翼

---

① Geoffrey K. Robert, Extreme in Germany: Sparrows or Avalanche?, *European Journal of Political Research*, 25 (4), 1994, p. 470.

② K. Von Beyme, Right-wing Extreme in Post-war Europe, *West European Politics*, 11 (2), 1988.

③ Hainsworth Paul (ed.), *The Politics of the Extreme Right: From the Margins to the Mainstream*, London: Pinter, 2000, p. 4.

④ Cas Mudde, Right-wing Extreme Analyzed: A Comparative Analysis of the Ideologies of Three Alleged Right-wing Extreme Parties (NPD, NDP, CP'86), *European Journal of Political Research*, 27, 1995.

⑤ Hans-Georg Betz, *Radical Right-Wing Populism in Western Europe*, Basingstoke: Macmillan, 1994; Paul Taggart, New Populist in Western Europe, *West European Politica*, 18 (1), 1995.

⑥ Elisabeth Carter, *The Extreme Right in Western Europe: Success or Failure?* Manchester University Press, 2005, p. 14.

⑦ Hainsworth (ed.), *The Politics of the Extreme Right: From the Margins to the Mainstream*, London: Pinter, 2000, p. 4.

政党的特征。① 多数学者在界定极右翼政党的意识形态特征时，喜欢用不止一个特征来对它加以界定。然而，即使是这样，在认同究竟哪些特征是极右翼意识形态的核心特征时，学者间又很难达成一致。穆德对相关的学术文献作了精细的阅读和梳理，他发现至少有 58 个特征在界定极右翼的定义时被涉及。也就是说，在现存的这些定义中，有一些特定的特征与其他特征相比是被经常提及的，有五个方面的特征为超过一半的定义所引用，这五个特征分别是民族主义、排外（仇外）主义、种族主义、反民主的情绪，以及要求一个强国家。② 正是因为这五个特征在极右翼概念的界定中相较其他特征而言更频繁地被使用，因此可以说它们是普遍可以被接受的极右翼的核心内容。然而，这容易引起误导，因为这五个特征并不在概念层次上占有相同的位置。需要指出的是，这五个特征中的四个——民族主义、排外主义、种族主义和要求一个强国家——都比第五个特征低一个层面。在一定程度上可以说，民族主义、排外主义、种族主义和要求一个强国家都是较高层次的概念，即反民主的情绪的一种反映。

穆德提取的这五个特征在极右翼政党的概念层级上的位置是不同的，这本身就带来了问题，因为这意味着把界定极右翼特征的充分条件和必要条件混淆在一起了。民族主义、排外主义、种族主义和要求一个强国家都属于极右翼特征中的可能条件（有些时候甚至是充分条件），但它们不是必要条件。相反，反民主的情绪是一个必要条件（尽管它并非一个充分条件），虽然这样讨论起来很麻烦，但这对于区分极右翼主义的充分条件和必要条件是非常重要的，因为这种区分强调了这样一个事实：一个种族主义的政党是极右翼政党，但并不是说所有的极右翼政党都是种族主义的政党。但是，主张反民主是极右翼定义中的一个本质特征，因为所有的极右翼政党事实上都拥抱反民主的情绪，当然并不是所有拥抱反民主情绪的政党都是极右翼政党。

因此，为了清晰地界定极右翼，它必须包含反宪政和反民主两个要素：其一，拒绝民主宪政国家最基本的价值观、程序和制度，这一特征能够体现极右翼定义中极端的一面；其二，拒绝人与人平等的基本原则，这一特征可

---

① Roger Eatwell, The Rebirth of the "Extreme Right" in Western Europe, *Parliamentary Affairs*, 2000, p. 412.

② Cas Mudde, Right-wing Extreme Analyzed: A Comparative Analysis of the Ideologies of Three Alleged Right-wing Extreme Parties (NPD, NDP, CP'86), *European Journal of Political Research*, 27, 1995.

以体现极右翼中右的色彩。

为了更进一步地确定极右翼政党的定义特征，找到那些对于所有极右翼政党来说都具备的共同特征是非常重要的——用这个特征我们可以判断出一个政党是否属于极右翼政党家族。因此，关注极右翼的必要条件就比关注充分条件要重要得多。只有当极右翼政党家族被再一步细分时，极右翼政党的充分条件才会变得重要起来。① 要对极右翼政党的必要条件的特征作细分，就必须对"极端主义（extremism）"的概念进行回顾与梳理。

如同贝克斯（Backes）所解释的，"极端主义"的概念起源于亚里士多德的传统，即在道德和政治制度领域里抵制过分的权力、抵制一个群体统治另一个群体，② 极端主义同时包含了反宪法和反民主的因素。在近现代，尤其是20世纪以来极权主义体制的出现，极端主义经常被界定为支持反对自由民主的主题。这意味着，一方面，它的特征是拒绝最基本的价值观，如人权、民主宪政国家的程序和制度理念，包括自由、平等、直接和公开的选举，同时也拒绝政党竞争、多元主义、议会主义、建立在规则和法律基础上的国家、权力的分割等价值观。另一方面，其所拥护的理念也使它的意识形态与别的意识形态迥然不同，它所推崇的是威权主义、绝对论以及教条主义。③

极端主义作为一个意识形态，其基本定义是反宪政和反民主的结合，这已经被德国联邦宪法法院在对基本法的解释中所采纳："除了政治多元主义之外，法庭强调对于法律，对于人权和公民自由的尊重；推行自由和普遍的民主选举；对政府的权力进行限制；法院拥有独立的司法权等。这些都是自由民主最基本的要素。还有，自由民主与暴力以及权力专制是不相容的。倘若哪个政党违反了这些基本原则和特征中的一个或多个原则，它就属于极端主义，是被联邦法院所取缔和禁止的。"④

在分析现有文献的基础上，对极右翼概念进行界定之前，首先要对极右

---

① Elisabeth Carter, *The Extreme Right in Western Europe-Success or Failure?* Manchester University Press, 2005, p. 15.

② Uwe Backes, and Cas Mudde, Germany: Extreme without Successful Parties, *Parliament Affairs*, 53 (3), 2000.

③ Uwe Backes, and Cas Mudde, Germany: Extreme without Successful Parties, *Parliament Affairs*, 53 (3), 2000.

④ Thoms Saalfeld, The Politics of National-Populism: Ideology and Politics of the German Republikaner Party, *German Politics*, 2 (1), 1993, pp. 180 – 181.

与极左进行区分，其次要对极右翼和传统右翼进行区分。

（二）极右与极左的区分

在博比奥的理论中，政治学中的两个主轴产生了四个分类，极右翼、温和的右翼，温和的左翼、极左翼。极端主义是专制的，不接受民主的规则，尽管温和的右翼和温和的左翼也不同意有关平等的一些问题，但它们接受政治游戏中的基本规则。① 博比奥强调在极端的平等和极端的不平等这两种立场中都包含了对民主的蔑视。

反宪法和反民主既是极右翼意识形态内容的一部分，同时也是极左翼意识形态内容的一部分，政治的极端主义有左和右之分。极左翼与极右翼有显著的不同。区分极左和极右的一个至关重要的标尺就是观察二者对待人类平等的态度，普遍的人与人之间的平等是自由民主领域里非常核心的一个原则。极左接受和支持这个原则，即使它们将这项原则解释为："全部彻底的平等所带来的结果即便意味着会对由规则和国家的法律制度所保障的自由带来破坏，也要坚持全部的彻底的平等。"② 而极右翼强烈地反对这一点，它强调每个个体之间的不平等这样的观念，"极右翼政治和社会秩序模式的根源在于这样一种信仰，即社会的政治不平等的制度化是必要的"。③

极右翼所推崇的这种社会和政治不平等的制度化可以建立在许多不同的标准之上，但最受极右翼政党和运动所青睐的却是国籍、种族、人种群体或是宗教的名称。这在很大程度上可以解释为什么民族主义、排外主义、种族主义和种族中心主义会出现在很多的极右翼定义之中。然而，尽管这些特征可以帮助学者们描述极右翼的特征，却并不能作为极右翼的定义。它们只是最基础的原则——人与人之间的不平等——的表现，因此人与人的不平等应该列在极右翼概念的最核心位置。

同样的方法，即把民族主义、排外主义、种族主义和要求一个强国家作为定义极右翼的特征也容易引起误解，这就如同把忠诚于法西斯主义的遗产

---

① Thoms Saalfeld, The Politics of National-Populism：Ideology and Politics of the German Republikaner Party, *German Politics*, 2 (1), 1993, p. xvii.

② Uwe Backes, and Cas Mudde, Germany：Extreme without Successful Parties, *Parliament Affairs*, 53 (3), 2000.

③ Thoms Saalfeld, The Politics of National-Populism：Ideology and Politics of the German Republikaner Party, *German Politics*, 2 (1), 1993, p. 18.

作为定义极右翼的特征一样，也是不正确的。这是因为法西斯主义的特征或者新法西斯主义①的特征，包括极端的民族主义、反对议会制度、反对多元主义、强调个体对于民族和国家意志的从属和臣服，这些仅是定义极右翼这一概念的可能条件而不是必要条件。这就如同法西斯主义或者新法西斯主义的政党和运动确实可以被视作极右翼，但并不是所有的极右翼运动或政党都可以被认作法西斯主义或新法西斯主义一样。

这个观点被研究当代极右翼的多数学者所接受。贝林很坦率地指出了这一事实。"法西斯主义的政体可以被视作极右翼政治的例证，但这并不表示（或暗示）所有的极右翼运动都是法西斯主义。"② 同样，汉斯沃斯也指出，尽管"新法西斯主义的标签对于一些极右翼政党来说是很合适的……但把战后的极右翼看成仅仅是早期的法西斯主义运动的陈词滥调的重新泛滥却是不正确的，也是操之简单的做法"。③ 因此，正像种族主义的政党可以被看作一种特定的极右翼政党一样，法西斯主义和新法西斯主义的政党也可以被看作一种特定的极右翼政党。

（三）极右翼和主流/传统右翼之间的区分

要在主流的右翼和极右翼之间作出区分，有两点是不能够被忘记的。

第一点，所依据的是审视这个政党是接受还是拒绝民主秩序最基本的价值观、程序和制度，而不是仅仅看它在政治空间中的定位。换句话说，一个政党并不能仅仅因为它位于政治谱系的右边，就被界定为极右翼政党，虽然在通常意义上，极右翼政党大多处于政治谱系中最靠右的位置。相反，它之所以被界定为极右翼政党是因为其拒绝或破坏所存在的民主宪政的秩序。冰岛和爱尔兰的例子很好地说明了这一点：尽管每一个政党制度中都有一个政党处于比别的政党更靠近右边的位置，但是这两个国家的政党制度中都没有极右翼政党，因为这两个国家的政党不存在拒绝或破坏民主宪政秩序的诉求。

第二点，要考察极右翼政党所处的特定国家，因为组成民主宪政秩序的

---

① 新法西斯主义，这一术语经常被用来形容战后的极右翼，强调对于历史上的法西斯主义的继承性
② Michael Billing, The Extreme Right: Continuities in Anti-Semitic Conspiracy Theory in Post-War Europe, in Roger Eatwell and Noel O'Sullivan (eds.), *The Nature of the Right*, London: Pinter, 1989.
③ Paul Hainsworth, *The Extreme Right in Europe and the USA*, London: Pinter, 1992.

价值观、程序和制度，每个国家的情形都和别的国家可能有所不同。罗伯特对于普遍的极右翼定义的正确性提出了质疑，认为这个概念只应该具有"相对的"特性。他认为"从一个民主宪政国家到另一个民主宪政国家，基本的权利和民主宪政的方式以及程序的变化是至关紧要的，一个群体在这个国家被认作极端主义者，但在另外一个国家，它也许不会被认作极端主义者。极端主义首先是和特定的民主宪政秩序相联系的一个概念"。①

如果比较斯堪的纳维亚极右翼政党（丹麦的进步党、挪威的进步党以及丹麦的人民党）与西欧的极右翼政党，那么这个概念的相对性就能够得到很好的说明。伊戈纳兹所观察到的是，斯堪的纳维亚的极右翼政党从来没有像别的极右翼政党那样对民主包括权威的解决办法进行正面的攻击，② 然而，这并不意味着它们在自己的政党制度和政治文化中就不是极端主义者了。正如伊戈纳兹进一步讨论的，"它们当然破坏制度的合法性，并不仅仅表现在对于哪个政党和政治家的轻视，而是表现在它们认为政党是无用的、落后的，甚至是有害的"。③ 因此，尽管它们反制度的一面比西欧其他的极右翼政党要有限得多，但毫无疑问，它们是应该被包括在极右翼政党家族之中的。④

罗伯特认为，想在民主的政党和极端主义的政党之间画一条固定且清晰的界线，然后说线的这一端所有的东西都是民主的，线的另外一端所有的东西都是"极端的"，这是不可能做到的。⑤

尽管存有困难，但并不意味着不存在把温和右翼与极右翼区分开来的界限。肯定地说，界限是存在的，学者们认为"有很多的政党它的极右翼地位是毋庸置疑的"。⑥ 极右翼政党家族同主流右翼政党的截然不同的地方是可以

---

① Geoffrey K. Robert, Extreme in Germany: Sparrows or Avalanche? *European Journal of Political Research*, 25 (4), 1994, p. 470.

② P. Ignazi, *Extreme Right Parties in Western Europe*, Oxford: Oxford University Press, 2003, p. 148.

③ P. Ignazi, *Extreme Right Parties in Western Europe*, Oxford: Oxford University Press, 2003, p. 148.

④ P. Ignazi, *Extreme Right Parties in Western Europe*, Oxford: Oxford University Press, 2003, p. 140.

⑤ Geoffrey K. Robert, Extreme in Germany: Sparrows or Avalanche?, *European Journal of Political Research*, 25 (4), 1994, p. 480.

⑥ C. Mudde, *The Ideology of the Extreme Right*, Manchester: Manchester University Press, 2000, p. 16.

被辨别的。①

（四）界定极右翼概念的两个维度

为了清晰地论述，我们可以从两个方面来定义极右翼，这两个方面分别是反宪政和反民主。

其一是拒绝民主宪政国家最基本的价值观、程序和制度。这个特征凸显了极右翼中的极端主义特点；其二是拒绝人与人之间平等这一最基本的原则，这个特征凸显了极右翼中右的色彩。

在极右翼表现出来的各种特征中，有很多是这两个要素的表现形式。反政党、反多元主义、反议会主义、要求一个强国家、要求一个强有力的领袖、要求强调法律和秩序、要求军国主义，这些都是拒绝民主宪政国家最基本的价值观、程序和制度的外在表现形式。也就是说，这些特征都是"极端主义"的表现形式。

民族主义、排外主义、种族主义、种族中心主义和排他主义（exclusionism）都是拒绝最基本的原则，即人与人之间平等的外在表现。换句话说，它们都是"极右"的外在表现形式。

尽管已经有了对于极右翼这一概念作出界定的两个最主要的标准，但并不是说就不存在问题了。相反，这个概念仍旧存有一个困难，正如罗伯特所指出的，"对这一概念令人满意的可以操作的指针还是很缺乏的"。② 原因在于学者所关注的极右翼概念，首要的是罗伯特所说的"结构性要素"，而不是具体某一个极右翼政党的程序或政策。事实上，他观察到，"极右翼指的是反对民主宪政国家的价值观、程序和制度的这样一些群体或组织。实际上，这个定义相当于什么也没说，而在这个定义中，关于这个组织的纲领和政策，却可以被限定成极端主义"。③ 因此，为了进一步对极右翼这个概念进行界定，学者们转而求助于政党的纲领或政策，因而首先设想这种极端组织的政策是打破民主宪政的秩序就成为必要。这个假设对于分析一些极右翼群

---

① P. Hainsworth（ed.），*The Politics of the Extreme Right：From the Margins to the Mainstream*，London：Pinter，2000.

② Geoffrey K.，Robert，Extreme in Germany：Sparrows or Avalanche? *European Journal of Political Research*，25（4），1994，p.464.

③ Geoffrey K.，Robert，Extreme in Germany：Sparrows or Avalanche? *European Journal of Political Research*，25（4），1994，p.465.

体是正确的。例如在 1980 年代早期出现的英国国民联盟（British National Front），其明确地宣称驱逐一切非白人，这个政策清晰地表明了它违背民主宪政的秩序，也违背了最基本的价值观，即人与人之间的平等。然而，这个假设在考察其他政党的政策时，就会发生一些疑问，即缺少足够的证据证明这些陈述是否毫无疑问地违背了民主宪政的秩序。

尤其在当代，大多数被学者和观察者描述为极端主义的政党，却经常在表面上强调它们对于民主宪政秩序的遵守。正如贝茨所说的，"如果不是为了免于被宣布为有罪，或者是为了私利，它们会放弃更多的意识形态的包袱，这样就会使它们看起来是非常极端主义的政党。但是一旦越过了政治讨论中所能容许和接受的边界，极右翼政党很快就会发现它们在公共评价、选举投票，或是在议会中将受到处罚"。① 所以，几乎所有的极右翼政党都不承认自己是极右翼的。接替父亲担任法国"国民联盟"领袖的玛丽娜·勒庞就认为"国民联盟"和法国其他的主流政党没有任何区别。自 2011 年 1 月 16 日上任以来，她一直指责舆论把"国民联盟"看作极右翼政党，认为这是不公平的妖魔化。玛丽娜·勒庞公开拒绝参加法国电视 2 台的节目，理由是该节目把"国民联盟"同极右翼画等号。

果真如此吗？事实是极右翼政党所声称的它们对于民主宪政秩序的遵守是不可信的，只不过是一种表面现象。正如汉斯沃斯一语道破的，"有名无实的对于民主宪政的承诺，不能简单地认为它就真正付诸行动了"。② 实际上，极右翼政党在对游戏规则充满敬意的表面现象下潜伏着的言论和政治文化，很清楚地破坏了民主制度的合法性。换句话说，学者们认为这种极右翼政党正是萨托利（Sartori）在 1976 年所说的"反制度的政党"的最好不过的例子，③ 或者是基希海默尔（Kirchheimer）所说的这种政党表现出明显的"反对原则"。④

加德伯格（Gardberg）总结极右翼的政治文化，说它可以被认为是一条

---

① H. -G. Betz & S. Immerfall (eds.), *The Politics of the Right: Neo-populist Parties and Movements in Established Democracies*, London: Macmillan, 1998, p. 3.

② P. Hainsworth (ed.) *The Politics of the Extreme Right: From the Margins to the Mainstream*, London: Pinter, 2000, p. 8.

③ 〔意〕G. 萨托利：《政党与政党体制》，王明进译，商务印书馆，2006。

④ Otto Kirchheimer, The Transformation of the Western European Party System, in Joseph LaPalombara and Myron Weiner (eds.), *Political Parties and Political Development*, Princeton University Press, 1966.

具有破坏性的河流，反对平等主义、反对多元主义，以及反对民主宪政国家的基本原则。① 同样的，沃尔曼和卢卡迪（Voerman and Lucardie）认为，"即使极端主义接受宪法的形式，它们也拒绝大部分的政治文化和政党制度"。这些学者继续指出："在许多当代的极右翼政党个案中，它们表面上看起来接受议会民主，但实际上却拒绝普世的自由政治的文化。"②

（五）与极右翼相关的概念辨析：民粹主义

民粹主义是一个充满歧义和不确定性的概念，要对它作一个明晰的界定并不容易。2012年12月，欧洲各国专门从事民粹主义研究的学者，在位于意大利佛罗伦萨的欧盟大学研究院召开了一个小型研讨会，会议主题为以区域国家群为单位研究欧洲的民粹主义。与会学者表示，对民粹主义的研究，很多时候就好像在黑暗中触摸一头大象，却要知道它是什么样子一样。③

尽管如此，我们还是试图对民粹主义的概念作出梳理和界定。穆德认为，民粹主义是一种意识形态，将社会分裂为两个同质和相互对抗的群体，即纯粹的人民与腐败的精英，政治是人民意志的表达。④ 这个概念中包括以下几点：①两个同质的群体的存在——人民与精英；②人民与精英之间是一种对抗的关系；③人民统治的观念；④秉持摩尼教⑤的世界观，认为人民拥有正面的、积极的价值，但对精英充满了批评与诋毁。对于民粹主义意识形态中最突出的反精英的取向和定位，民粹主义将会给那些不受民众喜欢，即民众不满意的精英带来威胁。

对于民粹主义来说，"人民"是这一概念的中心地带，是最重要的核心内容。并且人民具有高度一致，抑或说是"铁板一块（monolithic）"的特征。正如卡农范（Canovan）指出的，人民通常被认为是一个同质的、团结

---

① A. Gardberg, *Against the Stranger, the Gangster and the Establishment*, University of Helsinki, 1999, p. 32.

② Voerman Gerrit and Paul Lucardie, The Extreme Right in the Netherlands：The Centrists and Their Radical Rivals, *European Journal of Political Research*, 22（1），1992.

③ Hanspeter Kriesi and Takis S. Pappas, *European Populism in the Shadow of the Great Recession*, ECPR Press, 2015.

④ C. Mudde, *The Ideology of the Extreme Right*, Manchester：Manchester University Press, 2004, p. 543.

⑤ 摩尼教，其神学思想认为光与暗、善与恶永远是敌对和竞争。

的、具有共同兴趣和共同意志的群体。① 所有的民粹主义者还认为，人民是具有主权的，他们同时批评、谴责当下的民主制度，认为民主之所以没有起到应有的作用，恰恰是因为人民的权利受到了侵蚀。

民粹主义有左右之分，右翼民粹主义概念中的人民通常被认为是国家民族中的人民，而左翼民粹主义中的人民则指的是普通人、穷人、除精英之外99%的人，以及被剥削者。在实践中，许多学者常常将"右翼民粹主义"与"极右翼"交互使用。

右翼民粹主义概念中的人民，通常以民族国家为面向，以群体内部和群体外部来作出界定和区分。对于民粹主义者来说，国家内部和群体内部的首要敌人，就是现存政治体制中的精英。作为同质性的群体，人民这一个概念不仅暗示了人民与精英的对抗，而且公开地排斥"其他人"，这里的其他人指的是虽然处于民族国家之内，却是群体外部的人。民粹主义以文化为边界，来划分群体的内部和外部。这样，和"我们"不一样的"他们"，即移民群体就顺理成章地成为民粹主义者指责和攻击的对象。"其他人"这一特定的群体成了替罪羊，应为"人民"所处的困境负责。被右翼民粹主义排斥的其他人包括各种各样的少数民族，比如罗姆人和犹太人、移民以及那些不应该享受福利国家福利的人，因为他们并没有为福利国家作出贡献。

穆勒认为民粹主义的核心是反多元主义。其话语体系遵从"我（或我的政党）才代表真正的人民，其他人都不是真正的人民，反对我（或我的政党）的都是人民的敌人"。②

卡农范指出民粹主义是民主投射下来的一抹阴影。③ 民粹主义者认为他们自己才是真正的民主。但在民粹主义"空心化"的意识形态中包含着一个特定的"不自由的民主"。可以从三个方面界定民粹主义的不自由内容：首先，民粹主义仅仅从字面上理解"人民统治"，拒绝自由主义的制衡、自由的宪政维度。④ 其次，民粹主义对人民和政策决策者之间的中介充满敌视，

---

① M. Canovan, Trust the People! Populism and the Two Faces of Democracy, *Political Studies*, 47 (1), 1999.

② 〔美〕杨-威尔纳·穆勒：《解读民粹主义》，林麗雪译，台湾时报出版社，2017，第13页。

③ M. Canovan, Trust the People! Populism and the Two Faces of Democracy, *Political Studies*, 47 (1), 1999, p.3.

④ Y. Mény, & Surel (eds.), *The Constitutive Ambiguity of Populism*, *Democracies and the Populist Challenge*, Basingstoke: Palgrave, 2002.

尤其是对政党充满敌意,① 要求在大众和精英之间建立直接的联系,这尤其体现在民粹主义政党的意识形态中。② 最后,它是不民主的,由于它的铁板一块且预设了人民意志的概念,没有给多元化或者是协商留有空间。③

民粹主义概念的核心是强调差异和不同,却是空洞的、空心化的,对于复杂社会产生的一般问题,民粹主义并不能提供合理和明晰的答案。这种"空心化"是由它核心概念的模糊性和可塑性导致的,因此民粹主义常常和许多具有丰厚内容的意识形态联系在一起,如保守主义或社会主义,然后民粹主义在此基础上再添加特定的内容。

作为一种意识形态,民粹主义表现出高度的策略性特征。民粹主义的话语方式通常通过富有个人魅力的政党领袖来表达。民粹主义的领袖自称他们并不属于体制中的政治精英,而是局外人(一个新的挑战者),是现存政治体制的挑战者,他们体现的是人民的利益。领袖作为人民呼声的代言人,他们宣称同人民有深厚的情感连接,采用直接与民众联系的方式,承诺通过提供"一个绕过哲学纷争和琐细的制度这样一条捷径,使政治变得透明"。④

民粹主义还被理解成一种沟通方式。民粹主义的沟通方式强调人民的重要作用,认为人民被那些掌权者所背叛,即精英滥用权力,因此必须恢复人民的首要和优先的地位。⑤

韦兰将民粹主义界定为政治领袖人物从无组织的众多追求者中通过直接、不需要中介力量、不需要体制内支持而追求获取政府权力的一种政治策略。⑥ 根据这一定义,人民与领袖之间是一种直接、准个人的联系,而非建立在中介组织比如政党的基础之上。乌尔比纳蒂(Urbinati)认为,如果没有一个强有力的政治领袖,民粹主义是很难生存的,换句话说,如果没有领袖或者

---

① G. Pasquino, Populism and Democracy, in D. Albertazzi, and D. McDonnell (eds.), *Twenty-First Century Populism The Spectre of Western European Democracy*, Palgrave Macmillan, 2008.

② P. Taggart, and A. Szczerbiak, *The Party Politics of Euroscepticism in EU Member and Candidate States*, Sussex European Institute Workings Paper, 2002, No. 51.

③ N. Urbinati, *Democracy Disfigured: Opinion, Truth, and the People*, Cambridge, Mass: Harvard University, 2014, p. 132.

④ M. Canovan, Taking Politics to the People: Populism as the Ideology of Democracy, in Y. Mény & Surel (eds.), *Democracies and the Populist Challenge*, Palgrave Macmillan, 2002, p. 34.

⑤ Y. Mény & Surel (eds.), *The Constitutive Ambiguity of Populism, Democracies and the Populist Challenge*, Basingstoke: Palgrave, 2002, p. 11.

⑥ K. Weyland, Clarifying a Contested Concept: Populism in the Study of Latin American Politics, *Comparative Politics*, 34 (1), 2001, p. 14.

是起主导作用的领袖来控制那些具有民粹主义修辞的运动中的大多数人，就不能将其称为民粹主义。[1]

本章从左和右出发，考察了极右翼的概念，追溯了极右翼这一术语的缘起。指出反宪政、反民主是界定极右翼的两个重要指针。对极右与极左，极右翼和传统主流右翼作了区分，与此同时探讨了与极右翼相关的"民粹主义"概念。第三章将对欧洲左翼政党的相关概念进行梳理。

---

[1] N. Urbinati, *Democracy Disfigured: Opinion, Truth, and the People*, Cambridge, Mass: Harvard University Press, 2014, pp. 129, 132.

第三章

欧洲左翼政党相关概念梳理

一　社会主义

社会主义（Socialism）一词的词根源自拉丁语"sociare"（社会），本义指联合或共享。罗马和后来中世纪的法律中与之相关的较为专业的术语是"societas"，这个词既有同伴关系和友谊关系的意味，也意指自由人之间基于一致同意而订立契约的一种法律观念。古希腊哲学家亚里士多德曾说"人天生就是城邦制动物"。在此基础上，由自由的独立个体的人们彼此间组成的社会，其成员应该拥有公平、平等地位。因此，"社会（social）"一词有着两种清楚分明的含义，这两种含义都隐含了"社会主义"一词较为晚近的用法。"社会"既可以指自由的公民之间的一种较为正式的法律上的契约关系，也可以指同伴和伙伴间的一种情感关系。①

二　社会民主主义

现代意义上的社会民主主义（Social Democracy）可以追溯到德国社会民主党的分裂，该党于1875年因拉萨尔的修正主义和正统马克思之间的妥协而形成。1875年，马克思在《哥达纲领批判》一书中对德国社会民主党进行了严厉批判，从这种批判中，可以看到后来发展成为马克思主义和社会民

---

① 〔澳〕安德鲁·文森特：《现代政治意识形态》，袁久红译，江苏人民出版社，2008。

主主义之间重要分歧的基本脉络。对于马克思来说，国家是统治阶级的工具，社会主义只能通过革命转变来实现。而《哥达纲领》提出的国家理论则主张以普选、直接立法、公民权利和人民自卫队等手段促进自由国家的发展。马克思所否定的纲领的第二个论题为按照"劳动所得的公平分配"来定义社会主义。马克思认为这是对于历史唯物主义或科学社会主义的内在逻辑核心的攻击，因为《哥达纲领》认为诸如正义、公平这些道德价值可以独立于统治阶级关系之外而起作用。因此，一个民主社会主义政府可能通过政治活动来发展社会产品的平等和公正分配。但是，对于马克思来说，道德价值是意识形态上层建筑的内容，不可能作为改变社会基本结构的独立政治机制而发挥作用。①

社会民主主义是一种支持在自由民主体制和资本主义经济体系下，通过经济干预和社会干预的手段促进社会公平与正义的意识形态。社会民主主义支持代议制和参与民主。主张进行收入再分配，通过调控手段使经济发展符合大众的共同利益。建设福利国家亦是社会民主主义的主要目标之一。社会民主主义希望使资本主义社会能更加民主、公正、团结。20 世纪下半叶，西欧和北欧国家，尤其是实行北欧模式的斯堪的纳维亚国家，都深受社会民主主义思想的影响。②

社会民主主义起源于一种在已有政治框架下，通过和平方式对资本主义进行改良，从而实现从资本主义到社会主义的过渡（而不是像革命社会主义者那样通过革命来实现）的意识形态。③ 二战结束后，西欧的社会民主主义党派均表示不愿意接受当时苏联斯大林主义模式的政治经济体制。但是在实现方法与手段上却出现了分歧，其中一部分党派希望采用与苏联不同的方法过渡到社会主义，而另一部分党派则表示他们的目标是建立资本主义和社会主义的混合体系。④ 在这一时期，社会民主主义党派执政时通常会采用一种混合经济体制，在经济主体为私有制的前提下，将部分产业置于国家的控制之下。这种经济体制与凯恩斯主义的主张有些类似。同时，社会民主主义政

---

① 〔英〕戴维·米勒、〔英〕韦农·波格丹诺编，邓正来主编《布莱克维尔政治学百科全书》，中国政法大学出版社，1992，第 706 页。

② Tobias Gombert, Julia Bläsius, Christian Krell, Martin Timpe（eds.），*Foundation of Social Democracy*，Berlin：Friedrich-Ebert-Stiftung，2009.

③ Social Democracey，*Encyclopædia Britannica*，10. 8. 2015.

④ Ian Adams，*Political Ideology Today*，Manchester University Press，1993，pp. 102 - 103.

党指出国家需要对经济进行干预，以及主张建设福利国家，以便迈向更为公平和人道的社会。这样的一种经济体制已在本质上和社会主义经济体制有所不同。

社会民主主义的议题包括消除社会不平等、贫困，以及特权阶级对他人的压迫，主张在社会中建立一个面向全民的公共服务体系，比如老年人的福利、儿童保育、义务教育、全民健康、劳动保险等。一般而言，社会民主主义与工人运动和工会有着紧密的联系，支持工人的谈判权，希望能够将政治上的民主决策延伸到经济领域，以促进雇工的利益。

三　民主社会主义

19 世纪末和 20 世纪初的"社会民主主义"与"民主社会主义（Democratic Socialism）"是同义词，但到了后来，社会民主主义成了一个不断"右化"的概念，大多变成了较偏向于中间立场，大体上支持资本主义体制，主张在资本主义的体制和框架内进行部分、有限度的社会改革（例如福利国家理想）。而民主社会主义则更为向左倾斜，主张在资本主义体制里进行彻底改革，或是通过直接革命的方式达成完全的社会主义体制的目标。因此，民主社会主义里也包含主张改革和主张革命的两种路线之分，但主张改良的比例远多于主张革命的比例。在今天，社会民主主义者内部的左翼也相当于民主社会主义者。

民主社会主义是一种把现代民主宪政和社会主义经济糅合为一体的政治意识形态。由于"民主"和"社会主义"这两个概念本身存在很大争议，因而民主社会主义也是一个相当宽泛的概念。"民主"通常意味着普选制、多党制、司法独立、政治自由、反对法西斯主义和斯大林主义的一党专政。而社会主义经济则需要生产资料的公有制，经济模式多种多样，可以为计划经济、参与型经济或者市场社会主义等。在实际执政过程中，许多民主社会主义者允许采纳多样型的经济发展模式，并没有完全取缔市场经济，并着重于为民众提供良好的福利保障体系并加强财富的再分配。民主社会主义属于社会主义的范畴，但比一般的社会民主主义更为左倾。从欧洲政治光谱上所居的位置来看，大部分民主社会主义者在政治光谱上属于左翼，少部分则属于极左翼。部分民主社会主义者也参加社会民主主义者占据主流地位的社会民主党。

在大多数情况下，社会民主主义的立场处于资本主义与社会主义的中间，而民主社会主义则拥护完全的社会主义，且希望借着民主手段废止资本主义。①

民主社会主义是二战后发达的资本主义国家的社会党（包括社会民主党、工党）的思想理论体系的统称。民主社会主义起源于工人运动和社会主义运动中的改良主义，特别是伯恩施坦的修正主义，是两次世界大战时期与布尔什维主义相对立的社会民主主义的继续和发展。民主社会主义主张世界观和社会主义论证的多元主义的同时，推崇伦理社会主义，反对马克思主义对社会主义的科学论证；它提倡抽象民主，主张在资本主义国家内通过多党制议会民主实行长期的、合法的、渐进的改良，达到一个体现民主社会主义"基本价值"的社会制度，反对通过社会主义革命和无产阶级专政来建设社会主义。1990 年前后的东欧剧变和苏联解体期间，社会党国际和各国社会党普遍声称，这一剧变证明了共产主义和科学社会主义实验的失败和民主社会主义的胜利，并且期望原苏联和东欧国家的社会民主党或与之相近的组织能在这些国家推行民主社会主义。另一些社会党人，如托马斯·迈尔，他从1979 年起担任德国社会民主党执委会所属的价值委员会委员，1983～1989年担任该党的纲领委员会副主任，是 1989 年《柏林纲领》的主要起草者和执笔人之一，主张社会党应当抛弃"民主社会主义"概念，把自己的理想和政策概括为"社会民主主义"。②

四 社会民主党的理论变迁

欧洲的社会民主主义政党主要有社会党、社会民主党、工人党等，大都建立于 19 世纪中后期。建党之初，这些政党大都深受马克思主义的影响，主张消灭资本主义私有制，以社会主义代替资本主义，消灭剥削、消灭阶级，"争取工人阶级在经济上、道德上和政治上的解放"。随着社会民主党所处外部资本主义环境的变化，社会民主党在意识形态上经历了三次大的调整与变迁。

---

① Democratic Socialism Works & People Are Happy About It! http://www. abovetopsecret. com/forum/thread559297/pg1.

② 〔德〕托马斯·迈尔：《社会民主主义导论》，殷叙彝译，中央编译出版社，1996，前言。

　　第一次转变发生在 19 世纪末 20 世纪初。这一时期社会主义的理论和实践之间的裂痕日益扩大，在这种情况下产生了社会主义工人运动内部的修正主义。

　　伯恩施坦指出，资本主义工业社会的实际发展，在主要方面与马克思理论所预言并当作其战略思想的前提情况是不一样的。社会结构没有表现出日益简单化的趋势，却变得愈加复杂。社会地位和利益的分化不是减少了，而是大大增加了。危机没有加剧，而且资本主义的发展没有导致工人生活状况的持续恶化。尽管工人收入和从生产资料占有所得收入之间的差距在扩大，但工人的实际收入却明显地不断提高。因此，伯恩施坦勾勒出关于社会主义道路和目标的新轮廓。"民主既是手段又是目的。它是为实现社会主义而奋斗的手段，也是社会主义的最终形式。""那时，在政治革命中表现出来的暴力对改变社会性质所起的作用会愈来愈小。它可以打碎已经令人无法容忍的锁链和结束过时的形态，但除此之外它不能创造任何持久存在的东西。"①

　　也正是在伯恩施坦修正主义的影响下，社会民主主义政党从主张用革命手段打碎资本主义的国家机器、建立工人阶级政权的政党转变为以选举获取政权的改良主义政党。

　　第二次大转变发生在 1950 年代，社会民主主义政党从工人阶级政党转变为全民党，即群众性政党。

　　欧洲的社会党是最早一批形成群众性基础并具有明确而又永久性组织的政党。这些社会党成功地动员起工人阶级的支持，并成为重要的选举力量。尔后，群众性政党的模式也被"资产阶级"政党所采用。在英国，保守党和自由党在工党建立之前即已具备群众性政党的某些特征。从原则上讲，群众性政党的党员最终决定党的政策，也能够支配党的领袖，因而是民主的组织；但在实践中，由于大多数党员的参与是微不足道的，因而创议权通常落入党的积极分子手中。群众性政党总是不可避免地受到党内精英的控制，无论其民主主张的范围究竟如何。

　　社会民主主义政党作为一种群众性政党，掌握能够确保稳定且高水平选举支持的有效方法。更广泛地说，其所掌握的也是对某些特定的社会集团进行政治动员的有效方法。对社会民主主义政党而言，在使党员与党本身融为一体的过程中，其寻求到一种高度的"社会封闭"；而对党员来说，党的重

---

① 〔德〕托马斯·迈尔：《社会民主主义导论》，殷叙彝译，中央编译出版社，1996。

要性在于对某一具体的利益表述集体认同。在这方面，群众性政党不同于其他一些主要以工具性为特征的群众性组织。

社会民主主义政党曾在历史上成功地实现了较高的党员密度，即选民中党员的比例较高，典型代表是奥地利的社会民主党。但这也只是掩盖了其在号召更广泛选民方面的实际弱点。该党现在已逐渐不再强调谋求大数量的党员，同时政党认同的削弱对群众性政党来说则反映了党员密度的普遍下降。①

随着 1979 年以里根和撒切尔为代表的新保守主义的重新抬头，欧洲社会民主主义政党所处的社会环境发生了巨大的变化，它不得不根据环境的改变而作出相应的变迁与调适。与此同时，选民在很大程度上已不再依靠政党来表达其社会认同或充当推动其理想和利益的手段。

社会民主党意识形态的第三次转型为 1990 年代的 "第三条道路" 时期。苏东剧变后，西欧社会民主党非但没有分享到期待已久的 "政治红利"，反而因苏东 "现实社会主义" 模式的失败而受到牵连，这促使它们在对社会主义模式进行严厉批判的同时，对长期以来在共产党人和社会民主党人在不同意义上使用的 "社会主义" "国有化" "公有制" 等概念和信条进行了理论反思，力图更明确地与共产党人划清界限，并从自己的理论信条中剔除一切似乎已被苏东 "现实社会主义" 的瓦解证明为不合时宜的东西。在理论反思的基础上，各党进一步淡化意识形态，以实用主义的态度制定和调整政策，适应 1990 年代国内外条件变化和情势发展的需要。②

第三条道路，又称 "新中间道路"，是一种走在自由放任的资本主义与传统的社会主义中间的政治经济理念的概称。1960 年代，捷克著名经济学家奥塔·希克在前人的基础上从理论上对 "第三条道路" 作出重大的贡献，将这一思想总结为注重人文关怀与经济效率的结合。到了 1980 年代，右翼的英国首相撒切尔夫人与美国总统里根，将经济上缓和管制、个人主义，以及全球化等理念融合进主流的左翼思想，许多政治家倾向于用 "第三条道路" 来形容这种新政。而这个名称也常被作为新自由主义社会经济政策的别称。就这样，这个理念成为现代欧洲民主社会中一种非常重要的思想。它由中间派所倡导，英国工党称其为 "现代化的社会民主主义"。其中心思想是既不

---

① 〔英〕戴维·米勒、〔英〕韦农·波格丹诺编，邓正来主编《布莱克维尔政治学百科全书》，中国政法大学出版社，1992，第 460~461 页。

② 王学东：《九十年代以来西欧社会民主党的理论反思和政策调整》，《当代世界与社会主义》1996 年第 4 期。

赞成纯粹的自由市场，也不主张纯粹的社会主义，并且是"国家干预计划"和"合作社式自主企业市场竞争"（市场经济）的结合，走的是一种混合经济的道路。

"第三条道路"的特色在于，它不是简单走在中间，或者是一种妥协或混合，而是看到了社会主义和资本主义互有不足之处，所以偏向某一极端也不是一件好事，"第三条道路"正是糅合了双方的优点，互补不足而成的政治哲学。①

曾任英国首相的托尼·布莱尔受到英国社会学家安东尼·吉登斯的影响，在 1997 年的大选中，以"第三条道路"为竞选口号，工党放弃过往激进的左翼路线，重新定位，结果使工党经历在野 18 年后，终于赢得大选，重新上台，故他被视为体现"第三条道路"理念的代表。布莱尔认为，传统左翼主打国家统治和高税率，新右派则主打个人主义和市场决定论，否定社会团结，所以他主张"第三条道路"，包含"大胆的民营化"、"降低社会福利标准"和"加大政府对公共设施的投资"。1998 年 9 月，德国的格哈特·施罗德领导的社会民主党在野 16 年后终于赢得大选，与绿党一起组成了联合政府。当时欧盟 15 个成员国中，除了西班牙与爱尔兰，执政党全部是中间偏左的社会民主主义政党所领导的联合政府，被称为一片"粉红色"的欧洲。

2008 年金融危机以及随之而来的主权债务危机不仅对欧洲的经济造成沉重打击，并且使政治极化、社会分裂、极右翼政党成为最大的受益者。安东尼·吉登斯认为，面对全球化和新技术的压力，他与布莱尔所倡议的"第三条道路"已经死亡。②

①　《布莱尔与第三条道路》，http://news.bbc.co.uk/chinese/trad/hi/newsid_4460000/newsid_4465200/4465211.stm。
②　《"第三条道路式微"，欧洲左翼力量走向何方?》，《中国社会科学报》2015 年 5 月 20 日。

第四章

2008 年金融危机以来极右翼力量的上扬

    2008 年金融危机以来，尚未摆脱欧债危机影响的欧洲面临着多重危机和挑战，2015 年初因叙利亚内战而引发的难民危机，以及频繁的恐怖主义袭击，都使得欧洲雪上加霜。在民众内心充满不安全感和恐惧情绪的同时，欧洲的政治生态也发生了巨大的变化。在政治谱系的两端，极左翼和极右翼的民粹主义都如影随形，面对民众的担忧和对政府措施的不满，极右翼政党领导人利用这一契机，以反建制、反移民、仇外和反对欧洲伊斯兰化为其政治诉求，在选举中进行话语策略动员。在经济大衰退的背景下，难民危机犹如催化剂，使得极右翼民粹主义持续发酵。

    今天，环顾欧洲，极右翼的崛起已成气候，社会民主党遭遇前所未有的衰落，欧洲历史上曾经盛行的中左、中右主流政党轮流执政的"钟摆政治"已难觅踪影。极右翼思潮、疑欧主义崛起，德国、意大利、奥地利等国内部极右翼势力开始进入政府关键部门，意大利民粹主义政党"五星运动"和极右翼政党"北方联盟"联合组阁，奥地利右翼民粹主义政党自由党参与组阁并执掌外交部等关键部门，德国选择党已成为联邦议院最大反对党，法国"国民联盟"在 2019 年 5 月的欧洲议会选举中推出年仅 23 岁的巴尔德拉为领导人，一举获得 23.34% 的选票，与之相对应的是，社会党与同在左翼政治谱系的公共领域党（Place Publique）、新分配党（New Deal）合作，仅得到 6.19% 的选票。当前这一轮极右翼浪潮的洗礼，不仅直接威胁着欧洲一体化的稳定根基，欧元区的改革议题也陷入长期论战，改革前景模糊。从欧盟成员国政党政治的角度来看，极右翼的强劲反弹，使得中左翼社民党的力量严重削弱，陷于前所未有的困难局面。

2017 年 12 月 18 日，奥地利新政府宣誓就职，保守的人民党和极右翼民粹主义政党自由党达成协议，共组新的联合政府。奥地利自由党成功入阁的消息引发欧洲其他极右翼政党的"欢呼"。

法国《解放报》表示："这一'右翼和极右翼'联盟，无疑是今年右翼势力在欧洲扩张的最新收获，它们在荷兰、法国和德国的增长势头也很强劲……波兰、匈牙利也开始公开质疑欧盟。"比利时《标准报》直言，这一联盟显示出欧洲极右翼民粹主义已经取得了"突破"，超过四分之一的奥地利选民被自由党的政治纲领所吸引，足以证明右翼民粹主义回到了奥地利"主流社会"。

在 2019 年 1 月 22~25 日的达沃斯世界经济论坛上，有一个话题值得关注：今天西方政治制度的危机，使西方不少企业家在议论自己应该怎么办。极右翼民粹主义成为西方国家的主流思潮，政府治理能力普遍严重下滑，一些企业家在论坛内外公开讨论企业是否应该承担更多的社会责任甚至政府责任。这种话题过去比较少，现在开始越来越多。① 英国《卫报》在对 2019 年达沃斯经济论坛的报道中指出，民粹主义已经进入了世界舞台。②

就在奥地利执政联盟宣布施政计划的同一天，奥地利自由党与来自法国、意大利、英国、荷兰等欧洲国家的极右翼政党领袖齐聚捷克布拉格，商讨新的合作模式，讨论极右翼心目中"欧洲的未来"。这场会议由捷克右翼民粹主义政党"自由和直接民主"组织，主题为"为了一个主权国家的欧洲"。勒庞在会上指责欧盟"事事犯错"。她说："我们爱欧洲，所以我们谴责欧盟扼杀欧洲。我们不是排外者，但我们是欧盟的反对者。"荷兰自由党党魁威尔德斯赞同地表示："荷兰脱离欧盟，在经济上和安全上都会更好。"他认为，伊斯兰化和移民是欧洲最紧迫的问题。与会者还称赞美国总统特朗普的移民政策，提议建立一种脱离欧盟的洲际合作新模式。美国广播公司 17日称，会议当天，数百名抗议者在布拉格举行和平集会，高喊"耻辱"，抗议欧洲各国极右翼"合流"。

类似奥地利的情况已经出现在别的西欧国家：荷兰自由党目前已是该国第二大党；法国"国民阵线"候选人玛丽娜·勒庞在 2018 年 5 月杀入总统

---

① https://finance.ifeng.com/c/7jkDJYV6l28.

② https://www.theguardian.com/business/2019/jan/26/davos‐2019‐10‐things‐we‐learned‐at‐the‐world‐economic‐forum.

选举的第二轮；德国选择党也进入了联邦议院。路透社称，自 2017 年以来，欧洲极右翼政党在各国选举中势头强劲，但奥地利自由党走得更远：它们进入政府，并有机会获得一些重要的职位。①

比奥地利走得更远的是意大利，在 2018 年 3 月 4 日的大选中，马泰奥·萨尔维尼领导的"北方联盟"在选举中脱颖而出，成为一支主要的政治力量，获得了该党自创建以来的最好成绩。路易吉·迪·梅欧领导的"五星运动"成为获得最多议席的单一政党。而马泰奥·伦齐领导的中左翼联盟只排在了第三位。因为没有任何政治团体和政党能够获得多数票，意大利大选后形成悬浮议会。后经协商，意大利历史上第一次出现了两个右翼民粹主义领导人执掌政权的情形。欧洲的极右翼已经从政治边缘步入舞台的中心，从街头进入庙堂，实现了华丽的转身。②

一 德国选择党与 PEGIDA 运动的兴起与发展

（一）经济危机与难民危机

第一个危机是经济危机。2008 年金融危机之后，各国经济处于一片风雨飘摇之中，与重债国家相比，德国经济发展虽然稳健，但也受到经济衰退的冲击。

经济衰退给德国政治带来的影响可以从三个方面考量，即选举的流动性或者说选民的流失、对民主的满意程度，以及对议会的满意程度。2015 年11 月欧洲晴雨表调查数据显示，在德国的受访者中，有 63% 的人不信任欧盟，52% 的人不信任国家议会，57% 的人不信任德国政府。③ 而这种对精英政治，对政府的不满意也恰恰为极右翼政党崛起和民粹主义运动盛行提供了政治机会结构。

第二个危机是移民与难民危机。难民危机爆发于 2015 年初，德国联邦统计局提供的数据显示，2013 年有 122.6 万人移入德国，比 2012 年增加了

---

① 《从"街头"到"庙堂"，欧洲极右势力挑战欧洲一体化》，《欧洲时报》2017 年 12 月 19日，http://www.oushinet.com/europe/other/20171219/280445.html。

② 《从"街头"到"庙堂"，欧洲极右势力挑战欧洲一体化》，《欧洲时报》2017 年 12 月 19日，http://www.oushinet.com/europe/other/20171219/280445.html。

③ http://ec.europa.eu/public_opinion/archives/eb/eb81/eb81_en.htm.

13%（14.6 万人）。这样大规模的移民人数此前只在 1993 年有过类似记录。[1]
根据 2013 年的统计数据，德国人口的 20.5%，即约 1650 万人具有移民背
景。这些移民大都是 1950 年之后移入德国的外国人及他们的后代。在这些
拥有移民背景的人中，970 万人持有德国护照，680 万人不持有德国护照，
属于外国人。[2]

　　德国联邦统计局的统计数据还显示，截至 2013 年，德国有 1300 万人面
临贫困威胁，占全部人口比例的 16.2%。2008 年金融危机以来，面临贫困
威胁的人口比例一直呈现增长的态势。2014 年和 2015 年，德国面临贫困威
胁的人口比例为 16.7%。（见图 4.1）联邦统计局的数据还显示，2014 年在
德国，25 岁及以上低技术人群中，有 30.8% 的人面临贫困风险。

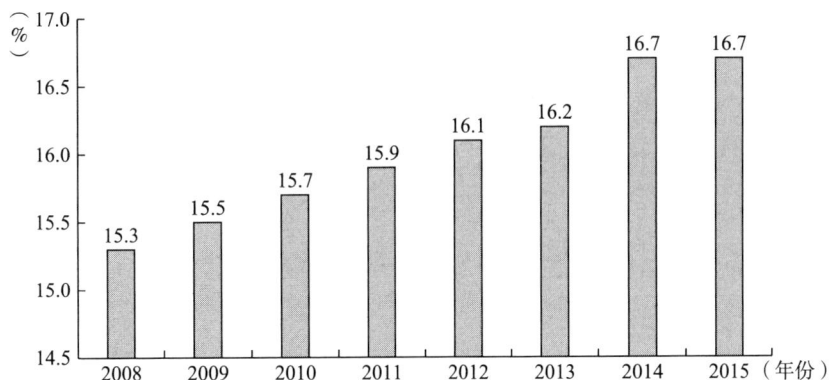

图 4.1　德国历年面临贫困威胁人口占总人口的比例

资料来源：https://www. destatis. de/EN/FactsFigures/SocietyState/IncomeCon-
sumptionLivingConditions/LivingConditionsRiskPoverty/Tables/ArtRiskPoverty_HHTyp_
SILC. html。

　　2014 年春季欧洲晴雨表调查显示，在德国有 43% 的受访者认为危机对
就业和工作带来的影响已经达到了峰值（欧盟 28 个国家的平均值是 47%）。
从社会职业指标来看，失业者群体受到经济危机的冲击最大。[3]

　　欧洲晴雨表调查同时显示，22% 的受访者认为德国当前面临两个最重要
的问题，移民问题是其中之一。有关移民与融入的议题，不仅在普通民众中

---

[1]　https://www. destatis. de/EN/FactsFigures/SocietyState/Population/Migration/Current. html.

[2]　https://www. destatis. de/EN/PressServices/Press/pr/2014/11/PE14_402_122. html.

[3]　http://ec. europa. eu/public_opinion/index_en. htm.

有着广泛的讨论，德国政府在移民与融入方面所制定的政策也对民众的情绪起着引导作用。德国政府在移民融入与归化方面曾有着严格的政策，具体规定是：父母是移民，但出生于德国的孩子在 23 岁之前可保留双重国籍。但 23 岁之后，他/她必须在德国或父母的国籍之中选择其一。任何人如果错过了这个最后期限，将会被取消德国国籍。其他的移民在德国居住满 8 年后，可以享有德国国籍，但前提条件是他们必须放弃自己原来的国籍。直到 2014 年 12 月，经过各党的激烈博弈，允许双重国籍的规定才得以通过并生效。①

除了移民问题之外，还有难民问题。德国难民政策有着较复杂的历史背景。二战结束后，德国一直执行宽松的难民政策，并向难民提供救济，被视为"避难者的天堂"，所接收的难民人数之多仅次于美国，在欧洲位居第一。2008 年以来，每年难民申请人数也大幅度增长，2013 年达到了 126705 人。2014 年，伴随着伊斯兰极端组织"伊斯兰国"在伊拉克和叙利亚境内发动一波波袭击，民众纷纷外逃避难，德国 2014 年接收的避难者申请人数迅速增加，到 2014 年 11 月底，就已经达到了 185360 人，到 12 月底，则达到了 202645 人。而 2015 年，德国接收的避难者申请人数更是高达 476510 人。（见图 4.2）

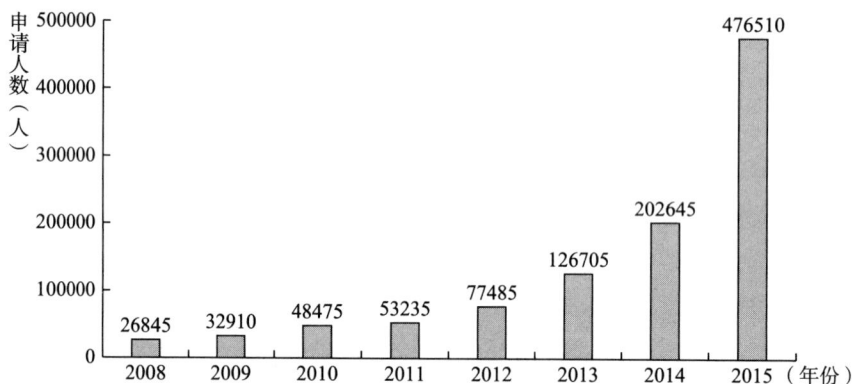

图 4.2 德国历年难民申请人数

资料来源：http://ec.europa.eu/eurostat/data/database。

难民危机伊始，多数民众对难民持欢迎和拥抱的态度，但随着事态的进一步发展，媒体中对难民问题的讨论从"欢迎"逐渐转变为"承受上限"。那些在经济衰退中失落的群体，认为是移民夺取了自己的工作机会。2015 年

---

① Doppelte Staatsbürgerschaft tritt in Kraft. Zwei Pässe für Kinder von Migranten, http://www. tagesschau. de/inland/doppelpass – 109. html.

11 月，欧洲晴雨表调查数据显示，76% 的受访者认为当前最重要的事情是移民，11% 的受访者认为是失业，因而移民和失业被认作德国当前面临的最重要的两件事情。① 2016 年新年跨年夜，于科隆发生的千人性侵案件，使普通民众对难民问题的态度急转直下。对默克尔难民政策的攻击，是德国选择党能取胜的关键因素。选择党的领袖认为，穆斯林将改变德国的文化。在 2017 年德国联邦议院选举中，诞生不久的选择党一跃成为议会中的第三大党，和欧债危机有着紧密的联系。

（二） 德国选择党的崛起

2013 年 9 月 22 日德国联邦议院大选中，以反对欧元、主张德国退出欧元区为纲领的德国选择党②获得了 4.7% 的选票，虽然没有达到 5% 的议会准入门槛，但对于一个只有 7 个月党龄的政党来说，初次竞选取得这样的成绩是非常引人注目的。③ 2014 年 5 月 22 ~ 25 日的欧洲议会选举中，德国选择党一举斩获 7.1% 的选票，④ 该党领袖之一伯恩德·卢克（Bernd Luke）对选举结果相当满意，并表示，欧洲议会选举显示了德国选择党即将成为一个新的人民党。

创建之初，德国选择党遵循与强调的唯一政策是呼吁有序解散欧元区。在此基础上，德国选择党在意识形态方面逐渐开始增加其保守立场，例如反对财政赤字与同性婚姻。在其势力最强的萨克森州，它加强了对外来移民与边境犯罪的严格管控，并经常伴有排外情绪。

为什么德国选择党可以获取部分民众的支持而异军突起呢？德国选择党成立于 2013 年 4 月，早期领导人卢克是汉堡大学的一名经济学教授。德国选择党的成员构成是异质性的，既有年轻人，也有老年人，既有男性，也有女性。创建者不仅有欧元怀疑人士，还包括对默克尔现代化路线感到失望的前基民盟追随者，核心人物不是大学教授，就是媒体或工商界领袖，包括前 IBM 欧洲区首席执行官兼德国工业联邦联合会前主席汉克尔。在 2013 年德国联邦议院选举之前，民调机构 TNS Emnid 的调查结果显示，有 26% 的德国

---

① http://ec. europa. eu/public_opinion/archives/eb/eb81/eb81_en. htm.
② 伍慧萍：《德国选择党——疑欧势力的崛起与前景》，《国际论坛》2015 年第 2 期。
③ 这个数字可与绿党相媲美，1980 年首次参加州议会选举的绿党也只获得了 1.5% 的支持率，但很快就成为德国体制内的成员。
④ http://www. elections2014. eu/en/new-parliament.

选民支持德国选择党反对欧元的政策，其中 40～49 岁年龄段的选民占比最高。①

在救助欧洲债务国家的过程中，作为欧盟第一大经济体的德国出资最多，但救助效果并不明显，德国民众普遍担忧希腊等国成为"无底洞"。德国选择党此时应运而生，为许多德国选民提供了一个发声平台。德国选择党的竞选纲领第一条便是："我们要求有序地解散欧元区，德国不需要欧元，其他国家损害了欧元"；在第二条中，它"要求重新引入本国货币或者创建小而稳定的货币联盟"；在第三条中，它则进一步"要求修改《欧盟条约》，让每一个成员国都具有退出欧元区的可能性"。德国选择党的这些主张从 2013 年 9 月大选结果来看，无疑得到了部分选民的认同和支持。② 从一定程度上可以说，正是欧债危机给德国选择党的异军突起提供了政治机会结构，反映出德国选民对欧债危机的担忧和对政府相关措施的不满，德国选择党可以说是欧债危机不断恶化的产物。③

德国选择党目前虽拥有 16000 名党员，但没有制度化的政党组织结构。相反，在德国选择党内部存在着大量彼此倾轧的派系，以及极右翼主义者。④ 这样的一种政党组织方式，如果我们考察选择党成功的原因，就会发现，除了欧债危机提供了政治机会结构之外，强有力的个人领袖和该党的运作方式也是选择党成功不可或缺的条件。卢克受过高等教育，是经济学教授，他的专业背景使选民更容易接受他提出的有序解散欧元区的主张。该党实行自上而下的运作方式，有一个极具个人魅力的领袖，有众多的志愿者参与，这使选择党可以在州一级的选举中进行注册登记，并进行成功的草根动员。

但这样的一种运作模式，也容易使德国选择党和"极右翼"之间画上等号。自成立起，德国选择党就被指责在兜售极右翼，虽然党的领导人拒绝政治上的左右之分，也表示不会与极右翼党派结盟，但在实际政治层

---

① 《"德国另类选择"党对欧元说"不"》，《光明日报》2013 年 4 月 17 日。
② 《"德国另类选择"党对欧元说"不"》，《光明日报》2013 年 4 月 17 日。
③ 《德国选择党缘何能异军突起》，http://news.xinhuanet.com/world/2013 - 09/23/c_117464 015.htm。
④ Narrow Failure Will Germany's Anti-Euro AFD Party Implode?，Spiegel-Online，25.9.2013，http://www.spiegel.de/international/germany/german-euroskeptic-party-afd-could-unravel-after-election-a-924498.html.

面，它仍然吸引了右翼极端主义的关注。[1] 德国媒体也持警惕的态度，例如《南德意志报》在一篇社论中指出，德国选择党似乎使"古老的民族主义倾向"重新觉醒；人们唱衰欧洲和欧盟机构，19 世纪发端于德国的那种"傲慢、没有安全感、抱怨与愤懑的情绪，以及政治利己主义"似乎卷土重来。[2]

为了改变在媒体和选民心目中的形象，也为了在 2014 年 5 月 27 日的欧洲议会选举中赢得更多议席，德国选择党煞费苦心为自己装点门面，对同性恋、女性甚至移民群体都伸出橄榄枝。例如，一名出生于土耳其的汉堡警察写道："作为一名德国公民和移民，我全心全意地支持德国选择党，要有勇气相信德国，有勇气拥抱你的国家认同。"同时，他还在自己的社交圈里鼓励周围的同伴和成员支持德国选择党。这一举动透露的信息不言而喻，即作为反对欧元的德国选择党不应该被视为右翼民粹主义政党，因为它的成员中甚至包括移民，德国选择党拥有文化多样性。[3]

在经济衰退和难民危机的背景下，成立时间并不算久的德国选择党，力量迅速凸显。2016 年 3 月 13 日，德国地方选举结果显示，难民政策使默克尔领导的基督教民主联盟（CDU）受到重创，基民盟失去了在巴登 – 符腾堡州和莱茵兰 – 普法尔茨州的主导权。德国选择党在获胜的同时，自身也逐渐放弃了成立之初较为温和的政治意识形态，变得更为强硬。

曾任德国选择党领袖的弗劳克·佩特里（Frauke Petry）在接受《明镜》周刊记者采访时，并不认同媒体给德国选择党贴的民粹主义标签，并且认为，在批评银行和欧洲货币体系这一点上，德国选择党和德国左翼党的观点是非常接近的，推而广之，能否认为选择党是极左翼的政党呢？她认为德国选择党同基督教民主联盟一样，是一个右翼的民主政党。弗劳克·佩特里明

① Popular with Populists: Euroskeptic Party Attracts Right Wing, Spiegel-Online, 30. 8. 2013, http://www.spiegel.de/international/germany/euroskeptic-party-alternative-for-germany-popular-with-right-wing-populists-a-919332.html.

② Popular with Populists: Euroskeptic Party Attracts Right Wing, Spiegel-Online, 30. 8. 2013, http://www.spiegel.de/international/germany/euroskeptic-party-alternative-for-germany-popular-with-right-wing-populists-a-919332.html.

③ Polishing Its Image: Anti-Euro Party Courts Gays, Women and Immigrants, Spiegel-Online, 22. 3. 2014, http://www.spiegel.de/international/germany/anti-euro-party-adopts-softer-tone-on-gays-and-women-a-971131.html.

确表示，"穆斯林移民将会改变我们的文化"。① 世界需要全球化，欧洲是一体化的，但是德国选择党却聚焦于"国家"，这是为什么呢？她认为德国的货币政策和移民政策正在破坏欧洲的团结，国家主义回归，即回归自己的国家，才是对以布鲁塞尔为中心的一种自然而然的矫正。弗劳克·佩特里谴责默克尔的难民政策，她指出，如果支持这么多的移民和难民进入德国是必要的，那么这一决定是需要被大多数人所接受的民主决定的产物。但默克尔女士只是简单地打开了边界，并没有征求议会或者是普通民众的意见。

德国的政党体制通常来说都是稳定的，但是经济衰退和难民危机已经从根本上改变了德国的政党图景。原来处于政党体制边缘的德国选择党的地位迅速上升，侵蚀了传统政党的权力。2015 年后，潮水般涌入的难民打破了德国以往的宁静。仇外、疑欧情绪不断蔓延，社会普通民众充满了愤怒、恐惧和焦虑的情感，民主受到了这些负面的政治情感的侵蚀。

（三）极右翼思潮蔓延：德国 PEGIDA 运动的兴起与发展

在经济衰退的阴影下，除了极右翼民粹主义政党崛起，极右翼民粹主义运动也在德国社会掀起了波澜。2008 年金融危机之后，在经济萧条的背景下，整个欧洲几乎都笼罩在民粹主义的阴影中。将德国 PEGIDA 运动置于整个欧洲政治生态背景下考察，就更容易理解其为何能兴起与发展，并在短时间内得到数十万人的支持。

"爱国欧洲人反对西方伊斯兰化"运动，也即 PEGIDA 运动，由吕克·巴赫曼（Lutz Bachmann）于 2014 年 10 月在德国东部城市德累斯顿发起。巴赫曼在德累斯顿的卡赛尔多夫镇拥有一个小摄影工作室，他于 10 月 10 日在 YouTube 上发布了一段视频，展示他支持库尔德战士对抗"伊斯兰国"。一天后，他创办了一个名为"爱国欧洲人反对西方伊斯兰化"的网站，这最终演变成了 PEGIDA。

PEGIDA 运动在现实中的缘起，除了反对萨拉菲教派之外，还要从畅销书《德国自取灭亡》说起，该书的作者为蒂洛·扎拉青（Thilo Sarrazin），该书谈论的是移民给德国带来的危险。2014 年 11 月一个周五的晚上，扎拉

---

① AfD Head Frauke Petry "The Immigration of Muslims Will Change Our Culture", http://www. spiegel. de/international/germany/interview-with-frauke-petry-of-the-alternative-for-germany-a-1084493. html.

青在靠近德累斯顿的易北河小镇的剧院演讲，听众中有一名保安名叫西格弗里德·戴布里茨（Siegfried Däbritz），有一名设计师名叫托马斯·塔拉克（Thomas Tallacker），他们不满足于只是阅读书籍，为此，他们与其他八人一起，成为反伊斯兰化运动的核心成员，定期集会讨论该运动的议程以及准备每周一在德累斯顿市举行定期游行。他们同时与其他的抗议组织保持联系，并在圣诞节之前，将 PEGIDA 注册为一个协会。[1] 在 PEGIDA 这柄大伞下，既囊括新法西斯主义和足球流氓，也不乏主流的保守主义者。他们每周一定期举行街头示威，抗议整个欧洲国家所面临的不断增长的伊斯兰化带来的危害。他们宣称自己不是种族主义者，也不是排外主义者，并且反对极端主义，只是要求采取措施保护德国的犹太教和基督教文化。[2] PEGIDA 运动最初参与人数仅几百人，到 2014 年 12 月 15 日，参与人数就达到了15000人。

2015 年 1 月 7 日，法国讽刺漫画杂志《查理周刊》因发表了数幅影射伊斯兰教先知穆罕默德的漫画，而招致恐怖主义袭击，2 名警察及 10 名记者死亡。发生在巴黎的恐怖袭击事件，不仅使法国国家安全警戒进入最高级别，更是给德国的 PEGIDA 运动提供了最好的佐证，似乎印证了伊斯兰化带给西方社会的危害。2015 年 1 月 12 日，德国爆发了规模最大的反伊斯兰化运动，在德累斯顿约有 25000 人参加，全德地区约有 100000 人参加。一时间，缘起于德累斯顿的 PEGIDA 运动蔓延到整个德国，甚至其他欧洲国家。奥地利维也纳也于 2015 年 2 月 2 日发起了类似的游行，约 250 名示威者携带奥地利国旗，高喊"我们是人民"的口号。奥地利极右翼政党自由党的领袖海因茨·施塔赫（Heinz Christian Strache）对 PEGIDA 抱支持态度，称其为一场严肃的民权运动。[3]

PEGIDA 运动所掀起的反伊斯兰化运动，给德国社会带来了不可估量的持续影响。德国主流媒体《明镜》周刊所作的民意调查表明，约 34% 的德

---

[1] Prying into Pegida: Where Did Germany's Islamophobias Come From? Spiegel-Online, 12. 6. 2015, http://www.spiegel.de/international/germany/origins-of-german-anti-muslim-group-pegida-a-1012522.html.

[2] Germany Pegida Protests: "Islamisation" Rallies Denounced, BBC News, 6. 1. 2015, http://www.bbc.com/news/world-europe-30694406.

[3] Anti-Islam Group PEGIDA Holds First Austria March, Reuters, 2. 2. 2015, http://www.reuters.com/article/2015/02/02/us-austria-pegida-idUSKBN0L61ZI20150202.

国人赞同 PEGIDA 的观点，认为德国正在不断被伊斯兰化。①

PEGIDA 运动煽动仇恨和偏见。2014 年 12 月 8 日，在其例行的游行中，一名匿名成员对听众发表演讲："难道我们希望萨克森也出现一个新克尔恩？"② 各种形形色色的抗议组织和团体汇聚在 PEGIDA 这柄大伞之下，使得极右翼、民粹主义思潮成为经济危机以来德国社会中挥之不去的阴影，一直被主流政治所排斥的极端主义、仇外似乎已被社会所接纳。

PEGIDA 运动盛行的同时，德国社会中暴力排外事件不断攀升。《联邦宪法保护 2013 年度报告》显示，2013 年，总共有 473 起暴力事件有仇外背景（2012 年为 393 起），这是 2006 年以来连续增长且数字最高的一年。③ 右翼极端分子试图从种族主义和仇外的角度来解决这个问题。他们煽动其他抗议团体，希望吸引比平时更多的支持者。④

在柏林墙倒塌之后，PEGIDA 运动如同一道无形的裂痕，使得统一了 25 年的德国处于社会被撕裂的困境中。PEGIDA 运动遭到了来自政界、经济界与宗教领袖的联合抵制。2015 年 1 月 5 日，科隆爆发了规模最大的反排外游行，科隆参加种族融和游行的人数是 PEGIDA 运动支持者的 10 倍，当抗议 PEGIDA 的游行队伍举着"欢迎难民"、"心系移民"和"不要纳粹"等横幅走上科隆市内最大的桥梁时，科隆大教堂特别关掉了外部灯光加以响应。熄灯的还有市政府、另外一些教堂以及博物馆等建筑。在慕尼黑，人们打出"慕尼黑是多彩的"等标语，支持社会宽容和文化多元。德国前联邦环境部部长、议会外交事务委员会发言人诺伯特·罗特根（Norbert Roettgen）告诉媒体，身为天主教徒和政治人物，他认为 PEGIDA 不符合基督教精神，他很高兴教会明确表态，就他来看，PEGIDA 一词就代表黑暗。在纳粹死亡集中营奥斯威辛解放 70 周年纪念日前夕，默克尔总理表示："打击一切形式的反犹主义和种族主义，是德国人永远的责任。我们必须不断防范，以保护我们的自由、民主和法治。"⑤

---

① The End of Tolerance? Anti-Muslim Movement Rattles Germany, Spiegel-Online, http://www. spiegel. de/international/germany/anti-muslim-pegida-movement-rattles-germany-a-1009245. html.

② 新克尔恩（Neukölln），柏林一处住着大量土耳其和阿拉伯移民的地方，引发了很多城市问题。

③ 2013 Annual Report on the Protection of the Constitution, http://www. verfassungsschutz. de.

④ 2013 Annual Report on the Protection of the Constitution, http://www. verfassungsschutz. de.

⑤ Merkel Says Germans Must Fight Anti-Semitism and Racism, Reuters, 26. 1. 2015, http://www. reuters. com/article/2015/01/26/germany-islam-pegida-merkel-idUSL6N0V535A20150126.

二　法国国民联盟

法国国民联盟，法文名称为"Rassemblement national"，2018 年 6 月之前，名为"国民阵线（Front National）"。截至 2019 年 1 月，该组织拥有党员人数 37000 人。法国国民联盟现任领导人是 2011 年 1 月中旬接任其父让－玛丽·勒庞的女儿玛丽娜·勒庞，国民联盟的总部位于南泰尔 76 街，其主要的意识形态内容包括法国民族主义，反对全球化和全球主义，右翼民粹主义，欧洲怀疑主义以及贸易保护主义。2002～2006 年，国民联盟确立了自己是法国第三大党的地位，紧跟在民粹主义运动联盟和法国社会党之后。2015 年，其归属于"民族和自由欧洲"的欧洲跨国议会党团。在 2017 年法国总统大选中，玛丽娜·勒庞紧跟马克龙之后进入第二轮选举，在第一轮选举中得票率为 21.30%，第二轮选举中得票率为 33.90%。在欧洲议会 72 个总席位中拥有 23 个议席，在法国的大区议会总计 1758 个议席中拥有 358 个席位。①

（一）国民联盟的思想来源及活动历史

国民联盟在思想上源于布热德主义（Poujadism）。布热德党是 1953 年由一些零售商建立起来的地方行动组织。当时，法国一些地区的零售商反对国家的税收政策和政府权威的检验标准，他们时常根据所获得的情报在税收监管人员出入的商店外面聚集起来，阻止税收监管人员的工作，以表达对税收政策的不满。到 1954 年，这一运动已经发展成了全国性的运动，其领导人是皮埃尔·布热德（Pierr Poujade），因此被称为布热德党。其所表达的保护小商人和手工业者的利益，反对征收重税的理念，此后被称为布热德主义。布热德在动员民众方面展示了杰出的才能，他的个性、品质以及大众化的简单直接的语言，吸引了大批的追随者。很快，这一运动发展成为反对税收、反对巴黎的当权者、反对官僚主义和政客的全国性运动。到 1955 年，布热德建立了自己的政党——"法兰西博爱（the Union et Fratemite Francaise）"，在 1956 年大选中获得了 11.6% 的选票和 52 个议席。

1956 年布热德主义显示出强劲的发展态势，但在随后的选举中布热德党

---

① https://rassemblementnational.fr.

所获得的选票却戏剧性地减少了。它衰退的主要原因在于阿尔及利亚战争导致的政党内部冲突和所处外部政治环境的变化。布热德运动衰微后，极右翼组织仍不时在法国抛头露面，其中有 1950 年代末的"欧洲社会运动"、1960 年代的"青年民族"和"民族大学生联合会"以及 1970 年代的"欧洲文明研究小组"，但均系昙花一现，没有引起人们的关注。只有 1972 年建立的"国民阵线"颇具实力，并且实力不断攀升。

1972 年，勒庞建立"国民阵线"，有效地恢复整合了布热德民粹主义动员方式的合法性，同时又吸纳了激进的民族主义情绪的反移民主张，由此使得国民阵线逐渐在法国的选民中找到了自己的支持者。

1974 年，勒庞第一次参加总统竞选，得票甚微。在 1981 年的总统选举中，勒庞甚至没有得到要成为一个候选人所必需的签名人数——因为这个数字从原来的 100 人改为 500 人。在 1981 年的议会选举中，"国民阵线"跌到了历史最低谷，只有 0.18% 的支持率。到了 1984 年，该党凭借激进的排斥移民和民粹主义的纲领而在政坛崭露头角，在欧洲议会的选举中获得了 11% 的选票，同时勒庞当选为法国国民议会议员。1997 年，他再次当选为主席，该党已经成为法国政党体系中不可或缺的一分子，并在总统和议会选举中获得了 15% 的选票。① 尽管在 2000 年 4 月 22 日，勒庞因种族主义言论而被逐出欧洲议会，并且被禁止担任公职一年，这并没有影响他在 2002 年复出，重新冲击法国总统的选举。在 2002 年的法国总统选举中，让-玛丽·勒庞在第二轮的选举中，所获选票仅次于雅克·希拉克（Jacques Chirac）。2007 年 4 月 21 日的民调显示，勒庞的支持率升至 17%。

（二）国民联盟的政治纲领

国民联盟善于应变，但缺乏一以贯之的纲领。1978 年公布的纲领性文件《权利与经济民主》，强调的是经济自由和自治自由；到了 1980 年代，其又宣扬"人民资本主义"，将勒庞吹捧为"法国的里根"。1990 年代，国民联盟又开始效仿克林顿的新经济政策，倡导货币主义；当绿党的理念开始在欧洲风行之际，国民联盟又唱起保护环境的高调，自称是全欧最绿的党。但今天，国民联盟又将反对的矛头对准了气候变化，绿党成为它们新一轮批评指责的对象。

---

① 〔英〕保罗·塔格特：《民粹主义》，袁明旭译，吉林人民出版社，2005，第 104 页。

国民联盟是法国公认的极右翼组织。1980年代初,国民联盟利用国内经济不景气及失业等问题在群众中引起的不满情绪,极力鼓吹民族沙文主义、排外主义和种族主义。它标榜自己既反对左翼政府,又不赞成代表大资产阶级的右翼。

国民联盟拥有一个内容庞杂、几乎包罗万象的纲领,主要讨论的问题可以聚焦为以下几个方面:在文化方面,强调回归传统的价值观,认为堕胎是不能容忍和不合法的行为,并要提升法国的传统文化;在面对欧盟方面,要求法国从欧盟和其他的一些国际组织中彻底独立出来;在贸易保护方面,要求建立关税和其他的保护性措施以抵制廉价的进口商品的冲击;在保护法国本地人利益方面,要求政府为那些没有外出工作的母亲发放一些政府补贴和资助;在法律和秩序方面,强调加大法律制裁的力度,加强对法律的执行,要求对于那些罪大恶极的罪犯重新恢复死刑;在对待移民方面,该党持强烈的反对移民态度,尤其是对来自北非、西非和中东的伊斯兰移民持强烈的敌视态度,并要求立即停止非欧洲移民进入法国,以血统来确认公民身份。

在1995年的总统竞选中,勒庞提出了"以人道和尊严的名义,把300万非欧洲裔的移民遣送回国"。[1] 在2002年的总统竞选中,其将焦点集中于法律和秩序。国民联盟的主题包括使法律的执行更加严厉,对各种罪犯施以严刑峻法,以及要求恢复死刑。勒庞在他的著作《法国人第一》里归纳了国民联盟的政治纲领,包括要求修改宪法,严厉限制非欧洲裔移民,实行比例代表选举制,经济上实行非国有化,限制罢工权利,恢复死刑,以及加强社会秩序和民防建设等。国民联盟通常对现有的主流政党持抵制和敌视的态度,甚至对其他的法国政党以及那些对自身不友好的新闻媒体也持敌视态度。

表面看来,尽管不同的调子翻来覆去地唱,令人眼花缭乱的纲领也一个一个接踵而至,但国民联盟和法国历史上所有的极右翼势力一样,始终宣扬的是极端民族主义。他们否认人类的共同性,公然反对人类平等的思想,鼓吹民族优胜论,声称法国人的第一要务是使"法兰西民族的法兰西特性能永远保持下去"。与以往不同的是,国民联盟从初露端倪开始就把民族主义的矛头指向了外来移民,"反对移民"成为国民联盟手中最强有力的一张牌,

---

[1] IRR: Issues in the French Presidential Elections, http://www.irr.org.uk/europebulletin/france/extreme_right_politics/1995/ak000006.html.

成为吸引民众和舆论媒体的"议题政治"的主题之一，也是国民联盟为拉拢选民、赢得民众支持的最重要的手段之一。

如果对法国国民联盟包容万象的政治纲领进行仔细剖析，就会发现，它的核心内容包括：其一，对外来移民持强烈的仇视态度，表现出文化上的种族主义。其二，强烈反对欧盟和全球化，要求恢复法国传统的道德和价值观。在 2017 年的总统大选中，玛丽娜·勒庞指责马克龙是"野蛮全球化的代表，甘愿出卖法国的资产及主权"；① 其三，提倡直接民主，给代议制民主制度带来了威胁和挑战。

（三）国民联盟的意识形态特征

勒庞把法国政坛所有的主要政党归结到一起，包括法国共产党、法国社会党、法国民主联盟和共和团结党，称它们为"四人帮"。国民联盟将自己比作是"失败者"和"局外人"。② 国民联盟认为自己并不是真正的右翼政党，更别说是极右翼政党了，它认为自己和左翼的社会共产主义政党并没有什么本质的区别。

1995 年 11 月，勒庞指出，极右翼是个充满贬义色彩的词，它总是让人们想起 1930 年代的法西斯主义运动，蔑视民主的选举制度，凭借武力和种族主义建立一党专制的国家。但国民联盟与法西斯主义完全不同。劳伦·布莱斯（Laurent Brice）是新当选的国民联盟议会的秘书，他的祖父曾是一名矿工，他的父亲是一名制作金属制品的工人，他们都曾经是社会党的忠诚支持者。作为国民联盟中的新面孔，劳伦·布莱斯说："很多人认为国民联盟是一个法西斯主义政党，可我们太年轻了，对法西斯一无所知，我们只知道我们是真正的爱国主义者。"③

但学者对其却有不同的评论和分析。乔纳森·马库斯（Jonathan Marcus）注意到勒庞同法国历史上的大多数极右翼组织相分离，他自我宣称接受的不仅仅是通向权力的选举道路，而且接受议会体制本身。乔纳森·马库斯也评论道，尽管勒庞对于一般的革命有着模糊的态度，有些时候是充满敌意的，但他接受法国大革命的遗产，努力把他自己置于共和国主流

---

① https://www.bbc.com/zhongwen/simp/world - 39842444.

② Peter, Davies, *The Extreme Right in France 1789 to the Present*, London：Routledge, 2002, p. 136.

③ Front Assault, How Marine Le Pen Became the Workers' Favourite in the North, *Economist*, 25. 2. 2012.

之内。① 皮特·戴维斯（Peter Davies）认为国民联盟是一个矛盾的集合，保守和激进共存，新法西斯主义和民族民粹主义共存于它的纲领中，但压倒一切的是，这个党是保卫和保护法国这个国家的，是"紧密的民族主义"的一个极好范例。②

但早在 1984 年，国民联盟刚刚在法国政坛崭露头角时，政治学家皮埃尔－安德·塔戈菲（Pierre-André Taguieff）就将其描述为"民族主义和民粹主义的"政党；1988 年，勒内·罗曼（René Rémond）用了同样的称号，说该党是"民粹主义的汹涌崛起"，是法国极右翼政党家族中的主要代表。但他同时认为，国民联盟接受了 1789 年法国大革命的遗产，所以该党还是"包括在代议制民主的框架之中"。这一看法遭到了米歇尔·维诺克（Michel Winock）和帕斯卡·佩里尼（Pascal Perrineau）的质疑，他们认为勒庞的言论违反了 1789 年法国大革命时期的《人权宣言》。维诺克也将国民联盟界定为所有法国极右翼传统的集大成者：反革命的、法奸（维希政权下的法国）和带有法西斯主义色彩的，以及恐怖团体的成员。

（四）国民联盟 1995 年地方选举中的成绩及其政策

国民联盟在 1995 年 6 月在三个城市的地方选举中赢得了胜利，这三个城市都位于普罗旺斯－阿尔卑斯－蓝色海岸（Provence-Alpes-Côte d'Azur）这一地区的南部，是一个政治三角地区，那些反对左翼的人和保守主义者，以及国民联盟的候选人在这个地区会合。国民联盟在地方选举中取胜后，削减了对移民的社会开支，而把节省下来的花费用于地方政治和其他的服务设施。国民联盟对这些市镇的管理措施是很矛盾的，混合了自由的经济政策，在奥朗日，雅克·波姆帕（Jacque Bompard）削减了 50% 的学校开支；而在维特罗勒省，150 名城市雇主被解雇，政府工作人员却由 34 个工作人员增长到 37 个。国民联盟在维特罗勒省曾试图给那些有孩子的法国家庭每户提供 500 欧元的补贴，以此凸显国民联盟一贯倡导的法国人优先的政策，目的在于使金钱只能用在法国人身上。③

---

① Jonathan Marcus, *The National Front and French Politics*, New York: New York University Press, 1995, pp. 102 – 103.

② Peter Davies, *The Extreme Right in France*, *1789 to the Present from de Maistre to Le Pen*, Psychology Press, 2002, p. 143.

③ http://en. wikipedia. org/wiki/National_Front_(France).

（五）国民联盟在地方上的文化政策

国民联盟于 1995 年在地方选举中取得胜利后，在地方上开始推行一系列体现自己意识形态纲领的政策，在文化方面，表现为反对文化多元主义，以及对公共图书馆进行审查。

1996 年，马里尼亚讷的公共图书馆接到命令，停止订阅左翼报纸《解放日报》（*Libération*）和《马赛报》（*La Marseillaise*），地方政府拒绝让图书馆得到《玫瑰花与黑暗：1968 年以来法国的同性恋历史》一书，以及一份 79 个国民联盟叛变人物的名单和相关左翼人物的自传。同时，该市的图书馆在没有提前接到通知的情况下，就得到了 60 本极右翼政党主编的书籍，其中有一些公然宣称"犹太和共济会（Judeo-Masonic）合谋"的阴谋论。在土伦，城市加入了文化声明，将多元主义诋毁为是马克思和希特勒可以放在同一个书架上面，与此同时又说服图书馆购买极右翼出版社的书籍。在另一个城市奥朗日，图书馆拒绝了关于种族主义、嘻哈音乐或者是其他国家的传说故事，尤其是来自马格里布的书籍，或者书中的观点如果是反对极右翼的，那这些书就不被允许进入公共图书馆。此外，在维特罗勒，拍摄同性恋和艾滋病题材的电影导演遭到了解雇的命运。

（六）国民联盟的现状

2002 年，在法国总统的第一轮大选中，国民联盟领导人让 – 玛丽·勒庞脱颖而出，不仅使法国，而且使整个欧洲和世界为之震惊。法国极右翼势力崛起的这一现象，被舆论界称为"勒庞现象"或"国民联盟现象"。2011 年 1 月，勒庞宣布退休，他最小的女儿玛丽娜·勒庞接任他的职位，使国民联盟的领导层中出现了女性面孔。

玛丽娜·勒庞对国民联盟的纲领作了一些微调，着手重新塑造国民联盟的形象，努力将其打造成为一个更为温和的政党，进而向法国政坛的主流迈进。在对待种族和纳粹问题上，玛丽娜不支持父亲的观点，她说"勒庞是勒庞，玛丽娜是玛丽娜……我与他的历史观不同"。但是在对待移民、欧盟和全球化问题上，玛丽娜与其父亲如出一辙。在 2010 年 12 月的一次演讲中，她将穆斯林在水泄不通的清真寺附近的街道上祈祷比作二战时期纳粹对法国的占领，虽然没有坦克，没有士兵，但这仍然是一种占领，对法国本地人造成了极大的心理压力。此言一出，就引起了萨科齐政府对于穆斯林在法国究竟起了什么作用的全民讨论。① 因此，评论家和学者普遍认为，国民联盟虽然更换了领导人，但其反移民、反对欧盟和全球化、反对现存的代议制民主制度的意识形态内容却"换汤不换药"。据法国《巴黎报》报道，在 2011 年 2 月的民调显示中，玛丽娜·勒庞的支持率是 23%，而时任总统萨科齐的民意支持率只有 21%。② 法国大选前的民调显示，玛丽娜·勒庞成为排名第三的总统候选人，并且她声称自己可以凑齐 500 张民选代表的签字，进而获得候选人资格。③

在 2012 年法国总统大选之前，媒体舆论和学者一度担心会出现和 2002 年总统选举一样的情形，即极右翼政党国民联盟的领导人将杀入第二轮选举。而在 2012 年 4 月 22 日的法国总统大选第一轮投票中，玛丽娜·勒庞得到了 17.9% 的有效选票，支持率位居第三。将近四分之一的法国选民给玛丽娜·勒庞投了信任和支持的选票。2017 年，勒庞紧随马克龙杀进总统选举第二轮。在这些选举成绩背后所蕴含的政治信息，以及国民联盟所代表的极右翼思潮给法国社会和民众心理带来的深层次影响，耐人寻味。

国民联盟在法国政坛经历了将近十年的卑微地位后，却在屡遭嘲讽后遽然升起，有哪些因素可以对这一现象进行解释呢？从整体上来讲，可以从两个方面作一个宏观的解释，其一是选举制度，其二是社会政治因素。

1986 年的议会选举，时任法国总统密特朗以比例代表制④的选举制度取代了单记名多数两轮投票制，比例代表制的选举制度降低了一个新政党的准入门槛，因此，国民联盟获得了 9.8% 的选票和 35 个议席。

选举制度的要素是硬币的一个方面，另一个方面在于社会政治的因素所提供的解释因子。国民联盟关心不断增长的极化现象，给政治议程提供新的议题，关注由传统政党所带来的代议制危机，以及对现存政党不断增长的反

① Poll in France shows extreme-right candidate leading in 2012 presidential election Original article, http://www. ejpress. org/article/49498 06/Mar/2011.

② France's Extreme-Right Makeover, http://www. newsweek. com/2011/02/20/france-s-extreme-right-makeover. html.

③ Front Assault, How Marine Le Pen Became the Workers' Favourite in the North, *Economist*, 25. 2. 2012.

④ 比例代表制与多数制相对，是三权分立体制议会选举中分配议席的方法之一。以每一参选组所得选票占全部票数的百分比分配议席。该方式于 18 世纪由法国提出，1855 年被丹麦首先采用，进入 20 世纪后在欧洲大陆国家广泛实行。一般认为，比例代表制使各政党所得选票和席位成正比，有利于小党发展而且比较客观地反映了政治组织的实力，但同时易滋生激进情绪。

对情绪。所有这些都为国民联盟的崛起提供了契机。

（七）国民联盟对欧盟的态度

欧洲民族运动联盟（Alliance of European National Movements，AENM）于 2009 年 10 月 24 日成立于匈牙利布达佩斯。创始成员包括匈牙利的尤比克争取更好的匈牙利运动、法国国民阵线、意大利三色党、瑞典民主党和比利时的国民阵线。

2011 年，国民联盟退出了欧洲民族运动联盟，转而加入了相对温和的欧洲自由联盟，但是玛丽娜·勒庞的父亲，仍然保持着在欧洲民族运动联盟中的地位。2013 年，玛丽娜·勒庞要求她的父亲也退出这一跨国议会党团，其目的在于帮助国民联盟"去妖魔化"，与公开的种族主义和反犹主义保持距离，使得法国民众更愿意接受国民联盟。2015 年，国民联盟加入了欧洲跨国议会党团"民族和自由欧洲"。

2017 年，勒庞的竞选口号是"以人民的名义"，她称欧盟不过是"从不信守诺言"的"败笔"。她承诺如果胜选，将和欧盟完全彻底地重新就法国的成员国地位进行谈判。如果谈判一旦失败，将在法国举行"脱欧"全民公决。

三 瑞典民主党

瑞典民主党（Sverigedemokraterna）创建于 1988 年，在 2018 年大选后成为瑞典议会的第三大党。

2010 年瑞典民主党在议会大选中得票 5.7%，首次进入国会，取得 20 个议席，由于两大政党联盟中没有一个取得过半议席，因而瑞典民主党得以左右逢源，最终与中间偏右的"瑞典联盟"一同组建少数政府。在 2014 年大选中，瑞典民主党取得 49 个国会议席，较 2010 年大选增加超过一倍。而在 2018 年 9 月的议会大选中，其凭借对接收难民问题发难，一举获得了 17.6% 的选票，成为议会第三大党。由于中左和中右两个阵营各自得票率都没有超过 50%，不能单独组阁，所以瑞典民主党成为大选的"造王者"。大选之后的瑞典，历经四个多月才完成了政府组阁。

（一） 与其他政党不同的瑞典民主党

在瑞典民主党的官方网站上，有一句醒目的标识："我们都是瑞典民主党人"。[1] 瑞典民主党被认为与其他政党不同，但它们并不回避这一点。瑞典民主党认为本党成立 30 多年来所走过的道路并非坦途，但是它们从经验中吸取了教训，现在已经成熟，因为今天，它们是瑞典发展最快的群众运动，在全国拥有超过 30000 名成员。在这些成员中，男女老少都有。有在农村的传统劳动行业工作者，有在城市和大学里工作的学者，有许多成员是孩子的父母，有些人经营企业，有些是学生，还有些人已经退休。瑞典民主党的成员和当选代表中有很大一部分拥有外国背景。瑞典民主党担心国家会走向错误的方向，它们认为自己可以改变这个方向。虽然党的成员的职业和身份不同，但"我们都是瑞典民主党人"。

瑞典民主党人对于今天瑞典所面临的局势发出了警告。他们认为，该党是唯一一个警告其他各政党瑞典所面临的挑战的组织。瑞典福利遭到破坏，如异化地区的出现、严重的性侵犯、有组织的犯罪、人口贩运、社会中暴力事件频发、宗教极端主义以及用于安置移民的费用迅速增加。

瑞典民主党指责瑞典社民党联盟没有承担起相应的责任，使已经陷入困境的地区进一步恶化，早些时候安全和管理良好的地区也受到动荡和大幅增加的开支的冲击。瑞典民主党还讽刺社会民主党，只有民意调查数字下降时，危机才会变为现实。

瑞典民主党声称自己是唯一真正能为瑞典带来不同进步的政党："与其他政党不同，我们也不害怕挑战他人，也不害怕为自己的信仰而战。我们不被联盟、工会或记者控制，因此我们可以做我们认为对瑞典最好的事情。与社会民主党和右翼温和党派不同，即使民意调查数据下降，我们也不会改变政治纲领。与其他国家不同，我们希望建立一个真正强大、安全的瑞典。"

2018 年 9 月 9 日，在经历了夏季极端高温天气的考验后，瑞典迎来了四年一次的议会选举。长久以来，作为欧洲最富裕的国家之一，左翼的瑞典社民党在瑞典历史上长期执政，创造了"从摇篮到坟墓"的高度发达的福利国家体系。但是，因带有新法西斯主义色彩的极右翼政党瑞典民主党在选举前

---

[1]　https://sd.se/english.

异军突起，2018 年的议会选举被学界和西方媒体认为是最复杂且是历史上最重要的一次选举。

根据瑞典选举委员会公布的初步计票结果，由社会民主党、环境党和左翼党组成的中左翼阵营获得 40.6% 的选票；由温和联合党、中央党、自由党和基督教民主党组成的反对联盟中右翼阵营获得 40.3% 的选票；对外来移民持敌视态度的极右翼政党瑞典民主党获得 17.6% 的选票，较上次大选增长了近 5 个百分点（2014 年大选中瑞典民主党得票率为 12.9%）。

社民党领导的中左翼阵营和温和党领导的中右翼阵营都没能获得多数选票，新一届瑞典政府的组成需要跨党派联合，这也给了瑞典民主党通过立法影响政策的机会。瑞典民主党力量的激增，给瑞典政治带来了深刻的影响，也冲击了欧洲最稳定国家的政治秩序。英国《卫报》称瑞典民主党将作为"造王者"发挥重大作用。

向左转，还是向右转——瑞典因此处于政治的十字路口。

（二）瑞典民主党矛头所指：移民、福利、安全与欧盟

瑞典民主党创建于 1988 年，有着新法西斯主义的意识形态根源，最初是瑞典白人种族主义的一部分，起初作为一个边缘小党，鲜少引人注目。2010 年，瑞典民主党在议会中拥有 20 个席位，到了 2014 年，其已拥有 49 个席位。2015 年难民危机爆发后，瑞典于当年接收了 163000 名新移民，是所有欧盟成员国中按人均比例接收难民最多的国家。在这样的背景下，以反移民为政治诉求的瑞典民主党的支持率大幅攀升。这给长期执政的瑞典社民党带来了巨大的压力和挑战。

在 2005 年阿克森成为瑞典民主党的领袖后，其一直在努力重塑该党的形象，将标志从火炬改为蓝黄色雏菊，即瑞典国旗的颜色。声称该党是包容性的政党，对种族主义持零容忍的态度，还将一些言辞态度激烈的党员劝退离党。但该党还是时不时卷入种族主义的丑闻中。根据《瑞典晚报》的一篇报道，一位市政候选人曾在脸书（Facebook）上分享了歌曲"瑞典人属于白人，国家是我们的"。2017 年，该党的一些前成员组建了更为极端的瑞典选择党（Alternative for Sweden，AFS）。

（三）瑞典民主党的首要政治诉求：一个严肃的移民政策

"瑞典需要一个安全和受保护的边界，以便将有组织犯罪、人口贩运和

恐怖主义排除在外。我们欢迎那些为我们的社会作出贡献，遵守我们的法律并尊重我们的人来到瑞典。相反，我们不欢迎那些来这里利用我们的系统，犯罪或使我们的公民处于危害之中的人。我们认为瑞典应该帮助那些需要帮助的人，这应该在最需要帮助的地方进行。我们要停止接受寻求庇护者，转而为难民寻求真正的援助。我们希望让更多的移民回归他们的祖国。"[1]

除了在移民问题上发难之外，瑞典民主党也高度关注国家福利，指责执政的社会民主党总是以移民为优先考虑的对象，牺牲了瑞典人的福利。"我们想要一个名副其实的福利，我们认为瑞典的福利应该为瑞典人民服务。无论我们的钱包大小，我们都必须在全国范围内提供医疗服务。我们希望为护理人员提供更好的工作环境、良好的发展机会和良好的薪资水平。我们希望学校能够优先考虑知识和秩序，教师和学生都能在这里茁壮成长。在我们的瑞典，老年人可以获得可以依赖的养老金。"[2]

（四）瑞典民主党呼吁文化认同，强调瑞典需要一个团结的国家、一个安全的社会

"我们认为权利应该与责任相关联，首先你履行职责然后你才能要求你的权利。我们想要这样一个瑞典，在这里我们为共同的成功感到高兴，一同度过逆境。我们永远不会给伊斯兰主义或任何其他极端主义提供空间，这是一个民主和平等的土地。在我们的瑞典，我们为自己的文化和传统感到自豪。我们重视并希望珍惜我们从前几代人那里继承的东西。"

耐人寻味的是，瑞典民主党在经济政策上的取向并不是右翼的（以市场为主导），而是以中左翼为导向（强调国家调控）。这样一种混合的经济政策纲领使瑞典民主党得到了更多的认同，这也部分解释了为什么执政的社民党即使对移民采取严厉的政策后，仍不能挽回那些失望的选民。

此外，瑞典民主党也是一个主张脱离欧盟的政党，其领袖阿克森表示，欧盟不是在欧洲合作的方式。"我的立场是，我们应该重新谈判我们作为欧盟成员国的条款，然后人民应该有最后的发言权。"

两位著名的瑞典民主党议员，克里斯蒂娜·温伯格（Kristina Winberg）和彼得·伦德格伦（Peter Lundgren）的观点与阿克森的立场相呼应。他们在

---

[1]　https://sd.se/english.
[2]　https://sd.se/english.

2018 年瑞典大选前发表了一篇联合评论，表明瑞典民主党希望瑞典离开欧盟。伦德格伦说："多年前，我不会想到这是可能的，但是当我看到自去年以来所发生的政治变化，疑欧运动的快速发展，我认为在 2019 年欧洲议会大选后，疑欧主义政党将会组建欧洲议会最大的政治团体，这具有非常大的可能性。但如果欧盟仍然像今天一样，仅仅是一个具有非常明确的权力野心的政治联盟，那么我认为它没有希望。"

另一位瑞典民主党议员赫尔穆特·彼得森（Helmut Peterson）在谈到英国"脱欧"时，直截了当地说："是欧盟带来了问题，我相信英国没有欧盟会做得更好。"

（五）极化、混乱，瑞典与欧盟路在何方

传统上亲欧的瑞典，在此次选举中，中左翼的党团和中右翼的党团都未能获得多数选票。极右翼的瑞典民主党成为第三大党，未来在政府组阁中将发挥至关重要的作用和影响力。瑞典民主党反移民，持有强烈的疑欧主义，以及呼吁瑞典举行是否继续留在欧盟的全民公投的政治诉求，使得长久以来欧盟成员国中最为稳定的政治秩序受到了冲击。

2018 年是瑞典议会决定举行普及投票权并赋予女性和男性平等投票权 100 周年纪念，令人感叹的是，恰在此时，具有新法西斯主义色彩的瑞典民主党却成为政党格局中力量强劲的一部分。环顾当前的欧盟，极右翼的民粹主义势力声浪高涨，欧盟倍受指责与诟病。按照法国参议院议长杰拉德·拉彻（Gérard Larcher）的说法，欧盟因其自身的官僚主义而陷入瘫痪，欧盟精英与公民的担忧脱节，欧盟面临着能否继续生存的危机。意大利内政部部长萨尔维尼对欧盟的前途也不乐观。2018 年 6 月底，他在接受德国《明镜》周刊记者采访时尖锐地指出："一年之内，我们就会知道一个团结的欧洲是否仍然存在。"

欧盟的建构，原本是为了使欧洲大陆免于再次遭受法西斯主义的劫难，多元包容亦成为欧洲价值观的核心。而今天极右翼浪潮的兴起，给欧盟的价值观蒙上了一层挥之不去的阴影。

对于瑞典民主党的胜利，有学者认为是瑞典主流政治家的软弱，是他们保持一种沉默的共识文化所付出的代价。斯德哥尔摩经济和商业史研究所研究员蒂娜·萨南达吉（Tino Sanandaji）指出，瑞典民主党把犯罪和移民的禁忌主题推到了大选的前沿和中心位置，迫使主流政党承认他们处理这些问题

是失败的。如果主流政党仍然将移民以及与之相关的犯罪视作禁忌话题，不敢正视国家所面临的问题，并公开讨论的话，瑞典的政治将继续陷于极化和混乱之中。极右翼政党的崛起所造成的社会分裂已显露端倪，在此次选举的投票过程中，多名瑞典民主党议员在投票站外受到攻击，包括一名怀孕的女性议员。向左转，向右转，处于十字路口的不仅是瑞典的政治，恐怕还有欧盟。

四　荷兰自由党

2017 年 3 月 16 日，荷兰议会下院选举落下帷幕。执政的自由民主党获得胜利，在议会中获得 33 个席位，主张维护传统价值观的基督教民主联盟赢得 19 席，面向知识分子和中产阶级的民主六六党赢得 19 席，成立于 2000 年的基督教联盟赢得 5 席，四党总计赢得 76 席，在下院 150 个席位中刚刚过半。① 之前在大选中一直备受瞩目的自由党获得 20 个席位，成为议会大党，但其他主要政党均拒绝与其联合执政，自由党在组阁谈判中出局。

（一）建制派的受害者——海尔特·威尔德斯（Geert Wilders）

国际媒体都将威尔德斯比作荷兰版的特朗普，威尔德斯最初是中右翼的自由民主党成员，因出位的言论而被开除出党。他于 2004 年离开自由民主党，组建了荷兰的自由党。其因极端的反穆斯林言论而曾受到死亡威胁，他已经被警察保护长达 12 年。2011 年，他因煽动歧视而被指控，在这个"世纪的审判"中最后被认定为无罪。2016 年，他因领导反对"少数摩洛哥人"，导致被诉讼。虽然没有被判刑，但对大多数政治家来说，刑事诉讼是一场个人灾难，但对于威尔德斯来说，这恰是一个再好不过的机会，表明他是建制派的受害者。

威尔德斯将自己视为替人民发声，他最有力的竞选工具是推特（Twitter）。在他的推特账户上，有着多达 782000 名追随者。"他放弃了自己的自由，为我们斗争，他是一个英雄。"威尔德斯的支持者说。

与其他政党不同，自由党的竞选纲领简单明了到一页纸就足够了 。（民主六六党展示了它们的竞选纲领，制订了详细的计划和预算，长达 242 页。）

① http://www.xinhuanet.com//world/2017－10/09/c_1121776546.htm.

自由党要求关闭清真寺，封禁《古兰经》，并关闭所有的难民避难中心。取而代之的是，政府应该对风力发电、艺术与发展进行援助，把退休年龄提前到 60 岁。威尔德斯也承诺，如果他胜选组阁，他将带领荷兰脱离欧盟。

荷兰执政党的欧盟发言人，当被问及这次选举最重要的议题是什么时，他毫不犹豫地说道："身份认同。"此前自由党的领袖威尔德斯一路领跑民意。

（二）谁支持自由党？

荷兰弗列佛兰省的阿尔梅勒市，是比海平面低 9 米的一个地方。阿尔梅勒是水利文明的一个成功案例。在这里，水利工程和福利都是完美的。水泵站和公共交通一样复杂。金融危机后紧缩措施也是在谨慎地实行着。社会工作者无处不在，如果大坝技术出了问题，他们会迅速作出反应。所有一切在表面上看起来都组织良好，但是的的确确又有一些情况发生了变化。

历史上，这个城市是荷兰社会民主党的源头。到了 1990 年代，社会民主党关注于削减社会福利制度，就像德国社民党那样，这样就使其在选民中不受欢迎。他们总是穿着合体的西装，发表完美的演讲，可是人们为什么要相信他们呢？此次大选民调显示，社会民主党的支持率不到 10%。

在阿尔梅勒，传统的政党忠诚衰落了，一部分工会成员转入更加激进的左翼社会党中，而工人们则转向支持威尔德斯。许多年轻的摩洛哥后代也不像父辈那样支持社会民主党了。大量的第二代移民也表达了对威尔德斯立场的同情。怀旧的情绪成了政治的组成部分。一般人不敢像威尔德斯那样表达观点，但 80% 的人和他持有同样的想法。

社会学家科恩·达姆修斯（Koen Damhuis）花费数月采访了那些支持自由党的人，写下了他的新著《通往威尔德斯之路》。自由党的支持者认为，在荷兰，社会顶层是政治精英，他们帮助下层阶级：移民和那些来自发展中国家的人。但自由党的支持者被夹在中间，需要为所有的事情埋单。哪些人支持威尔德斯呢？我们看到，社会上层、社会底层和中间阶层都有选民支持威尔德斯领导的自由党：一部分是处于社会上层的人们，他们认为不断增长的穆斯林人口以及欧盟威胁到国家主权；另一部分是处于社会底层的人，他们认为移民是主要威胁，自己在工作、社会福利以及住房方面被政府不平等地对待；此外，还有一个群体，主要是中间阶层选民，金融危机后，荷兰又面临难民问题，他们认为对债务国家的援助会给自身带来巨大的经济损失。

（三）右翼民粹主义与疑欧主义浪潮

荷兰实行的是直接代表制，不断加剧的选民分裂，意味着在选举结束之时，也是谈判组阁政府艰难进程的开始。2017 年登记的政党数目创下历史纪录，从而开启了身份政治的先例。选民可以选举企业家党、50＋党、非选民党、少数民族党等。联合组阁一直是荷兰的传统，多数时间需由两到三个政党进行组阁。

威尔德斯所宣扬的反移民、反伊斯兰、反欧盟的主张，已经渗透到荷兰社会的整个政治氛围中。执政的自由民主党领袖，现任首相马克·吕特发表了对选民的公开信，希望移民能尊重荷兰的价值观和习俗，"如果你真的讨厌我们的国家，我希望你能离开"。保守的基督教民主联盟，在过去的 40 年里，有 25 年列席议会，也认为如果移民不愿意融合，那就需要被取消移民资格。养老金政党主张对边界增加控制，对于外国人的政策要再严厉些。目前，该党没有公开表态不与自由党合作。在传统左翼政党社会民主党衰退之际，荷兰政坛已悄然向右转了。

参选的主要政党在大选前明确表态，不会与威尔德斯领导的自由党进行合作。但即使这样，自由党所带来的影响也不容小觑。作为大选中得票率居于第二位的政党，如果被排斥组阁，其将重回反对立场，即以一种新的叙事方式对现存体制展开诟病与指责。

威尔德斯在议会中最得心应手的一个工具是发起"不信任动议"。这会引起首相辞职和内阁重组。"不信任动议"往往是被政治家谨慎使用的，但在过去几年里，自由党使用它的次数比其他政党合起来使用的次数还要多。

荷兰素以文化多样性、包容且经济繁荣著称于世。作为欧盟创始成员国，一直以来荷兰都是欧洲贸易的重要枢纽，比英国对欧盟输出得更多。过去的两年，荷兰经济增长了 2%，失业率稳步下降。中右翼政党领导的政府能够偿还国家的债务。相比其他欧洲大陆国家，荷兰在各方面做得更好一些。但是反移民、反伊斯兰、反欧盟的自由党在此次选举中获得 20 个议席，一跃成为荷兰第二大党。虽然败给了执政的自由民主党，但自由党所掀起的疑欧主义、民粹主义浪潮，以及所带来的社会分裂，短时间内在荷兰不会消失。

本章聚焦于极右翼政党，以德国选择党与 PEGIDA 运动，法国国民联盟，瑞典民主党，荷兰自由党为个案，对当前极右翼政党力量的强劲上升作了分析。伴随着极右翼政党力量上扬，一个直接的后果，就是欧洲社会民主党的支持率不断走低，甚至呈现断崖式下跌。第五章将转入对欧洲的社会民主党进行梳理与探析。

第五章

2008 年金融危机后欧洲社会民主党的衰落

社会民主党曾经是二战以来欧洲最有力量和影响的中间政党。它最主要的贡献在于将国家的概念转变为"福利国家"。社会民主主义的政治理念，在西欧帮助建构了福利国家以及相对完备的社会健康保障体系。长久以来，社会民主党与保守党相互轮替执掌政权，欧洲政坛曾被称为"钟摆政治"。今天，在新自由主义政策理念带来的全球化、新技术、经济危机、难民危机的多重压力下，欧洲政党政治生态出现了巨大的变迁，政权组阁频仍，街头抗议政治浪潮涌动，传统主流政党式微，小生境政党涌现，在政治谱系的极左、极右两端，民粹主义都如影随形。"大党不强，小党林立"，保守主义的中右翼政党力量也变得衰弱了，但还是可以与其他小党一起组建联合政府。而"钟摆政治"中左翼的社会民主党，却面临着创建以来最严重的挫折与危机。[1]

20 世纪末 21 世纪初，在欧盟 15 个成员国中，13 个有社会民主党参与执掌政权。而到了 2018 年，金融危机结束后的第十个年头，在 28 个欧盟成员国中，只有 2 个国家由社会民主党执掌政权。[2]

社会民主主义作为一种政治哲学，支持国家在经济和社会领域中进行积极的干预以促进社会正义。其核心思想是凯恩斯主义经济学和福利国家。社会民主主义赞成在市场之上有一个强大的国家进行调节，用国家的力量对市场进行规制和约束，使得市场能够为所有人服务。在斗争策略的选择方面，

---

① https://www.socialeurope.eu/the-collapse-of-european-social-democracy-part-1.

② 目前，西班牙是工人社会党执政，但由于政府预算没有通过，其首相宣布在 2019 年 4 月提前举行大选，有分析认为，选举结果会对工人社会党不利。

社会民主主义希望通过一种在自由民主的框架和体系内进行渐进的改良和改革的方式，而不是彻底革命的方式寻求进步。

社会民主主义曾经为整个欧洲的民众带来了很高的个人收入、良好的住房条件、医疗保障、福利安全和工作教育机会，大多数的民众与他们的父辈相比，享有更高的生活水平。在此基础上，人们对一个更平等的社会产生了强烈的需求。

"在一个宪政国家，真正的统治者是选民"，这是费迪南德·拉萨尔的名言，他是欧洲社会民主党背后的工人和知识分子的支持者。但是在社会民主党诞生150多年后，选民显然对拉萨尔的政治观念失去了信心。

几乎在欧洲各地，社会民主党和社会党都在选举中失去支持：2017年，德国社民党在议会选举中得到了历史性的糟糕结果。在法国、荷兰和捷克，社会民主党甚至沦落到个位数的投票率。

马塞尔·保利（Marcel Pauly）认为，社会民主党正在为生存而奋争：新千年以来，他所考察的17个国家中有15个国家的社会民主党投票率在下降——有时是戏剧性的。

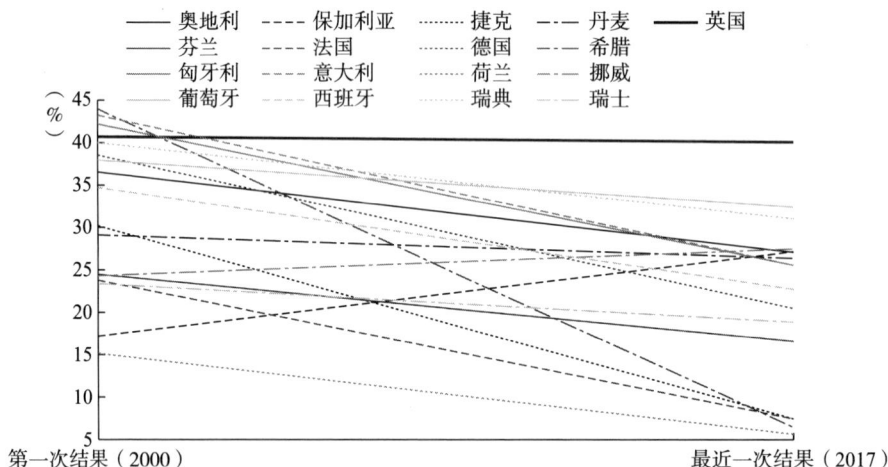

图 5.1　2000～2017 年社会民主党在欧洲国家议会选举中的第一次和最近一次的结果

资料来源：https://voxeurop.eu/en/2018/social-democracy-crisis-5121747。

在德国 2017 年联邦大选中，社会民主得到了二战以来最糟糕的结果，得票率仅为 20.5%。但是，在千禧年之际，它是德国传统大党之一，格哈德·施罗德在 1998 年以 40% 的得票率进入政府；在 2002 年，社民党赢得了 38.5% 的选票，社民党领导人再次出任总理。然而，从那时起，它已经开始走下坡路。特别是大联合政府之后，2005～2009 年，德国选民给了社民党惩罚，其得票率下降超过 10 个百分点。在 2013 年略有增长后，下降趋势仍在继续。

2017 年法国大选中，社会党遭遇了有史以来最严重的危机。弗朗索瓦·奥朗德总统成为历史上最不受欢迎的总统，他甚至没有参加竞选连任。该党的候选人贝诺·哈蒙（Benoît Hamon）仅获得了 6% 的选票，排第五名。几个星期后，民众把选票投给了国民联盟。2012 年，社会党是力量最强大的政党，而这一次，其得票率下降超过 20 个百分点。

在荷兰和捷克，社会民主党在 2017 年的议会选举中，其得票率也没有超过 10%。与之前的选举相比，它们分别下降了 19 个和 13 个百分点。

在希腊，这种下降已经持续多年。在主权债务危机开始后，执政的泛希社会党在议会中失去了绝对多数。在 2012 年的投票中，它下跌超过 30 个百分点，在 2015 年它失去了更多的信任，而今天它在希腊政坛中几乎起不到任何作用。

2018 年奥地利大选中，虽然奥地利社会民主党（SPÖ）的选举结果与四年前差不多，但它仍是黯然离开了政府，得票率在过去 15 年中损失了近 10 个百分点。取而代之的是中右翼的人民党与极右翼的奥地利自由党联合执政。

在意大利、西班牙和葡萄牙，社会民主党在 2000 年代举行的选举中仍然得票率超过 40%。但是，西班牙的工人社会党（PSOE）在上次选举中仅获得了 22% 的选票。

在瑞典和芬兰，社会民主党的选举结果也在不断恶化。

在挪威 2001 年的选举中，社会民主党的得票率降幅超过 10 个百分点，仅获得 24.3% 的选票，并在执政 40 多年后发现自己已处于在野党的位置。之后挪威社会民主党向左倾斜，来弥补选票流失。自 2009 年投票以来，它再次逆转。在 2017 年的大选中，其赢得了 27.4% 的选票，尽管仍是最强大的政党，但该国现在已由一个保守的政党联盟统治。

就在最近，英国的工党也一样呈现下降的趋势，2001～2015 年，其得票率损失了 10 个百分点。但在 2016 年英国"脱欧"后，特蕾莎·梅宣布提前举行大选，受益于英国"脱欧"投票的影响，工党的支持率得以回升。但与此同时，有学者认为工党也变得更为向左转了。

在 2018 年 3 月的意大利大选中，马泰奥·伦齐领导的中左翼联盟只获得了 22.9% 的选票；而"北方联盟"领导的中右翼联盟，获得了 37% 的选票，右翼民粹主义的"五星运动"成为获得最多议席的单一政党。由于没有任何政党获得绝对多数，选举后形成悬浮议会，经过三个月的谈判，意大利组成了由两位右翼民粹主义领导人执掌政权的政府。评论认为这是意大利给欧元区的噩梦。①

2008 年金融危机之后，表面看起来这似乎应该是社会民主党复兴的大好时机。因为社会民主党历来强调国家对市场进行干预，认为国家和它相应的制度规制可以挽救经济体系。而 2008 年的金融危机恰恰是缺少国家对市场的监管，以及金融化和超全球化（hyper-globalization）导致的。但是当前，放眼整个欧洲，社会民主党都在为生存而奋力。这种欧洲历史上最古老的意识形态已处于深刻的危机之中。②

但是，无论在政治的规范层面还是实践层面，人们都没有看到社会民主党的复兴。社会民主党被政治光谱中的极左和极右的民粹主义力量所取代。在公共辩论中，建立在性别、族裔、女权主义以及其他单一议题基础上的身份认同政治成为被优先考虑的议题。尤其在 2015 年难民危机爆发后，不断涌来的移民和难民，及与之相伴随的社会安全问题与恐怖主义袭击，使得默克尔的移民政策成为最直接的导火索，反移民成为 2017 年欧洲大选年中各个不同国家极右翼最主要的政治诉求。在反移民的基础上，它们自然而然添加了对欧盟和对建制派的反对。极右翼政党发展得如火如荼。令人费解的是，曾经是社会民主党的选民群体，曾经是共产党的选民群体，都相继滑向了支持极右翼政党。

本章将以欧洲不同区域为分类，以个案研究为方法，对西欧、南欧、北欧以及中东欧的社会民主党现状进行介绍，简要交代各主要社会民主党的历史；在选举数据的选择上，则侧重于以 2008 年后的数据为依托，阐述德国社会民主党、英国工党、意大利民主党、瑞典社民党、匈牙利社会党各自的意识形态定位、调整以及如何因应极右翼政党的挑战。

---

① 《若五星运动组成的民粹联盟胜选，将是意大利给欧元区的噩梦》，https://www.thenews-lens.com/article/87396。

② Marcel Pauly, The Crisis of the European Left: Are Social Democrats Still Alive? https://voxeurop.eu/en/2018/social-democracy-crisis-5121747.

一 德国社会民主党

社会民主党（SPD）是德国历史最悠久、世界上为数不多的具有 150 多年历史的欧洲左翼政党家族中最重要的成员之一。2008 年金融危机，尤其是 2015 年难民危机后，其在 2017 年的选举中仅获得了 20.5% 的选票，选民支持率为创建以来的历史新低。

德国社会民主党成立于 1863 年，起源于工人运动，最初是单纯的工人阶级政党，后来逐步发展为代表职工利益的全民政党，党员主要来自工人和职员。现任党主席是拉尔斯·克林拜尔（Lars Klingbeil）。社民党曾多次执政，并且于 1966 ~ 1982 年、1998 ~ 2009 年、2013 年至今参与联合政府，该党先后出现了不少伟大的领袖，比如熟悉经济政策的赫尔穆特·施密特和施行《2010 议程》（Agenda 2010）的总理格哈德·施罗德等。

因为起源于工人运动，社会民主党拥有鲜明的社会主义性质，与工会关系密切，一直将"社会公平正义和社会福利"作为主要的政治观点。在经济政策上，提倡经济发展的同时也要注重利益的公平分配，主张增加高收入群体的税负，加大对中低收入群体的保护力度；在社会政策上，其致力于维护劳动者和弱势群体的权益，提倡创造继续教育的机会和充分就业，与工会和公司保有强大的社会伙伴关系；在教育政策上，给予每个人同样的机会接受更多的全日制教育、现代职业教育和大学资助；在福利政策上，承诺长期提高失业救济金和法定养老金水平；在对外政策上，其采取了比较积极的欧洲一体化的对外政策，倡导在欧元区组建经济政府和安全联盟等，认为欧盟各成员国都承担着对难民的责任，并希望完善相关立法，以和平方式解除武装和解决冲突，把重点放在从根本上解决难民危机上。[①]

观察金融危机以来的几次联邦大选，社民党这一德国现存最古老、党员规模最大的政党，愈发显得虚弱、疲软、无力。2005 年德国大选后，虽然社会民主党曾两次参与默克尔的大联合政府，并在十多个州执政，但一连串历史新低的得票率反映出一个百年政党正陷入欲振乏力的窘境。

---

① https://www.spd.de.

(一) 身份认同危机

作为德国第二大党，德国社会民主党曾是代表底层劳工利益的政党，受到工人和工会的信任。其追求更公正平等的社会，致力于建立一个强大广泛的福利国家，这使得它与其他党派有所区别。但在执政期间，随着新自由主义思想的渗透，德国社会民主党的政策纲领与之前所推崇的人本主义、社会经济和文化平等的社会民主理念越来越远，这使得一般党员愈发难以清晰地辨别本党跟其他党派之间到底有什么不同之处。

20 世纪末，西欧呈现出一片"粉红色"的政治版图，社民党提出了"新中间阶层"的理论和政策，开始争取所谓的新中产阶级，以作为关键的选民基础。这次转型使得社民党在下野 16 年后的 1998 年和绿党组成联合政府再次上台执政。执政后的社民党按照"新中间道路"的理论对德国的经济、政治、社会和外交政策等进行了一系列的改革。

2003 年，时任德国总理的社民党主席施罗德宣布了《2010 议程》和《哈茨改革方案》（The Harz Reform）。前者全面改革国家福利制度，后者旨在改革劳动力市场以解决失业问题，两者都是"新中间道路"理念在政策实践领域中的延伸，相对更加具体务实和有针对性。这次改革涉及各种社会福利政策，如就业、医疗健康和养老等，对德国的社会经济起到了显著的刺激作用。但实际上，"这是一场新自由主义的改革，是长期以来右翼党派想做却又不敢做的事，最终由左翼党派推行"。[①] 原本以实现社会正义为目标、代表社会中下层和产业工人利益的德国社民党，不得不为了经济增长选择支持削减一些传统社会福利项目，这引发了民众对社民党新自由主义化的批评。

在参与大联合政府执政时期，社民党在很多重要议题上缺乏旗帜鲜明的立场和清晰的政治理念，选民们已经看不出其政策与联盟党有什么实质的区别。2016 年 7 月，维尔茨堡和安斯巴赫恐怖袭击事件发生后，社民党认为没有理由对联邦总理默克尔的难民政策进行普遍的批评，并立即对政府的难民政策持支持态度。时任社民党领袖加布里尔还在脸书上呼吁德国增派警察，反对激进主义。[②] 然而不久之后，其又在难民辩论中批评默克尔总理的难民

---

① 张文红：《德国社会民主党的危机与启示》，《党建》2010 年第 7 期，第 37~38 页。

② http://spiegel.de/politik/deutschland/fluechtlinge-spd-stellt-sich-hinter-angela-merkel-a-1104952.html.

政策，要求对接受难民人数设定上限。① 社民党在 2017 年大选中的竞选口号是 "现在是争取更多正义的时候了"，但它并没有提供多少切实可行的解决方案。从大选中的民意调查可以看出，社民党在社会公平正义上面临着认同和信任危机，它的核心理念在德国大选中并没有得到选民的认可。选举中的一组民调数据清晰地说明了这一点。80% 的民众认为社民党缺乏一个鼓舞民众的中心议题，74% 的选民认为社民党并没有提出清晰的实施社会公正的措施，41% 的选民认为社民党为弱者所做的工作还不够，只有 18% 的选民认为从近年来社民党制定的政策中受益。

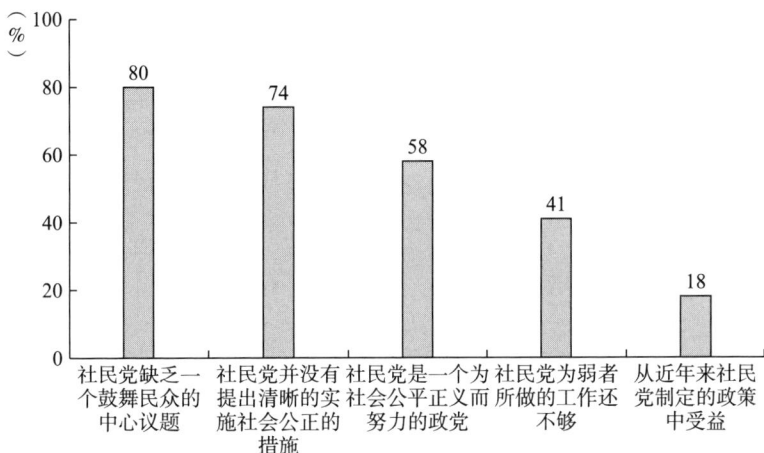

图 5.2　2017 年德国联邦大选中选民对社民党的看法

资料来源：http://www.tagesschau.de/multimedia/bilder/uvotealbum-933.html。

（二）组织危机

缺乏旗帜鲜明的政策纲领，使得社民党对传统社会根基的吸引力不断下降，组织规模大幅减少，难以延续 1970 年代的繁荣辉煌。

从 2000~2017 年德国主要的几个政党党员数量变动可以看出，与其他政党相比，德国社会民主党昔日的社会根基比较坚实。但近年来，德国社会民主党成员数量的增长出现了明显的倒退，基层萎缩趋势惊人。2000 年社民党党员将近 75 万名，到了 2005 年则下降到约 59 万名，到 2016 年只剩 43.3 万名，16 年时间内流失了超过 40% 的党员。

---

① http://ww.ntv.de/politik/Gabriel-kritisiert-Merkels-Flechtlingspolitik-article18514376.html。

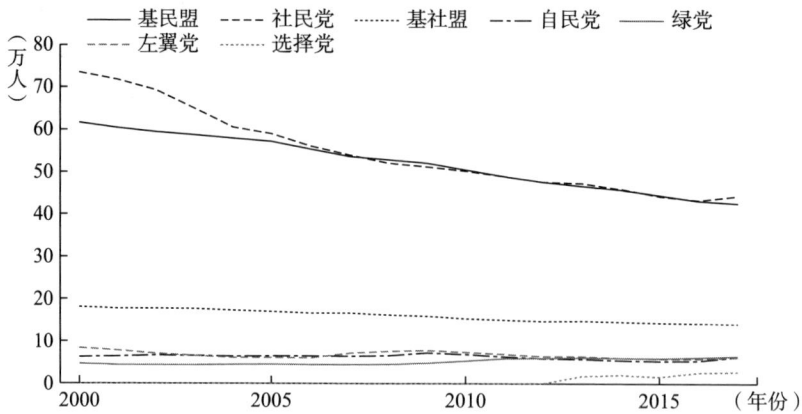

图 5.3　2000～2017 年德国主要政党党员人数变化

资料来源：http://www.polsoz.fu-berlin.de/polwiss/forschung/systeme/empsoz/schriften/Arbeitshefte/P-PMIT17-NEU.pdf。

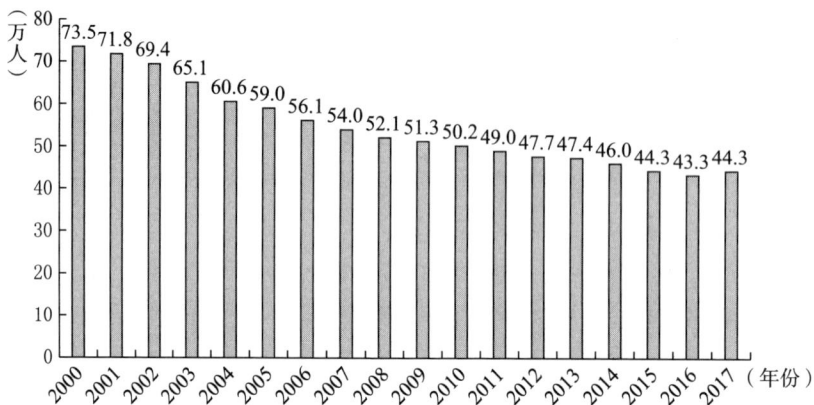

图 5.4　2000～2017 年德国社民党党员人数变化

资料来源：http://www.polsoz.fu-berlin.de/polwiss/forschung/systeme/empsoz/schriften/Arbeitshefte/P-PMIT17-NEU.pdf。

从党员结构上看，随着党员的流失，社会民主党还存在队伍逐渐老化的问题。在 1970 年代中期，超过五分之一的社民党党员属于 30 岁以下的群体，但近年来，年轻人的比例停滞不前，维持在 7.5% 左右。根据 2017 年的调查，德国社民党的党员平均年龄是 58 岁，只有 10% 的党员年龄低于36 岁。

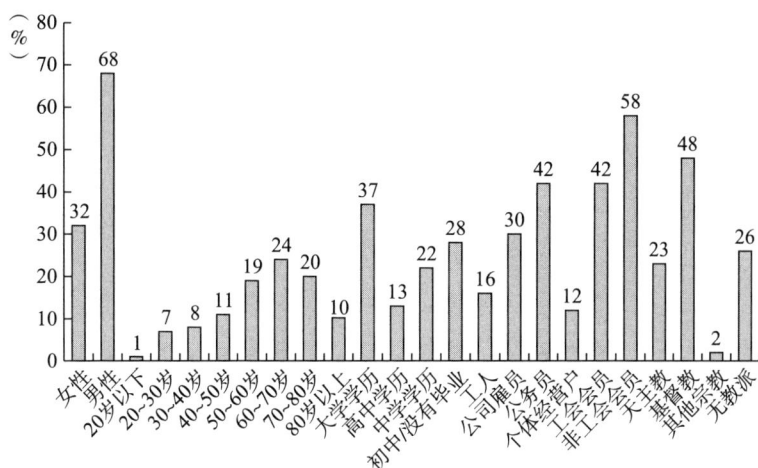

图 5.5 2017 年德国社民党党员结构

资料来源：http://www.bpb.de/politik/grundfragen/parteien-in-deutschland/zahlen-und-fakten/140358/soziale-zusammensetzung。

不仅政党组织中青年人减少，投票选举中社民党的支持者也年龄偏大。2017 年大选，18～24 岁的年轻人只有 16% 投给了社民党；而在 60 岁及以上年龄段选民中，选择社民党的比例占到 40%。

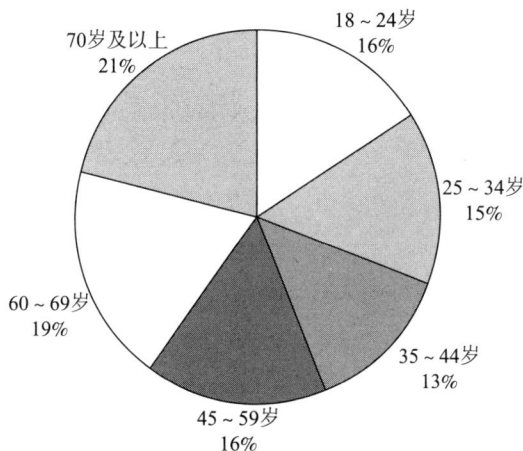

图 5.6 2017 年德国大选各年龄段选民支持社会民主党的比例

资料来源：http://wahl.tagesschau.de/wahlen/2017－09－24－BT-DE/umfrage-spd.shtml。

此外，社民党内部还面临日益升级的人事权力纷争，以及缺乏有魅力的政治家。虽然前欧洲议会主席、社会民主党主席舒尔茨曾以新人效应而闻名，但他在电视辩论中表现平庸，最终落败。大选后他决定让社民党成为最大的反对党，宣布拒绝参加大联合政府。但随后，出于政治压力，他又同意与联盟党进行关于大联合政府的磋商。2017 年 9 月，舒尔茨发誓要远离内阁，但 2018 年成功组建大联合政府后，他却反悔，计划进入新内阁担任外交部部长。为了担任外长职位，舒尔茨还宣布辞去社民党主席的职务，推举党团主席纳勒斯继任。由于没有考虑政党成员的意见，也未经过合法程序就移交职务，这些行为受到了党内外人士的质疑和抨击。多次的举棋不定与出尔反尔，使得舒尔茨在社民党内失去了信任。最终，在社会各界的压力下，他还是选择放弃了外交部部长一职。

（三）执政危机

德国社会民主党累计参与执政 30 余年：其在 1969 ~ 1982 年与自由民主党组成执政联盟，又在 1998 ~ 2005 年和绿党联合执政，后在 2005 ~ 2009 年及 2013 ~ 2012 年与联盟党组建大联合政府。2017 年德国联邦议院选举中，社民党再次败于联盟党，由于不希望德国选择党成为议会内的最大反对党，社民党起初拒绝再次和联盟党组成大联合政府。因而，默克尔不得不寻求与绿党和自民党联合，但这一被称为"牙买加联盟"的谈判，后来以失败告终。联盟党再次开始和社民党开展联合政府谈判，最终于 2018 年 3 月 14 日组成默克尔任内第三个大联合政府。但社民党上台执政后的表现并不尽如人意，频繁的转型尝试并未使其长久地把持主要执政党的交椅，而且默克尔领导的大联合政府的执政削弱了社会民主党的替代作用。在执政的过程中，联盟党左右逢源的做法使得政治阵营的左翼和右翼间的界限愈发模糊，社会民主党的特点被削弱了，不得不服从于国内和国际政治经济形势的大局和趋势，由一个独立性政党逐渐退化成一个跟在联盟党身后亦步亦趋的依附性政党，自身的发展受到了很大制约与局限。

从金融危机前后的几次联邦大选来看，德国社会民主党逐渐陷入了选举困境。2008 年金融海啸席卷全球，德国政府采取了一系列经济刺激措施挽救市场，维持了德国经济的平稳运行，失业率也得到控制。自 2010 年以来，德国经济增长率每年都高于欧盟的平均增长水平。虽然大联合政府在上一个施罗德政府时期实施了许多改革政策，但选民们往往把成就归功于默克尔领导的联盟党，而非社会民主党，这使社会民主党丧失了不少选票。

第一次大联合政府（2005 ~ 2009 年）后，社会民主党的支持率从 2005

年联邦大选中的 34.2% 下降到了 2009 年联邦大选的 23%；而第二次大联合
政府（2013～2017 年）后，社民党在 2017 年的选举中仅获得 20.5% 的选
票，是该党自二战以来最糟糕的成绩。而 2017 年大选最大的赢家则是倡导
退出欧元区和反移民的德国选择党（AFD），其一跃成为第三大党，正式成
为体制内最大的反对党。此前，极右翼在欧洲许多国家已成为政党政治常
态，但在战后的德国却一直被视为不可能，但此次选举，表明极端民族主义
已在德国崛起，与之相伴的是两大主流政党，尤其是社民党的衰落。

　　参与执政往往给社会民主党的下一次选举增添诸多不确定因素，如果大
联合政府像第一次联盟那样执政表现不错，选民倾向于把执政成果归功到联
盟党身上。如果执政联盟表现欠佳，选民会认为社会民主党不愿合作或没有
尽到联合执政的责任，致使政府未能提供有效的解决方案或政策执行不足。
2002 年和 2005 年的两次德国大选中，社会民主党的支持率和第一大党联盟
党还几乎持平，但近年来两党之间的政治实力日益悬殊。2013 年，联盟党和
社会民主党的得票率相差达 15.8 个百分点。

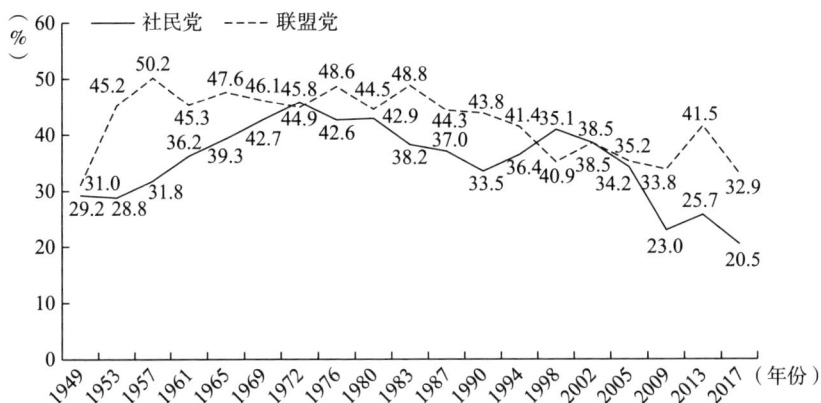

图 5.7　1949～2017 年德国联邦选举社民党和联盟党得票率对比

资料来源：http://wahl.tagesschau.de/wahlen/2017 - 09 - 24 - BT-DE/umfrage-
spd.shtml.

　　在 2018 年 10 月的巴伐利亚州和黑森州这两个关键地方选举中，社会民
主党得票率下降幅度均超过 10 个百分点，可以说近乎完败，面临着被绿党
超越，沦为"第三党"的窘境。

　　2008 年以来欧洲面临的多重危机引发了德国民众对失业和贫困问题的关
注，这对一直以来强调代表中下层群体利益、主张社会公平的社会民主党来

说应该是很好的机会。但接连的选举失利、一系列历史低点的支持率，表明社会民主党并没有抓住机会窗口，也没有回应这些新议题的勇气和行动，不断丧失了自己的政治立场和传统根基。

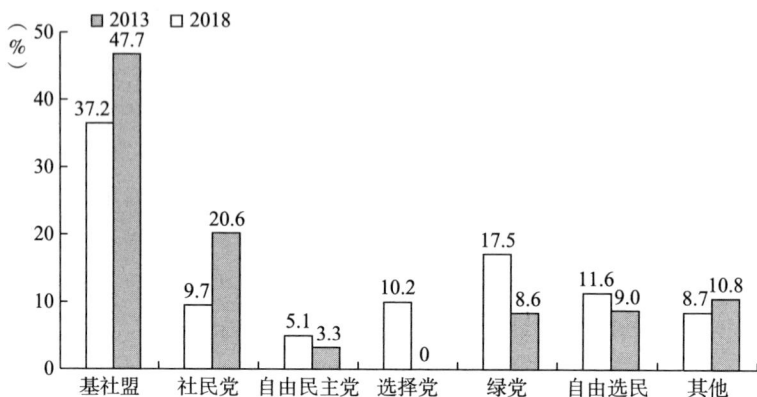

图 5.8　2013 年、2018 年巴伐利亚州选举结果

资料来源：http://www.wahlrecht.de/ergebnisse/bundestag.htm。

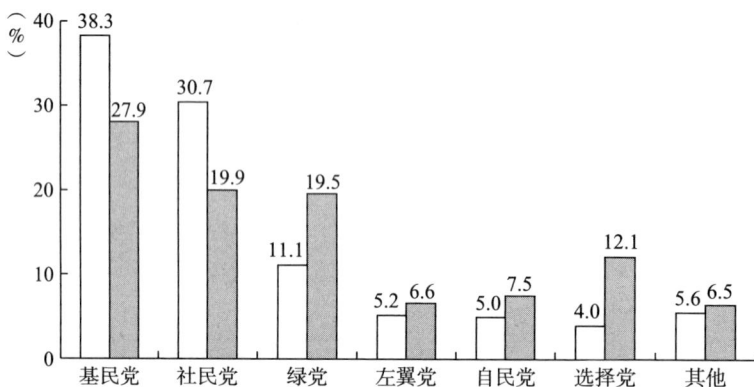

图 5.9　2013 年、2018 年黑森州选举结果

资料来源：http://www.wahlrecht.de/ergebnisse/bundestag.htm。

德国社会民主党曾是底层劳工的代表，受到工人和工会的信任。社民党追求社会平等正义，致力于建设一个强大而又普遍的福利国家，这使得它与其他党派有所区别。但近年来为了满足德国社会经济发展现实的需要，社会民主党的政策主张不断向右转，与实现"社会公平正义和团结"的初心越来越远。社会民主党在一系列新自由主义化的转型改革后，逐渐背离了自身传统的公平正义价值观，丧失了传统的选民基础，再也无法维系与核心选民的紧密联系。

1. 社民党推出的《2010 议程》

在施罗德的领导下，社民党于 2002 年初委托由企业家彼特·哈茨（Peter Hartz）领衔的"哈茨小组"研究改造劳动市场、促进就业、减少社会福利支出的方案。该小组在 2002 年 8 月完成调研，发表了《哈茨改革方案》。2002 年底，德国议会大选后，施罗德出任第 15 届总理，此时，享有盛誉的贝特曼基金会在德国权威的经济学期刊《资本》上发表了《给新政府头 100 天的经济政策建言》。①《哈茨改革方案》和这份建言，再加上施罗德在第 14 届总理任期时与英国首相托尼·布莱尔共同发表的《施罗德布莱尔白皮书》，一起组成了《2010 议程》的核心意涵。

2003 年 3 月 14 日，施罗德以总理身份在国会发表施政演说，正式宣布《2010 议程》："这项计划将在 2010 年把德国带到福祉和就业的巅峰！"②

但是《2010 议程》也受到了广泛的质疑和批评，被认为是福利国家的沉沦。2003 年 5 月 23 日，400 位学者联署呼吁"要改革福利国家，而不是解体福利国家"，"要对抗失业，而不是处罚失业"。③

到了 2013 年，即议程实施满 10 周年之际，政府、政党、研究机构都对《2010 议程》进行了回顾与探讨。施罗德，以及一部分政治学者认为该议程是成功的。德国政治学教授卡尔-鲁道夫·科特（Karl-Rudolf Korte）表示："从经济上来看，的确可以说《2010 议程》改善了德国的经济体制，提升并确保了全民福祉。""由一位正好是来自左派政党的社会民主党人出任联邦总理，来削减社会福利体制，并非偶然。从世界历史的大事件来看，这反而很合理，因为他们才看得到自己政党的路线若极端贯彻下去会带来什么不良后果，也只有他们才有地位去推动政党转型。""如果当时什么都没做，德国的社会福利体制也撑不到今日。"④

现今仍为社民党国会议员的克劳斯·巴瑟尔（Klaus Barthel）评价说："好的部分是：能源结构转型、全天制幼儿园、育儿补助以及教育补助"；"但劳动市场改革尽管一再推出修补，仍是让情况变糟"；"所谓的劳动市场

① Frank Böckelmann，Hersch Fischler，*Bertelsmann：Hinter der Fassade des Medienimperiums*，2004.

② https：//web. archive. org/web/20140224060118；http：//dipbt. bundestag. de/doc/btp/15/15032. pdf.

③ Aufruf 400 Wissenschaftler gegen Agenda 2010，https：//www. scribd. com/document/29827781/2003 – 05 – 23 – Aufruf – 400 – Wissenschaftler-gegen-Agenda – 2010.

④ Die SPD und die Agenda 2010，https：//www. deutschlandfunk. de/die-spd-und-die-agenda – 2010.

弹性化，结果加速、加深了整个社会的贫富差距与工薪阶层的不安定与贫穷化。"① 从今天工作不稳定的年轻人对政治的冷漠态度，也可以一窥《2010议程》给德国社会带来的深远影响。

对社民党而言，《2010议程》的推出给其带来了致命打击。议程宣布不到一个月，社会民主党的12位国会议员及多位联邦议员因不满而脱党，社民党在国会的议席因而无法过半；议程实施后两年，社民党更加速流失了10万党员；2005年1月，一部分亲工会的党员离开并组建新政党"劳动与社会正义替代党"；2005年5月，前党主席奥斯卡·拉封丹（Oskar Lafontaine）认为党已背弃社会民主路线而退党；2005年9月的德国联邦议会大选后，社会民主党虽仍是国会第一大党，但已小于联盟党的议席，因此只能受其邀请共组"大联合政府"，并且也不再由社会民主党人出任联邦总理，德国自此开启了长达18年的默克尔时代；2007年6月，分裂出去的劳动和社会公平党（WASG）与其他左派政党合组成"左翼党"；2009年9月的第17届议会选举后，联盟党选择与自由民主党共组执政联盟，社会民主党反而成了最大的在野党。②

欧债危机、难民危机的爆发又加剧了德国民众，特别是社会中下层民众对社会与经济状况的焦虑情绪，而一度是"劳动者的党"的德国社会民主党却变得距离工人阶级社群越来越远，民众对传统主流政党的代表性和效率丧失了信心。仅有38%的德国民众相信社民党能够实现"社会公正"。社民党不断走低下滑的得票率表明该党已经丧失了与传统劳工阶层的紧密联系，也丧失了对选民的核心承诺：搭建起工人阶级和左翼社会专业人士之间的桥梁，将他们团结在社民党政治项目的保护下。因此，传统的"政党冻结理论"画上了休止符。德国许多左翼人士也对目前的社会民主党表示失望，声称立场更坚定的左翼党才是社会平等的真正代表，转而把目光投向了政治谱系更左侧的左翼党。在关于"哪个政党最关心社会正义"的问题上，可以发现左翼党和社民党之间的差距正在逐渐缩小。

2. 与联盟党的趋同

2008年金融危机后，欧洲主权债务危机爆发时，社会民主党处于在野党

① Zehn Jahre Agenda Befremdliche Feierlaune, Süddeutsche Zeitung, https://www. sueddeutsche. de/politik/zehn-jahre-agenda-2010-befremdliche-feierlaune-1.1624180.

② https://zh. wikipedia. org/wiki/% E8% AD% B0% E7% A8% 8B2010#cite_note-41.

的位置，丧失了在许多重要社会问题上的政治立场和话语权，政治光谱中允许社会民主党进行纲领定位的空间越来越小。一方面，默克尔领导的联盟党左右逢源的政治策略，就像一个黑洞，使得社会民主党很难发出自己的声音，只能跟在联盟党身后亦步亦趋；另一方面，极端的民粹主义政党吸引了那些不满现状民众的目光，尤其是德国选择党的迅速崛起，社会民主党明显被"三明治化"了，处于前所未有的困境之中。

从竞选策略上看，联盟党和社会民主党都期待持中间策略以吸引更多的选民，但联盟党是以右翼边缘选民为核心，然后走向中间地带，在控制传统选民的基础上向外扩展。与此相反，社会民主党的基础首先是中间派选民，然后是左翼边缘选民，但是左侧往往已经被左翼党和绿党所占据。社民党在很大程度上成了一个中产阶级政党，但又很难超越默克尔领导的联盟党。在这种选举空间结构下，作为大联合政府中的参与者，其比在野党更被动。联盟党左右逢源，而社民党又被新自由主义化，两党之间的界限与分野日渐模糊，这意味着社民党面临更高的参与执政成本。社民党在过去 19 年里已经参与执政 15 年，但似乎每次选举中都受到了联合执政的"惩罚"。倘若大联合政府执政表现不错，中间选民眼中联盟党的形象会更加高大；如果大联合政府执政不那么成功，部分选民会转向更左侧、更激进的左翼党，大联合政府使得社民党陷入了一种战略困境。[1]

在第一次大联合政府执政时，社民党有机会引导德国度过金融危机，并允许该党实施多个最看好的项目，比如引入全国最低工资等。但选民往往把大联合政府 2005～2009 年不错的执政业绩归功于默克尔的联盟党。2017 年大选过后，社民党思考自身为什么并没有达到预期的成功，66% 的选民认为，社会民主党与默克尔领导的联盟党的距离不够远，缺乏明确的立场和旗帜；将近 60% 的选民认为，作为德国总理的候选人，舒尔茨还不能令人信服。最重要的是，社民党在口头上承认公平为首要价值目标，但在现实中不得不推进以效率为第一价值的经济与社会模式。它无法仅仅依靠"社会公平"这一诉求就独树一帜，在新经济时代背景下，确保社民党立足的制度和价值体系正在逐渐被侵蚀和瓦解，社民党没有其他选择余地，只好踏上了一

① 高奇琦：《德国社会民主党选举困境与左翼政治生态格局》，《中国社会科学报》2014 年 8 月 27 日。

条不断向联盟党妥协的道路。① 因而，民众无法知道社民党真正代表的是什么，这意味着他们并不认为社民党能作为执政党而独当一面。②

2008 年金融危机后，德国经济发展虽一枝独秀，但仍面临着贫富差距进一步拉大的社会现实。社民党的政策定位进一步向左转，2017 年竞选口号是"更多公正的时代"，却没有提出实质性的解决方案，也缺乏有别于默克尔的声音和想法。大选后虽然社民党最初的立场是不参与大联合政府，希望从头再来。但随着联盟党寻求与绿党、自由民主党共同组阁的"牙买加模式"宣告失败，在维持国家稳定和避免重新选举洗牌的政治压力下，社民党依旧选择了加入大联合政府。这一选择为社民党日后的命运带来了更多的不确定性。

一个政党执政时间越长，无论是单独执政还是联合执政，在执政期间对自身加以革新和反省的能力就越重要。然而，当新的政策议程与本党此前安身立命的立场相冲突时，这种革新和反省就会带来潜在的政治风险。社民党命运的跌宕起伏带给我们的思考是，在当下政治语境中，作为一个传统的中左翼政党，如果既希望寻求改革与突破，又不失去自己鲜明的身份特征和长久以来的选民支持，这种改革之路行得通吗？

二 英国工党

从二战至今，工党一直就是英国政治体制中排名第二，也是最主要的政党之一。工党与保守党轮流执政，过去完全占据了政党体系，也形成了英国典型的两党制模式。当前，英国的政党体系中出现了一些新的小党，给英国的政治走向带来了深远的影响。但毫无疑问，战后 70 多年来，工党仍然是英国最主要的政党之一。

工党的主要优势是非常强大且不断增加的群众成员。工党成员包括非常热情的群众会员，不仅有很多年轻人，实际上涵括各个年龄段的人，且不论性别都青睐工党。此外工党成员中也包括本土的英国人和来自不同国家民族的其他人。工党也拥有一种力量，因为它一直愿意与"第三条道路"的政治

① 〔英〕斯图亚特·汤普森：《社会民主主义的困境：思想意识、治理与全球化》，贺和凤、朱艳圣译，重庆出版社，2008。
② http://www.tagesschau.de/multimedia/bilder/uvotealbum-933.html.

决裂，并表达对资本主义运作方式的批评。

（一）工党与工会的关系

工会是指基于共同利益而自发组织的社会团体。这个共同利益团体，诸如为同一雇主工作的员工或在某一产业领域的个人，可以通过集体与雇主谈判工资、工作时限和工作条件等。工会最常见的共同目标是"保持或改善雇佣待遇"，[①] 包含工资谈判、劳动制度、申诉流程、雇佣标准、解雇或晋升、福利、安全保障和政策。工会可能包含工人个体、专业人士、退休职工、学生、学徒或无业职工。

工会最早起源于欧洲，在工业革命后逐渐流行于世界各地。各国工会盛行程度可以通过"工会密度"来测量。工会密度的定义是"工会成员在得到工资的工人中的占比"。[②]

在英国，19 世纪中叶温和的新模式工会主导了工会运动，相比政治上的工人运动，工会活动更加频繁，直到 20 世纪初工党成立壮大后才有所改变。工会在 1960 年代到 1970 年代曾造成经济危机，当国家公共部门的工人举行大罢工时，引发了 1978 年末和 1979 年初"不满的冬天"。此时，有 1200 万名英国工人是工会成员。然而，1979 年 5 月当玛格丽特·撒切尔领导的保守党上台后，迫使工会改革，罢工率下降。英国工会人数也在 1980 年代锐减，这种工会人员减少的趋势一直持续到 1990 年代。钢铁、煤矿、印刷、码头等许多传统工业的衰退，是导致工会成员流失的主要原因。[③]伦敦经济学院的理查德·海曼（Richard Hyman）教授指出，成为工会成员已不再是社会规范，新一代人已经成长起来，不仅他们不是工会成员，他们的父母也不是工会成员。艰难的经济环境以及计件工作谈判（鼓励罢工）的减少都促成了这种下降。虽然工会获得了一些认可权和最低工资，但托尼·布莱尔的工党已经明确表示，工会在 1980 年之前享有的法律豁免权将无法恢复。

2011 年，英国劳工联合会有 6135126 名成员，与 1980 年巅峰时期的

---

① Sidney Webb, Beatrice Webb, *History of Trade Unionism*, London: Longmans and Co. 1920.

② Susan Johnson, An Empirical Examination of Union Density in Six Countries: Canada, Ecuador, Mexico, Nicaragua, the United States and Venezuela, https://web. archive. org/web/20150724074405; http://www. iadb. org/res/publications/pubfiles/pubR-487. pdf.

③ Steve Schifferes, The Trade Unions' Long Decline, http://news. bbc. co. uk/2/hi/business/3526917. stm.

12172508 名成员相比下滑了近一半。工会在私营部门的密度为 14.1%，在公共部门的密度为 56.5%。①

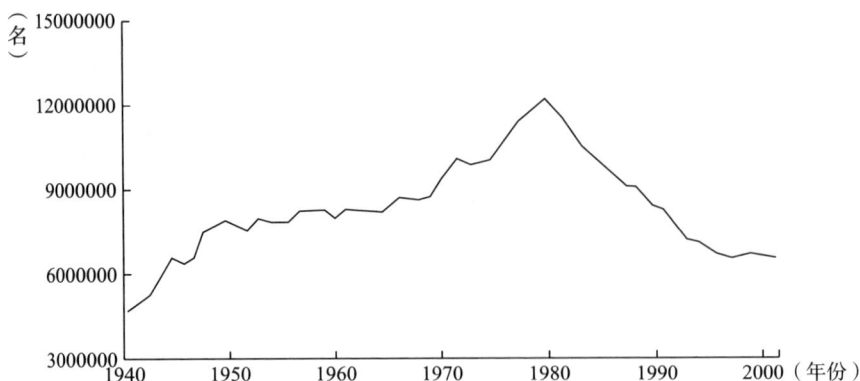

图 5.10　1940～2002 年英国工会成员人数变化
资料来源：http://news.bbc.co.uk/2/hi/business/3526917.stm。

（二）工党公有制理念的变迁

公有制是社会主义意识形态的主要内容。英国工党系英国政坛左翼政党的主要代表，辨析工党对公有制态度的发展演变历程，有助于认识工党意识形态的变迁和在英国政党谱系中的迁移。② 工党对公有制的态度，历经从拒绝到拥抱，再到摒弃，以至目前重新回归公有制，这样一个一波三折的过程。

1900 年工党创建之初，与欧洲大陆劳工政党普遍接受公有制不同，由于具有主导权的工会深受英国传统私有观念和保守主义的影响，成立大会否决了追求生产资料公有制的提案，明确劳工代表委员会的任务仅是促使更多同情劳工目标和要求的人当选为议会议员，以便更好地保护劳工利益。此后劳工代表委员会虽然改名为工党，实力明显增强，并建立独立的议会党团，但有关生产资料公有制的提案却不断遭到拒绝。

一战爆发后，工会和劳工战时集体主义的体验改变了对公有制排斥的态度，推动了工党对公有制的接受。战争结束后，1918 年工党新党章第四条明

---

① United Kingdom：Industrial relations profile 15 April，https://web.archive.org/web/20131203054931；http://www.eurofound.europa.eu/eiro/country/united.kingdom3.htm.
② 李华泽：《英国工党对公有制态度的百年嬗变》，《中国社会科学报》2019 年 1 月 31 日。

确规定，把实现生产资料公有制基础上的最公平分配作为党的目标，进而在新党纲中表示要尽最大努力争取上台执政，埋葬私有制，建立一种新的社会制度。工党党章公有制条款的通过和上台执政目标的确立，标志着工党超越原有的劳工主义诉求，成为一个旗帜鲜明的民主社会主义政党。

二战结束后，工党以绝对的优势上台执政，艾德礼政府开始把党章确立的公有制目标付诸实践，对关系国计民生的工业和服务业进行社会主义色彩的国有化改造，以期达到提高经济效益和实现工业民主的双重目标。1945～1951 年，工党在六年的执政时间里，通过议会立法、建立机构、接管企业等程序，先后完成对银行、民航、煤炭、运输、通信、电力、煤气和钢铁八大行业的国有化改造。但由于缺乏经验，对问题估计不足，国有化改造成效并不理想，与同期进行的福利国家建设相差甚远，最终使得工党下野。

1950 年代，工党大选失利加之英国社会的急剧变化，都使党内对公有制的认识产生分歧，作为社会主义标志的公有制不断受到质疑。时任工党领袖盖茨克尔认为，社会主义的目标是社会平等、充分就业和工业民主，公有制和国有化并不是社会主义的目标，而是实现这些社会主义目标可选择的一种手段，进而提出摒弃国有化、修改党章公有制条款的动议。虽然在党内的强烈反对浪潮中，盖茨克尔放弃了对修改党章公有制条款进行投票，但公有制作为工党社会主义意识形态标志的地位开始动摇。[①]

1960 年代，工党领袖威尔逊提出"以社会主义来充实科学，以科学来充实社会主义"的"科学革命"新主张，回避提及公有制。

1979 年撒切尔的保守党执政后，工党对私有制展开猛烈批评，并制定了最左的纲领，而且从多个角度强调实行公有制的重要性，以及工党追求公有制的坚定性。

1990 年代，工党领袖布莱尔提出"第三条道路"，指出民主公正、自由平等、团结互助、国际主义等是民主社会主义的价值观和身份特征；公有制并不是工党的目标和身份特征，只是实现民主社会主义价值观的一种手段。1995 年，工党废除了党章第四条原有的公有制追求，至此工党完全放弃了国有化政策。

---

① 李华泽：《英国工党对公有制态度的百年嬗变》，《中国社会科学报》2019 年 1 月 31 日。

（三）科尔宾主义：科尔宾领导下的工党民粹化

2015年，来自激进左派力量的杰里米·科尔宾在草根党员的支持下，当选为新的工党领袖。科尔宾仰慕已故的委内瑞拉总统乌戈·查韦斯（Hugo Chávez），认为俄罗斯"入侵"乌克兰是合理的。科尔宾主义号召用货币融资解决财政赤字（被称为"人民的量化宽松"）、从铁路开始的产业国有化以及结束竞争和私人提供公共服务。

科尔宾是工党党内的长期反对派，40余年如一日"反战、反对君主立宪制，主张国有化、主张社会主义"。科尔宾和两三个"坚定的社会主义者"多年来一直在工党党内反对前首相布莱尔和布朗推行的更加贴近中间路线的"新工党"政策。被誉为左派老将的科尔宾在党魁竞选途中出人意料地激发了工党草根支持者的热情。反紧缩、反资本主义、反战的激情演说，使他成为民调领先者。

科尔宾领导下的工党试图在后金融危机、新工党和英国"脱欧"公投后的世界中找到前进的方向。工党提出在金融、铁路、教育、能源等多个领域重新国有化，以及把公用事业重新纳入公有制的主张，从而给民众提供更好的公共服务。科尔宾的主张虽然遭到党内右翼的强烈反对，乃至遭到党内的弹劾，但受到英国部分民众和普通党员的认可。工党的草根成员始终是科尔宾的支持者。科尔宾和他的支持者也在努力寻求将草根成员关注的立场合法化。

2017年，工党推出了《为了大多数人的利益》的新宣言，其中展现了完全不同的视野：更加公平的社会、对不平等现象的遏制、更有分配效率的税收制度、社会保障体系的集中化、更充足的公共服务拨款、铁路和自来水公司国有化以及以人为本的城市管理，等等。这份宣言的标题直接体现了上述内容的核心意涵——"为了大多数人的利益"。左翼学者马丁·雅克（Martin Jacques）认为，新宣言也可以换一种说法，即《新自由主义终结之后的时代》。虽然上述内容还不能完全覆盖"为了大多数人"这一宏大主题，但这的确是迈向问题解决的第一步。①

英国学者杰克·沃茨（Jack Watts）和蒂姆·贝尔（Tim Bale）撰文指出，科尔宾主义作为一种高度个人化的政治现象，依靠工党内部的草根成

---

① https://www.guancha.cn/MaDing-YaKe/2017_07_07_416914_s.shtml.

员，即科尔宾所谓的"人民"来反对工党内部的温和派。科尔宾治下的工党，政治倾向在向左转的同时，内部出现了分裂以及高度民粹化的倾向。这也从另一个角度表明，民粹主义话语已经深深嵌入英国和欧洲国家的政治生活之中。①

2008～2009 年的金融危机让选民对"贪婪的财阀及其政界和媒体界走狗"愤怒不已。诺贝尔奖经济学奖获得者保罗·克鲁格曼（Paul Krugman）和沃尔夫冈·穆乔（Wolfgang Munchau）强调，欧洲的温和左派因为时刻准备接受德国及其正统派盟友所要求的极度紧缩而失去了民众支持。②

2019 年 12 月 12 日，受"脱欧"公投的影响，英国被迫提前举行大选，工党在 12 日议会下院的选举中惨败，赢得 203 个议席，比先前少 59 席，工党议员获得总选票数的 32.2%，比上一次选举降低了 7.8 个百分点。这是自 1935 年以来，工党在议会选举中表现最糟的一次。原因在于"脱欧"困扰了英国人近三年，但工党在"脱欧"议题上态度暧昧不明，只提出当成功执政后会再度提出公投，将焦点主力放在左倾的社会经济与民生政策上。杰里米·科尔宾之后表示不会再领导下一次大选，并随后宣布辞去工党领袖一职。

前首相布莱尔说，工党的败选，杰里米·科尔宾难辞其咎，工党必须作出改变，否则可能再也无法赢得选举。他痛批科尔宾化身为极左派政治意见的代表，认为在极左派的掌控下，工党变成一个抗议组织，"完全没有能力组成一个可信任的政府"，工党的主张不是施政纲领，而是对现有体系"愤怒的控诉"，对历来支持工党的选民"现在不会，以后也不会有吸引力"。工党在英格兰中部和北部地区的传统"票仓"，因支持"脱欧"大多倒向保守党。科尔宾在工党内的拥趸则指责布莱尔让工党向右转，是对工人阶层的背叛。③ 工党在选举政治中的命运起伏，折射出左翼与激进左翼在英国政治中所面临的两难困境。

---

① Jack Watts and Tim Bale，Populism As An Intra-party Phenomenon：The British Labour Party under Jeremy Corbyn，*The British Journal of Politics and International Relations*，21（1），2019.

② https://www.project-syndicate.org/commentary/corbyn-populist-backlash-progressive-alternative-by-andres-velasco‐2015‐09/chinese.

③ 郭倩：《英国工党选举惨败丢掉传统票仓，布莱尔猛批科尔宾》，新华网，2019 年 12 月 20 日。

三 南欧：意大利民主党

目前，意大利最大的中左翼政党是成立于 2007 年 10 月的意大利民主党（Partito Democratico），该党曾是意大利政坛的主要执政党之一。意大利民主党前身为意大利人民党（意大利天主教民主党）和意大利共产党（1991 年 2 月改名为"意大利左翼民主党"）。2007 年 10 月，左翼民主党与雏菊联盟及多个中左翼政党合并，组建了"意大利民主党"。其现任总书记为马泰奥·伦齐（Matteo Renzi）。

意大利民主党领导的中左翼联盟在 2006~2008 年及 2013~2018 年执政，领导中间偏左的联合政府。

（一）意大利民主党的意识形态纲领与支持者

意大利民主党由来自不同政治历史背景、不同立场、不同偏好的成员和领导人组成，他们必须努力协调才能达成一个共同接受的目标。意大利所有政党的纲领都有三个主要特点。首先，它们相当全面地涵盖了所有可能的问题。其次，纲领内容冗长、含糊不清，很少指出党的解决办法和优先事项。最后，没有考虑开支和储蓄、投资和回报等问题。一般来说，民主党并不例外，尽管该党有一些自己的优先事项。

意大利民主党的纲领将自己置于一个广泛的欧洲联盟框架内，立场则是：第一，希望与失业作斗争。第二，保护福利国家。在不影响福利国家根基的情况下，同时对福利体系制度进行一些改革。第三，主张对逃税行为采取强有力的行动。

意大利民主党以往的纲领中并没有凸显移民和教育这两个议题。但是，2012 年 7 月底提交的文件将成为 2013 年法律选举的平台，民主党已决定强调教育的重要性。其一方面是为了扩大就业机会，另一方面是为了创造一个更美好的社会。最后，民主党认识到了"可持续发展"的重要性。

值得注意的是，在两个极其重要的层面上，民主党国民议会成员间的意见分歧很大。41.7% 的成员有亲市场偏好，而 58.3% 的成员有亲劳工倾向。当谈到对宗教和伦理问题的态度时，41.2% 的民主党人支持所谓的反生命立场，而 58.8% 的人则相反。从这些对比数字中可以想象民主党在形成共同立场和制定可接受政策方面所面临的困难。在减税与市场分配方面，民主党认为：第一，不应该以牺牲福利国家为代价而减税；第二，一个公正的社会将不是市场分配的产物，而是符合民主政治决定的产物。意大利民主党的这一立场显然与传统的社会民主党立场相近。

从社会学角度来看，哪些人支持意大利民主党呢？从 2009 年领导人选举情况来看，意大利民主党的支持者中包括已退休人员，教师，工匠、专业人员，学生，管理者、经商人士，蓝领工人，家庭主妇以及失业者，还有比例较少的暂时就业者和其他人士。

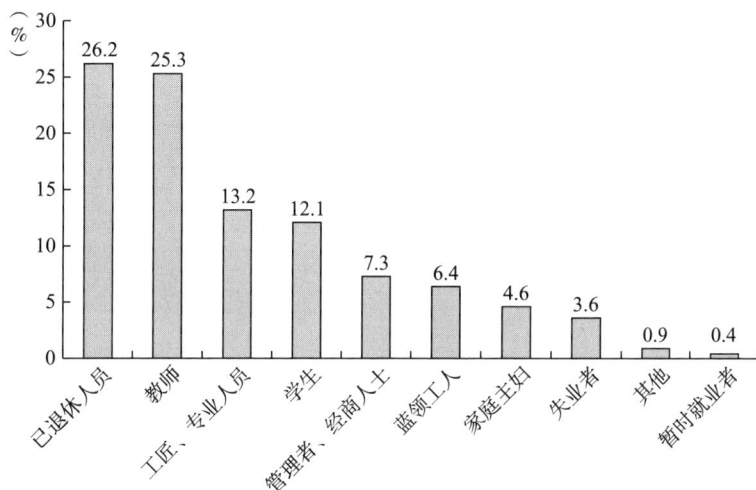

图 5.11　2009 年意大利民主党支持者的社会学人口统计

资料来源：Candidate and leader Selection，http：//www. candidataandleaderselection. eu。

（二）伦齐的修宪公投

由于意大利各政治联盟需要在参众两院取得多数才能组阁，在 2006 年实施的名单比例代表制①下，获得多数票的联盟可自动取得众议院 54% 的议席（340 席），参议院则分区实行比例代表制，选区获胜的政党联盟可取得

_____

① 又称"政党名单比例代表制（party-list proportional representation）"，是比例代表制的一种投票制度。由政党提出候选人名单供选民圈选，依其政党得票及当选人数来分配席次。该选举制度的优点在于得票率低的小党也可获得席次；缺点则易造成议会小党林立，且投票对象是政党，选民无法罢免当选人，需要该党把当选人的党籍去除才能将其解职。名单比例代表制容易导致议事效能不彰，在内阁制国家，政党太多会产生不稳定政府，内阁经常改组则容易形成政治僵局。此外，名单比例代表制使无党籍的候选人难以通过独立方式进入议会。

该区 55% 的议席，这导致各大政治联盟都无法在意大利参议院占有 158 席的过半多数，因此将产生少数派政府或再次进行国会选举。2013 年的大选中，民主党党魁皮埃尔·路易吉·贝尔萨尼领导的中左翼联盟凭借名单比例代表制在众议院获得多数席位，击败了贝卢斯科尼领导的中右翼联盟，而紧跟其后的则是新崛起的"五星运动"。

2008 年之后，欧债危机的影响日趋加深，时任总理贝卢斯科尼因失去国会众议院多数支持，于 2011 年 11 月宣布辞职。之后总统乔治·纳波利诺任命经济学家马利奥·蒙蒂为终身参议员，并授权其担任总理，组建无党派技术官僚的新内阁，以获得执政的自由人民党和在野党的大多数支持（"北方联盟"除外）。蒙蒂随之推行大规模的改革，实行紧缩政策，增加税收并削减开支。这一改革举措获得欧盟的支持和称赞，但在国内却引发了不少争议和反对，加上蒙蒂领导的政府仍受贝卢斯科尼支配，这种改革作用十分有限。

2012 年 12 月，贝卢斯科尼领导的自由人民党正式宣布不再支持蒙蒂政府，随后蒙蒂宣布辞职，并决定提前解散国会，在 2013 年 2 月 24～25 日进行大选。2013 年的选举结果是没有一个政党联盟取得超过半数席位，因而需要筹组联合政府。

中左翼联盟原本拒绝与中右翼联盟组建联合政府，唯在"五星运动"回绝建议后，加上 2013 年意大利总统选举导致联盟分裂，才最终同意组建联合政府。民主党副书记恩里科·莱塔成为意大利新总理，他是意大利 25 年来最年轻的总理。贝卢斯科尼则在幕后左右大局。但贝卢斯科尼在 2013 年 11 月另组意大利力量党并退出大联合政府，部分中间偏右的联盟成员选择留在联合政府，确保民主党领导的联合政府能在国会两院继续掌握多数席次，形成由民主党领导的联合政府，进而执政至 2018 年 5 月。

在意大利频繁组阁的过程中可以观察到，贝卢斯科尼领导的极右翼团体一直能够左右意大利政坛，在某种程度上这也是 2016 年民主党总理伦齐发起"修宪"公投的原因之一。

目前，意大利议会众议院和参议院的立法权相同，所有立法都要经两院批准，这就出现立法法案在两院之间来回"踢皮球"，长期通不过的现象。自 1945 年至今，意大利已先后有 60 多届政府上台执政。频繁的政府更迭导致意大利政令不畅，立法难以通过，经济发展停滞不前。因此近年来，先后有多位意大利政界人士呼吁对现行政治制度进行改革。①

实际上，《修宪改革法案》已于 2016 年 4 月在议会两院通过，但赞成票没有达到法案能够实施的三分之二多数。意大利宪法规定，修宪法案如果没有获得三分之二多数票赞成，则必须由全民公投来决定。因此，要推动这项改革，总理伦齐别无选择。

实际上，对于民主党人来说，尝试修宪并不是第一次。从 1978 年开始，当社会党书记克拉西以倡导大改革的方式对宪法提出挑战时，其他政党立即以一种消极的方式作出了回应。在 2006 年 6 月举行的公民投票中，修宪公投以失败而告终。天主教民主党和共产党都是意大利宪法的坚定捍卫者，对于共产党人来说，他们积极参与起草宪法不仅是政治自豪感的表现，也是自身民主合法性的最重要凭证。在实践中，意大利宪法和《比例选举法》一直被共产党人确认为进行政治斗争的最佳框架。可想而知，由天主教民主党和共产党改组而成的意大利民主党，即使在其内部，对修宪公投也存有许多不同的声音。

伦齐针对此次修宪改革提出的核心内容是对现有的议会两院制进行改革。改革后，立法基本上由众议院审批，参议院的作用将大大减弱。伦齐宣称，此次修宪旨在通过给议会"瘦身"和把权力收归中央，从而达到削减参议院权力、提高立法效率、加快立法进程、加快推进改革和提振国内经济的目的。②

支持修宪改革的意大利经济学家朱塞佩·萨科认为，意大利政坛的问题积重难返，不改不行。这次修宪公投的目的就是要通过对宪法的一系列改革，使政府的运作更加稳定和有效率。反对派则认为，这只是伦齐想把权力抓到自己手中，进而打击异己的借口。因此，修宪公投想要推动的改革面临强大的阻力，删减参议院席位更是一着险棋，因为这将直接触动诸多意大利政客的"奶酪"。结果并不意外，修宪公投遭到了强烈抵制。包括前总理贝卢斯科尼领导的意大利力量党和极右翼的"北方联盟"在内的在野党都坚决反对修宪，而鼓吹脱欧的"五星运动"等右翼政党，更是指责伦齐此举将引发意大利政治民主的倒退，从而将此次修宪公投引向"民主"与"反民主"的论战。③

① 《热点问答：意大利为何要举行修宪公投》，新华社，2016 年 12 月 2 日。
② 《热点问答：意大利为何要举行修宪公投》，新华社，2016 年 12 月 2 日。
③ 《热点问答：意大利为何要举行修宪公投》，新华社，2016 年 12 月 2 日。

修宪公投失败后,伦齐立即于 12 月 5 日下午向总统马塔雷拉递交辞呈。有分析认为,修宪公投失败在很大程度上说明民众对中左翼政府不满,给了右翼和极右翼政党可乘之机。欧盟舆论担心,异军突起的反欧政党"五星运动"可能坐收渔利,该党宣称将推动举行意大利"脱欧"公投。欧洲舆论分析认为,英国之所以能够通过公投成功"脱欧",意大利之所以能够通过公投对修宪说"不",一个重要的原因是,欧洲民众对现状极端不满,而且极右民粹主义不断抬头。在债务危机、恐怖威胁和难民危机等多重挑战和压力之下,极右翼和反全球化思潮正在欧洲大陆肆意蔓延,从欧盟及其成员国在贸易和投资政策上日趋倾向保护主义已可见一斑。

(三) 2018 年意大利大选民主党失败

2018 年 3 月,意大利大选的胜出者是贝卢斯科尼领导的中右翼联盟,它们的得票率为 32.2%,超过意大利民主党得票率(18.9%)很多,同时还有马泰奥·萨尔维尼领导的极右翼的"北方联盟",该党的得票率是 17.7%。2014 年时,伦齐获得了超过 40% 的支持,承诺重振意大利的经济。成千上万的意大利人相信他,寄希望于他能将意大利带回昔日的辉煌时光。但是伦齐没有兑现竞选承诺:在他的任期内,意大利的经济虽略有改善,但几乎没有人能感觉到有什么改变。在短短不到四年的时间里,成千上万的意大利人汇入民粹主义党派的队伍中。从这个角度看,并不完全是极右翼力量的上升导致左翼力量的削减,恰是传统左翼的失败直接使得极右翼力量强劲上扬。目前,意大利民主党失去了中间和年老的受过教育的选民。从 2009 年起,意大利民主党的成员人数只有 40 万人。

意大利大选后,两位右翼民粹主义者联合执掌了权力。在诸多议题方面,如移民、财政预算等,意大利政府与欧盟的摩擦屡屡增多。在所有欧盟成员国中,意大利对欧盟的支持是最低的,有 61% 的意大利人认为欧盟没有听到自己的声音,这一数值是其他国家的两倍。

四 北欧:瑞典社会民主工人党

瑞典社会民主工人党(Sveriges socialdemokratiska arbetareparti,简称"瑞典社民党"),是 20 世纪最成功的政党之一。它将改良主义与实用主义相结合,创建了"从摇篮到坟墓"的福利国家体系,成为极有标榜作用的北欧模式。然而，在 21 世纪初期，该党也像其他中左翼政党那样，没能避免选举人数的下降和政治影响力的减弱。本节将从该党的历史沿革出发，考察其发展及与其他政党的关系和意识形态定位，从而评估该党走出当前危机的能力。[①]

（一）瑞典社会民主工人党的历史

瑞典社民党的创立可以追溯到 1881 年，当时奥古斯特·帕尔姆（August Palm）在马尔默的一家酒店发表了第一次社会主义演讲。这个新政党由工会、俱乐部和组织构成。此外，它还是第一个在议会之外运作的现代政党，九年后，瑞典社民党的分支机构"工会"成立了全国性的工会联盟，这一切都是在迅速变化的社会和经济环境中发生的。

1930 年代，瑞典出现了社会民主党的一种新模式。1920 年，瑞典社民党确立了第一次联合政府，作为农民的联合，它们为小规模的农业群体寻求利益保护。1932 年之后，在接下来的 60 年，瑞典社民党几乎持续参与政权，发动了一系列改革，推动社会公平。与欧洲其他社会党相比，它有一个克里斯玛型的领袖，将瑞典社民党的纲领策略在竞选中推销出去。到了佩尔·阿尔宾·汉松（Per Albin Hansson）[②] 担任党主席时，该党已拥有了重要的理论家，逐渐确立了在瑞典人民家园的基础上把瑞典建设成为一个更加公平、更加公正的社会。20 世纪初，瑞典从一个基本的农业社会迅速发展，转变为一个工业国家。在瑞典从农业社会向工业社会转型的过程中，瑞典社民党帮助国家确保了经济增长，并通过增长扩大了国家福利。与此同时，挪威和丹麦的社会民主党也开始了改革，从 1930 年代到 1980 年代，它们致力于把社会民主主义从德国模式转换为斯堪的纳维亚模式，或者说是北欧模式。[③]

瑞典政府的演变及其在过去几个世纪中所表现出来的特性，使社会民主党意识到有必要把瑞典政府视为一个潜在的盟友，而不是将其当作一个彻头彻尾的对手。正统的马克思主义和社会主义理论受到了党的领导层的挑战，

---

① Jean-Michel De Waele, Fabien Escalona（eds.）, *The Palgrave Handbook of Social Democracy in the European Union*, Palgrave Macmillan, 2013.

② 瑞典政治家，从 1925 年起任瑞典社民党主席，并在 1932~1946 年 4 次担任瑞典首相，领导国家摆脱了 1930 年代初的经济萧条，倡导为重大的社会福利立法。二战期间，瑞典保持中立政策，他主持了一个联合政府，包括瑞典国会所有主要政党在内。

③ Henning Meyer Jonathan Rutherford（ed.）, *The Future of European Social Emocracy Building the Good Society*, Palgrave Macmillan, 2012, p. 3.

他们认为社会民主主义应该集中精力于通过议会手段获得政治权力，从而实施自己的计划。在这一思想指导下，瑞典的社会民主主义逐渐发展出一种独特的社会主义概念，这种概念将通过图书馆、教育协会和举行教育活动等获得真正的大众吸引力。1917 年，瑞典社民党与自由党联合执政是该党热衷于改革的证明。"修正的社会主义原则"后来成为该党的正式理念。

1970 年代，瑞典社民党在竞选活动中第一次提出"增进平等"。1975 年，社民党代表大会宣布，社民党的永恒追求就是实现更多平等和更少的不公正，经济民主已经到了可以完成政治民主和社会民主的时候，党的永恒追求可以实现了。但随着时间的推移，1970 年代的石油危机对经济造成了沉重打击，经济增长停滞，失业率开始上升。1971 年，瑞典的失业率达到了3%。早在 1930 年代，瑞典社民党在经济方面的信誉就已受到质疑。到了1973 年，民意调查显示该党在处理危机上失去了优势，自此之后，该党强调增进平等的必要性逐渐被更加模糊的政治口号所取代。①

（二）与其他各政党的关系

随着各政党内部意识形态的变化，以及瑞典社民党的选举和政治命运，它与左翼政党的关系也随时间而发生了相应的改变。在 20 世纪的大部分时间里，瑞典社民党视自己为工人阶级政党，因而与左翼政党的对立关系是不可避免的。在冷战的背景下，瑞典社民党在政治舞台上确立了自己的地位，并通过与共产主义拉开距离，将所有形式的共产主义带来的影响不断边缘化等方式获得了更多的国际支持。社民党在这方面的努力是成功的，其能够轻松控制政治光谱中的左翼党派。

冷战正式结束后，瑞典共产党与社民党之间才真正克服了相互猜疑，并一起为制定共同进步的政治议程而努力。在此过程中，左翼政党经历了一场快速的转型：到 1990 年代中期，它放弃了自己坚持的所有共产主义意识形态，将自身重新定义为一个认同传统社会民主政策的现代左翼政党。同一时期，瑞典社民党推行紧缩政策，使得支持率有所下降。

瑞典社民党推行紧缩政策，迫使传统成员和工会成员与之疏远。其中许多人转向了左翼党的怀抱。左翼党在 1998 年选举中的受欢迎程度创下了历

---

① Asard and Bennett, *Democracy and the Marketplace of Ideas: Communication and Government in Sweden and the United States*, Cambridge University Press, 1997, p. 106.

史纪录。部分原因是富于个人魅力的领导人古德伦·施曼（Gudrun Schy-man，1993 年至 2003 年 1 月担任瑞典左翼党的领导人）以公共服务和全民福利等典型的社会民主主义主题参加竞选，因而成功吸引了原属于社民党的忠实党员。

但是古德伦·施曼的继任者拉尔斯·奥利（Lars Ohly）一直未能保持该党的上升势头。这在一定程度上也是因为社民党改变了其自由主义的经济议程。到 2000 年代，两党关系已经非常密切，足以与绿党一起组成红绿联盟，取代中间偏右的"瑞典联盟"。中左翼联盟要想正式确立，左翼党和绿党都必须放弃反对瑞典加入欧盟的立场，这是一个没有商量余地的先决条件。

历史上，温和党（Moderate Party）一直是社民党的主要对手，而中间党（Center Party）与其合作，在 1950 年代曾一同组成过联合政府，直到 2002 年双方还被视为可能的联盟伙伴。瑞典社民党在选举中的传统强势地位表明中间党和自由党都采取了温和的政策立场，与社民党的政策相一致。然而，中右翼政党"瑞典联盟"在 2004 年的成立，意味着这些政党以及基督教民主党和温和党现在组成了一个稳固的中右翼集团。它们连续在两届选举中获胜的事实，也使社民党不得不与左翼党和绿党进行合作。

（三）瑞典社会民主工人党的意识形态

1. 社会经济议题

2001 年，瑞典社民党在瓦斯特拉斯（Västerås）通过了政党纲领。今天，其面临的主要任务是建立一个团结、开放及所有公民都能参与的知识型社会。这不禁让人们联想到了欧盟 2000 年的《里斯本议程》（Lisbon Agenda），当时确实是因社民党政府在欧盟中占主导地位，因而选择将《里斯本议程》作为欧盟政治议程的一部分。

社民党试图将福利改革与保持平等作为社会民主核心价值的努力方向，致力于将两者相结合。为此，它强调教育和培训的重要性，以便建立一支高素质的劳动力队伍，能够有信心对全球化加以利用，从而应对迅速变化的工作环境。社民党还认为，成人和儿童都应该能够利用物质和技术基础设施来提高自己的技能，并充分发挥自身的潜力。

在整个 1990 年代，面对所有重要的变化与挑战，社民党采用了自己的政策程序和减税等政策工具来刺激需求，几乎没有迹象表明社民党的观念会发生大的转变。该党认为经济增长的先决条件是对再分配政策进行改革，以及承诺提供社会服务。事实上有证据表明，在 1980 年代"第三条道路"计划宣布后，社民党向中间路线靠拢，这意味着他们更接近选民的意识形态。①

此外，虽然 1990 年的税制改革降低了其先进性，但在 2006 年以前，整体税制水平一直相当稳定。在 1998～2002 年的议会期间，社民党寻求巩固其在瑞典政治体系中的核心地位，并重新赢得选民的信任。其以维护和扩大福利国家为竞选基础，2002 年时得票率升高到 39.9%，并在左翼党和绿党的支持下继续执政。在 2006 年的选举中，社民党的主要目标是实现充分就业，它还呼吁将公共研究经费增加到国民生产总值的 1%，并降低免费牙科保健的费用直到 24 岁。2010 年的选举宣言也遵循了类似的路线，社民党与绿党和左翼政党一起强调"传统的社会民主价值观"，比如更好的福利支持和平衡公共财政以保持竞争力。②

2. 文化问题

2001 年瑞典社民党的纲领包含着对文化的理解。该党认为文化包含许多维度，不能相互对立。文化给人们提供了超越自身现实的机会，但它绝不能凌驾于日常生活之上。文化的价值不应由有限的精英群体来定义，而是应该让每个人都参与到文化生活的核心中——给人们机会释放自己思想的力量，这些都是民主的核心要义，当对商业媒体和信息流动的控制越来越多时，可能会导致一致性和理性的局限。③

社民党呼吁对文化中心、图书馆和博物馆提供公共补贴，以培养公众精神，并提供广泛的文化活动和服务。此外，社民党认为文化具有非常实际的作用，它将人们联系在一起，为他们提供必要的社区意识，但这种意识在现代个人主义泛滥的压力下已经逐渐衰退。

瑞典社民党欢迎自由主义，接受现代瑞典的多元性，并促进少数民族在丰富瑞典文化和社会生活方面作出积极的贡献。因此，该党认为文化可以帮助移民更好地融入瑞典人的生活，而不必强迫他们放弃自己的文化。文化提供生活品质，是将出生于不同年代、不同国家的人凝聚在一起的黏合剂。文

---

① A. Widfeldt, *Linking Parties With People? Party Membership in Sweden 1960 - 1994*, Ashgate, 1999, p. 314.

② J. -M. De Waele et al. (eds.), *The Palgrave Handbook of Social Democracy in the European Union*, Palgrave Macmillan, 2013, p. 347.

③ http://www.socialdemokraterna.se/upload/Internationellt/Other%20Languages/party_program_english.pdf.

化具有将人们聚集在当地社区的力量，在这方面是区域发展和增长的一个重要因素。文化机构和文化生活必须反映当今瑞典的文化多样性，同时瑞典的历史、文化遗产也必须得到重视，这包括促进和支持少数民族保留和发展自己的语言和文化的机会。①

3. 如何对待欧盟

1961 年，瑞典社民党第一次表达了对欧洲一体化的立场，时任党主席、瑞典首相塔格·埃兰德（Tage Erlander）断言瑞典的中立政策及其社会经济发展模式与成为欧盟的成员国身份是不相符的。1990 年末，社民党政府出人意料地宣布，尽管该党在这个问题上存有分歧，但仍决定加入欧盟。②

事实上，随着 1980 年代欧洲一体化进程的加快，旧的瑞典模式变得愈发难以维持。历史上，它依赖于强大的工会和企业之间的集体谈判、平等的工资结构和促进增长的战略，所有这些都是在国家这一层级的治理单元加以构想和展开实践的。欧洲的单一市场计划以及所有外向型经济体的国际化，使加入欧盟这一选择对瑞典颇具吸引力，它为企业提供了强大的资源和机会，可以用来退出国内市场，提高欧洲市场的利润。然而，通往成员资格的道路并不平坦。社民党承受着来自左翼党和绿党的巨大压力，要求就是否加入欧盟举行全民公投。当时，左翼党和绿党都对欧洲深表怀疑，尽管近年来它们的立场发生了很大变化。事实上，在欧洲问题上采取温和立场是与这些政党合作的一个重要先决条件，并成为自 2007 年以来社民党与它们进行结构性合作谈判的一部分。

1990 年代初的经济危机成为影响欧盟成员国资格的决定性因素。中右翼政党、社民党、许多利益集团（尤其是商业界）和大多数主流媒体将欧盟描述为解决经济困难的方案，是推动经济结构调整的重要动力。

社民党的领导层把欧盟看作一种克服社会民主危机的途径，希望通过加强与欧盟的合作，在政治欧洲化进程的基础上制定新政策。该党的"现代化"派看到了一个向欧盟其他国家输出瑞典福利模式的机会，并强调继续保持非成员国身份有可能导致相关的利率和福利削减风险，这是非成员国身份

---

① http://www.socialdemokraterna.se/upload/Internationellt/Other%20Languages/party_program_english.pdf.

② Christine Ingebritsen, *The Nordic States and European Unity*, Cornell University Press, 1998, p.15.

带来的低增长。① 这种思维方式与当时的主流进步思想非常一致，认为加入
欧盟是在市场驱动的世界中保持一定政策影响力的必要选择。佩尔松在 1996
年的工会大会演讲中，将欧盟描述为控制和重新监管国际资本的理想政治
工具。

然而，由于"传统主义者"担心加入欧盟会对瑞典社会、环境和劳动力
市场政策产生不良影响，该党内部的反对声音也很大。1994 年的"欧洲议
会"特别会议暴露了该党内部支持和反对入欧的人士之间的巨大分歧。领导
层尽了最大努力来容纳强大的反欧盟派别，明确表示不会对持"反对"入欧
观点者实施制裁。全民投票是在争取最大限度支持的时候举行的。1990 年代
前几年的民意调查相当消极，"赞成"阵营仅以微弱多数（52.3%）通过了
瑞典加入欧盟的决议。② 值得注意的是，超过半数的瑞典社民党的同情者投
票反对加入欧盟，妇女、体力劳动者和一些党内知名人士也投了反对票。

2003 年，就是否加入欧洲货币联盟（EMU）进行全民公投，社民党人
之间也出现了分歧。在那次公投中，瑞典社民党承诺会遵守欧洲货币联盟义
务，社民党的大多数前排议员再次要求投赞成票，但大多数支持该党的人投
了反对票，大多数民众也投了反对票。2003 年公投的结果在一段时间内决定
了这个问题的命运，2009 年欧元区危机似乎证明了反对者是正确的，至少目
前是这样。

然而，如果认为瑞典和欧盟关系中只有怀疑，那就错了。历届政府，尤
其是社民党政府，与欧盟伙伴建立了强大的联系网络，比大多数其他国家更
遵守欧盟规则，尽管他们对亲欧盟的言论一直小心翼翼、保持沉默，以免造
成民意的反抗。

2004 年欧盟东扩，中东欧国家加入欧盟，这对瑞典和社民党来说尤其具
有挑战性，对中东欧公民在经济和政治上团结一致的必要性，必须与对"社
会倾销"和中东欧工人进入瑞典劳动力市场导致工资下降的普遍担忧相
平衡。

金融危机以来，对于瑞典社民党来说，处理一体化问题远非易事，欧洲
其他地方观察到的仇外倾向，在瑞典也明显上升。2010 年，极右翼的瑞典民

---

① Nicholas Aylott, Between Europe and Unity: The Case of the Swedish Social Democrats, *West European Politics*, 20, 1997.

② Sieglinde Gstöhl, *Reluctant Europeans: Sweden, Norway, and Switzerland in the Process of Integration*, Boulder: Lynne Rienner, 2002, p.194.

主党以 7.3% 的选票进入议会。而在 2018 年 9 月大选中，瑞典民主党得票率
上升为 17.6%，增加了超过 10 个百分点，一跃成为第三大党。并且由于中
左翼和中右翼两个阵营各自得票率均没有超过 50%，不能单独组阁，瑞典民
主党从而成为大选的"造王者"。大选之后的瑞典，历经四个多月才完成了
政府组阁。

（四）小结

　　瑞典社民党是西欧最成功的左翼政党之一。自 1932 年以来，该党已经
执掌政权 65 年，并在瑞典的政治和社会中留下了明显的印记。社民党为瑞
典的政治发展和社会经济水平的提高作出了持久的贡献。作为福利国家的早
期捍卫者，它利用一系列制度创建了一个更加公正的社会。毫不夸张地说，
中右翼温和派政党之所以能在 2006 年和 2010 年的选举中胜出，是因为它有
能力在就业和经济等一系列社会民主政策问题上表现出色。中右翼温和派政
党以一种能让人想起社民党的方式捍卫了公共福利，赖因费尔特首相认为，
他的政党现在已经变成了劳动党。

　　瑞典社民党最近见证了自身选举命运的衰落，它在瑞典政治中一直以来
占据的主导地位也不再是理所当然的了。这主要是由三个方面的因素导致
的。首先，中右翼分裂成小党派，往日形成稳固联盟的情况现在已不复存
在。温和派政党已经成为一个主要的、包罗万象的政党，是社民党的主要政
治对手。其次，中右翼和中左翼两大阵营的形成，意味着瑞典社民党不再是
组成联盟的核心政治力量，过去社民党经常选择与自由党和中间党结盟，但
现在这已然不可能，因为瑞典社民党的政治操纵空间被限制在中间偏左的伙
伴范围内。最后，2015 年，以反移民为诉求的瑞典民主党一跃成为议会中第
三大党，更加挤压了中左翼、中右翼政党联盟的政治空间。

　　除了国内政治发展，还有更多的结构性因素在起作用。同欧洲其他地方
一样，社会民主危机在瑞典留下了明显的印记。1990 年代，社民党进行了许
多与"第三条道路"理论相契合的政策实践，这掩盖了它与中右翼之间的政
策差异。管理主义和技术官僚的政治方法已经使昔日的支持者不断疏远。现
代社会的复杂性和多维性，使社民党与劳工运动曾经建立的紧密联系变得松
散，社民党抓住中间立场选民的能力也受到了打击，这不仅有利于它的中右
翼对手，即正在崛起的温和派政党，同时更有利于极右翼的瑞典民主党。

　　近年来领导层极不寻常的连续更迭，显示社民党在寻求新的政治方向时

所面临的巨大挑战。这不仅是组织现代化和以秘密和古老的方式选举领导人的根本性变革的问题，也是政策一致性，以及确立一个新的纲领定位的问题。以往社民党成功的模式在于：建立一个包括工人和中产阶级在内的新的进步多数，争取一个公正地分配生活机会和收入的社会，将这些与强劲的经济表现结合起来，以便符合现代经济生活的现实。但在全球化的今天，这一模式面临越来越多的挑战，它能否继续奏效，我们将拭目以待。

五　中东欧：匈牙利社会党

在匈牙利，政权更迭后左派的历史基本上就是匈牙利社会党的历史。1990~2010 年，只有匈牙利社会党（Magyar Szocialista Párt-MSZP）宣称自己是该国议会中社会民主价值观的追随者。社会党不仅成为匈牙利左翼最具统治力的政党，而且在现代匈牙利民主转型后的 20 年里成为选举最成功的政党。自 1990 年以来，社会主义者三次赢得选举，并在该国统治了 12 年。

匈牙利社会党成立于 1989 年 10 月 7 日，是前匈牙利社会主义工人党（MSZMP）的继承者。匈牙利社会主义工人党的改革者决定承担这种道德负担，并且没有打破与旧政权的所有联系，主要原因在于党的基础已嵌入整个社会中。然而，尽管存在法律上的连续性，但政治内容方面却发生了根本性的变化。匈牙利社会党接受了多元民主的框架，即"人道的资本主义"，作为新的经济和社会政策目标，并且宣称自己是西欧社会民主党大家庭的一分子。社会党旨在倡导员工的利益，减少社会不平等，并增强社会流动性。

匈牙利社会党自从第一次民主选举后，可以分为三个发展阶段。第一个阶段，1990~1994 年，匈牙利社会党是一个小的党派，与其他政党保持距离是这一阶段最重要的任务。第二个阶段，1994~2008 年，以社会党为主，包括其他左翼在内，成为匈牙利最成功的政党。在这 14 年间，社会党人依靠与自由党联盟，组建了自由民主联盟，进而三次组建联合政府。2008 年春，社会党与自由党的第三个阶段执政被打破，这一时期社会党缺少任何亲密的盟友，而且，正如在 2009 年欧洲议会选举与 2010 年大选中重大失败（2010年欧尔班领导的右翼民粹主义政党青民盟开始执掌政权）所表明的那样，社会党失去了大党的身份。对社会党的投票支持规模一直在缩小，减为 2007年的一半。所以，匈牙利社会党经历了从一个小党，转变为大党，然后又转变为一个中等规模政党的历程。与此同时，青民盟的领导人欧尔班开始了其第四个执政任期。极右翼政党与主流左翼政党的博弈，在匈牙利的政党政治格局变迁中表现得尤为明显。

（一）"专家治国"的特色

创建之初的匈牙利社会党为了摆脱在政治上的孤立地位，与共产党作了某些和解，最大原因是在许多问题上，他们在批评保守派政府并为未来最重要的任务设定方向时有着共同点。匈牙利社会党在政治界倾向于不谈论共产主义的过去，避免过多的意识形态陈述，它们在 1994 年获得压倒性胜利时的口号就是"让有能力者治理国家"。对于匈牙利社会党来说，这不是第一次，也不是最后一次，该党将"专家治国"的形象当作传递给选民的最重要信息。

过去 20 年来，匈牙利社会党的经济政策主要受到自由派倾向的经济学家的影响，这是许多分歧与斗争的根源，许多社会主义政治家只是半心半意地支持政府的经济措施和各种改革。霍恩·久洛（Gyula Horn）总理在 1996 年金融计划稳定后，立即解雇了财政部部长，以便缓解严厉的紧缩政策。2002 年，迈杰希·彼得（Péter Madgyessy）发起了凯恩斯主义的转变，这一转变在选举中受到欢迎，但在财政上却不可持续。2006 年，社会党与自由民主联盟结合，胜选后继续促使引入了紧缩计划。2006～2008 年，有关健康和高等教育的改革被拒绝。久尔恰尼·费伦茨（Ferenc Gyurcsány）总理的危机管理技术是在全球金融危机之后实施的，但再无任何希望阻止从 2006 年就开始的衰落趋势。

匈牙利社会党在 1990 年代之所以能成为左翼中的主导力量，原因在于：人们认为政权过渡时期会产生更多的不安全感，失业率上升，贫困人群认为社会党可以使社会重新安全，使他们生活稳定。1994 年，匈牙利社会党的选民希望恢复旧体制中的"积极的特征"。当社会党在政府中时，尤其是 1994～1998 年，还有 2006 年之后，该党遵循了促进私有化、吸引外国直接投资和整体上经济开放的政策。这样导致的结果就是在选民心中，认为匈牙利社会党与传统左翼经济学之间的联系削弱了，并且给其他政党提供了攻击社会党的口实与机会。

有趣的是，匈牙利 2000～2008 年的准两党制度，在经济政策方面，这种"政党冻结"并没有反映出欧洲政党的全貌。相反，右翼青年民主主义者联盟—匈牙利公民联盟（Fidesz-Magyar Polgári Szövetség，简称"青民盟"）成为左翼经济目标的捍卫者。与此同时，匈牙利社会党则主张弱化国家能力，希望出现更多的竞争和私有化。2009 年匈牙利选举研究的调查数据显示，匈牙利社会党的左翼身份受到许多人的质疑。根据这项研究，62% 的选民认为它是精英党，只有 25% 认为社会主义者代表工人和穷人。选民的态度变化可以解释为什么青民盟在 2008 年 3 月成功赢得了对政府的"社会公投"，使得社会党—自由民主联盟无法在高等教育和健康方面投入新的费用。自由主义改革的政治失败导致了社会党与自由民主联盟的分裂，并将社会主义者带入了一个失落的时代。

2008 年之后，匈牙利社会党再也不是一个大的政党了，它在接下来2010 年的大选中失败被视为理所当然。自由民主联盟从匈牙利政党体系中消失，也使社会党更容易脱离以支持自由主义为导向的价值观。

现在作为一个中型政党的社会党，旨在通过左翼意识形态赢回舒适区。右翼政府的政策明确支持社会的高收入阶层，左翼经济定位对反对党来说相对开放。社会党现任领导人阿提拉·梅斯特哈齐的主要目标是吸引社会主义者，他们不满于贫困的不断加剧，拒绝新推出的统一税制，不满于社会流动性机会的减少。团结、社会公正和劳工权利是匈牙利社会党新领导层的关键主题。

表 5.1　2002 ~ 2018 年匈牙利社会党的立法选举及在欧洲议会选举中的成绩

年份	立法选举第一轮得票率	席位（席位数量和百分比）		欧洲议会选举得票率	席位（席位数量和百分比）	
2002	42.05%	178	46.11%			
2004				34.30%	9	37.50%
2006	43.21%	190	49.22%			
2009				17.37%	4	16.67%
2010	19.30%	59	15.28%			
2014	25.60%	38	19.10%		2	9.52%
2018		12	11.91%			

资料来源：http://www.valasztas.hu/web/national-election-office。

2011 年底，该党拥有党员 30000 人，比十年之前的人数减少了 9000 人，但足以在选举中提名候选人。由于久尔恰尼退党，社会党失去了几百名成员，但它仍然是位于执政党保守派青民盟之后的第二大党。成员中男性比例相当高，2011 年为 63%，尽管明显低于十年前的 69%。社会党党员平均年龄为55.9 岁，比议会中各党党员年龄都要高，也比十年前社会党党员年龄高出 2

岁，比 1990 年时高出 7 岁。一般来说，匈牙利社会党党员都是受过高等教育的，40% 的党员拥有高等教育学位，25% 完成了高中学业。

（二）匈牙利社会党的意识形态定位

在 2010 年的选举中，社会党出现了左转的倾向。在社会经济议题方面：2010 年左翼的经济竞选承诺主要是保持和动员社会党的核心选民群体。这份宣言对匈牙利社会党之前的文件作了许多自我批评，与久尔恰尼时代相比，宣布了一个彻底的变革，宣言开宗明义地指出，不管是 2008 年的金融危机，还是匈牙利社会党政府的失败，新自由主义是失败的最深刻根源。社会党承诺建立一个强大的国家，保证充分就业，并对社会中的贫穷、弱势群体进行帮助。承诺在经济政策方面与自己的选民站在一起。仅仅是竞选宣言还不足以立即重建社会党与选民之间破裂、松散的联系，但至少这表明了社会党的决心。

比较社会党国会议员的态度和选民的意愿，社会党投票的基础基本是家长制的，在某些情况下民众与党的精英背道而驰。社会党议员倾向于不赞同"政府应该为所有的人创造工作机会"和"高等教育应该完全免学费"等。然而，社会党的宣言反映了选民的期待，而不仅仅是党内精英的信念和立场。尽管如此，社会党承诺构建一个稳定的政策立场，因为该党已经亲历了公众支持率不断下降给左翼的经济政策所带来的负面影响。

在民族政策方面，在 2010 年社会党的选举宣言中，罗姆人的议题是明显的矛盾点。反对罗姆人的情绪在社会党选民中非常普遍，在这方面，匈牙利的左翼、右翼没有显著的差别。社会党议员和政党宣言拒绝一切形式的歧视和社会排斥。但在 2010 年社会党的宣言中，社会党停止了支持少数民族群体自由主义的做法，并期待少数民族的努力，"少数人的社会应该尊重社会大多数人所遵循的规范"。[①]

在 2014 年的大选宣言中，匈牙利社会党调整了关于民族政策的内容：匈牙利社会党指责欧尔班领导的政府对匈牙利与邻国和居住在匈牙利境外的匈牙利人关系造成了不可估量的损害。社会党称，匈牙利政府对国外匈牙利少数民族内政的干涉导致了他们之间的紧张和敌意，危及他们的政治抱负。因此，社会党呼吁制定负责任的国家政策，应该以爱国主义概念为框架，在

---

① Jean-Michel De Waele, Fabien Escalona（eds.）, *The Palgrave Handbook of Social Democracy in the European Union*, Palgrave Macmillan, 2013, p. 464.

社会党的解释中，这意味着既以国家、国土为荣，同时也尊重邻国人民，这是基于相互负责任的原则。其中，社会党建议重新启动与邻国举行的联合内阁会议，并强调海外生活的匈牙利人使用母语的可能性和重要性。社会党还批评欧尔班政府不愿断然拒绝反犹主义和反罗姆人的情绪，只有政府宣布反对歧视，这样才能使政府的声音被社会所接受。①

在文化自由主义方面：社会党和其选民都推崇文化自由主义，因为他们是世俗化的，支持国家与教会的完全分离。另一个自由主义的表现是主张性别平等（如社会党主张废除男女之间的工资差距）。在这一点上，社会党认为，不仅是社会党的支持者，大多数匈牙利人也与社会党政治家的立场相一致。

（三）匈牙利社会党与欧尔班领导的青民盟的政治博弈

作为历史上旧政权的唯一政治力量的继承者，匈牙利社会党一直认为其对民主的承诺至关重要，以此确保不给政治竞争对手留下指责的口实。除了民主，亲西方的外交政策也是社会党的另一个主要关注点。因此，社会党是欧洲一体化的热情推动者，也是民主秩序的捍卫者。1994 年，社会主义者在他们本可以独自组建政府的情况下寻找联盟伙伴，这是该党变得温和与作出民主承诺的一个很好的例子。

青民盟成立于 1988 年，最初旨在打倒专制政权，但逐渐演变，尤其是欧尔班任该党领袖后，其已成为极右翼的民粹主义政党，与欧盟纷争不断。在匈牙利的政治体系中，不是旧政权的继承者，而是由自由主义者转变而成的保守派青民盟一再被指责不尊重匈牙利的民主体制。

在匈牙利社会党方面，当久尔恰尼在 2004～2009 年担任社会党的总理时，社会党对青民盟的威权民粹化特征进行了迎合。与青民盟的风格相反，社会主义者一般很少寻找强有力的领导者，相反，社会党的特点是集体领导和永远的"讨价还价"。

随着欧尔班威权民粹主义的不断升级，匈牙利社会党领导人绍尼·蒂博尔（Tibor Szanyi）指出，匈牙利的局势不仅恶化了，而且欧尔班的政权在打破法治的道路上又往前迈出了脚步。包括在国内对反对派无限制地使用暴力。在意大利极右民粹政府执掌政权后，欧尔班的威权统治就更加有恃无恐，不仅无视欧洲的价值观，而且挑衅欧盟以及其他成员国，完全忘记了在

---

① http://www.ceeidentity.eu/news/national-policy#.

此之前，匈牙利是接受过欧盟援助的。① 在过去的二十年里，社会党作为欧洲民主人士和欧洲价值观的代表，一直反对青民盟的极权和专制行动，致力于与欧尔班领导的极右翼民粹主义作斗争。尤其是在对待欧盟方面，社会党与青民盟针锋相对。

2018 年 11 月 29 日，为了启动社会党的传统，维谢格拉德集团、中欧和东欧国家的社会主义和社会民主党领导人齐聚一处，就决定欧洲和整个欧盟的未来立场达成一致意见，并且作出以下声明。②

第一，我们中欧和东欧地区社会主义和社会民主党的领导人相信共同体和对话的力量。作为爱国者、左翼分子和坚定的亲欧洲者，我们对创造欧洲的命运负有责任，因此，在决定未来的这个时刻，我们希望联合起来，相互尊重。欧洲的风险可能比以往任何时候都大。我们承认，欧洲一体化的和平与繁荣，尽管它可能受到外部力量的威胁，但现在已非常脆弱，有可能从内部摧毁自己。这体现在反欧洲的极端力量之中，我们不能只作壁上观，让极右翼力量一直占有主动权，摧毁我们所有人的欧洲梦想。我们认为，必须团结起来进行这场政治斗争。

第二，作为左翼人士，我们认为无论在成员国层面，还是在欧盟层面消除巨大的社会不平等是我们最重要的任务之一。正是出于这个原因，我们相信一个社会民主的欧洲，是建立在团结、社会公正、公平分配资产、性别平等、高水平的公共教育和公共医疗，以及高标准就业和可持续发展的基础上。社会民主的欧洲政策可能有助于不同区域之间工资的趋同，以防止和扭转劳动力的严重外流。

第三，欧盟的多年度财务框架（MFF）决定欧盟（包括中东欧地区）的未来。我们相信，拥有更多和目标明确的欧盟资金符合该地区的利益，因此我们建议增加财政拨款金额，而不是降低其凝聚力，支持农业和其他重要部门，这有助于缩小差距。我们将把重点放在教育、医疗保健、融合和数字化方面的任务上，这将具有战略意义。

第四，我们非常清楚，刑事犯罪对欧盟预算造成的损害是非常大的，因此我们非常欢迎设立欧洲检察官办公室（EPPO），并敦促尚未加入的成员国

① https://en. mszp. hu/article/in_the_ep_election_we_can_wipe_the_cynical_grin_off_the_face_of_or-bans_far-right.

② https://mszp. hu/article/detail/14755.

积极加入。

第五，关于移民。与那些希望利用移民话题得到政治利益的人相反，我们正在努力寻找解决方案。我们认为，在当前和未来的人口流动管理中，人道主义及与安全有关的相应社会考虑必须同时发挥作用。此外，应采取认真行动改善移民迁出国的经济和社会条件。我们一贯支持欧盟加强对外部边界保护的行动。

第六，气候变化和环境破坏最终无疑是明确和明显的。必须认真考虑在所有相关领域投入努力，包括缺水，有毒食品和废物管理，减少温室气体排放和增加生物多样性。

第七，我们同意欧洲必须从旧的粗放式发展和消费模式转变为新的方式，这将创造福祉并尊重我们环境所能承受的极限。社会、经济、政治和领土平等是我们价值观的核心。欧洲不应忘记那些受这种转型影响的特别地区，如煤炭依赖地区和能源密集型产业地区。

第八，平等是社会民主政策的主要支柱之一。我们需要解决双重质量食品和其他消费品问题，支持欧洲在打击单一市场产品双重质量方面进行合作。我们必须确保欧盟没有二等产品，也没有二等消费者。

六　小　结

克里斯·比克顿（Chris Bickerton）认为，欧洲主流中左翼的溃败是我们这个时代最大的讽刺。不平等的重新回潮成为当下西方民主最紧迫的关切，但是，素以社会公正和平等为追求的社会民主党却处于危机之中。[①]放眼欧洲，极右民粹主义正如火如荼，社会民主党溃败的原因何在？主流中左翼政党力量衰落与极右翼力量兴起之间有着怎样的关联？下一章，本书将从理论方面探究这一问题的根源。

---

① Chris Bickerton, The Collapse of Europe's Mainstream Centre Left, https://www.newstatesman.com/world/europe/2018/05/collapse-europe-s-mainstream-centre-left.

第六章

极右翼蔓延对欧洲左翼政党影响的理论探析

——基于极右翼政治诉求的分析框架

极右翼思潮之所以在欧洲蔓延，极右翼政党之所以崛起，原因是多方面的。伴随着全球化的进程，欧洲社会出现了前所未有的一系列问题，主流政党代表性缺失，民众对传统主流政党的忠诚度降低，对传统的政党政治表现出深刻的不满，从而使代表制度受到挑战，主流中左翼政党代表性的缺失，这些都为极右翼思潮和运动的蔓延提供了最好的土壤。

同时，极右翼政党通过自身的意识形态主张、选举中的口号和行动削弱了民主制度的合法性，在政治实践中主张直接的个人代表制，它们强烈地反对议会代表制和传统政党竞争模式，对政党联盟提出质疑，认为它威胁着社会的和谐；它们反对普遍的平等，认为在普遍的社会结构中区分"我们"与"他们"最主要的因素是种族、语言、地域、血统。由此可见，它们反对人与人之间最基本的平等，在一定程度上是专制的，因为它们认为国家、民族等政治共同体比自然的个体更为重要，认为在克里斯玛型的领袖和大众之间不需要任何的层级组织，显然极右翼政党所具有的这些特征与当代民主代议制度的最基本原则是相悖的。

极右翼政党对于后工业社会中传统政党所面临的一系列难题，从表面上提供了可以解决问题的方案。这些难题包括经济全球化所带来的失业问题、移民问题和种族问题，极右翼政党提供的解决答案就是寻求强硬的法律和秩序，寻求一位克里斯玛型或者说是具有"超凡魅力"的领袖。它们从社会底层选民需要和谐和安全感的心理出发，承诺为整个社会寻求和谐与安全。对于现有的民主代表机制和程序表示出不安，对于专制表现出强烈的渴望，认为在当代社会中，个人主义已经毁坏了传统社会所赖以存在的发展机制。最后，在道德层面上对于后工业社会的自由主义表现出激烈的反对。

与此同时，当极右翼政党力量不断增强时，社会民主党却处于前所未有的困境之中，该如何理解极右翼蔓延对欧洲左翼政党的影响呢？虽然在每个国家有不同的具体原因，但有一些共同的根源可以解释极右翼力量上升时社会主义者和社会民主主义者所面临的危机。

在已有的理论资源的基础上，本章以系统论的方法为基点，从外部原因，即"需求一方"，与内部原因，即"支持一方"来论述极右翼对欧洲左翼政党的影响。进而将这两个政党家族置于欧洲广阔的社会背景之中，探讨这一社会背景为这两个不同的政党家族力量的此消彼长提供了哪些条件。在"需求一方"讨论的主要焦点集中于全球化的大背景给传统政党政治带来的压力，给欧洲一体化带来的深远影响，经济危机与极右民粹主义的兴起，移民与身份政治带来的文化冲突，以及伴随经济的发展，挥之不去的失业和快速的社会变迁，和由此引发的欧洲国家内部及国家间日益增加的不平等，还有因欧盟民主赤字引发的重回民族国家的强烈诉求；在"支持一方"，则更多关注于极右翼政党和社会民主党自身，即双方在应对金融危机和难民危机时，提出的纲领以及推出的政党领袖，并指出中左翼的社会民主党在面对各种压力时，在某种程度上动摇了自己意识形态的根基与核心诉求，与主流右翼政党日益趋同，这进一步给极右翼政党上扬提供了政治空间，也导致了中左翼政党无可挽回的衰落。

一　政党所处外部环境的变化——"需求一方"的理论

在"需求一方"的理论框架中，本节聚焦探讨了欧洲政党，不仅是传统的中左翼政党，也包括极右翼政党，它们所处外部环境的变化，这是极右翼政党力量凸显，同时深刻影响社会民主党的"需求一方"的因素。这一节以极右翼政党的意识形态诉求，即它们所关注的议题为主要内容展开分析，从全球化、欧洲一体化、经济危机、移民、不平等、重回民族国家等六个维度来展开探讨。

（一）全球化给传统政党政治带来的压力

1930 年代宏观经济的不稳定，使人们在二战后的数十年里产生了广泛的共识，在经济领域里民众更青睐于国家对经济进行干预。凯恩斯主义政策促进了再分配，对资本主义进行了有效的管理，慷慨的国家福利体系也得到构建。二战后的几十年来，经济的迅速发展为福利国家扩张创造了必要的经济资源，凯恩斯的福利国家模式在兼顾经济效率与平等团结方面取得了巨大的成功。① 不断增长的福利国家权利、高增长率和看似"冻结"的政党系统构成了许多西欧先进民主国家的特征。②

但是近几十年来，随着 1970 年代的增长放缓和经济全球化的崛起，这些情况已经发生了显著的变化。在西欧，贸易进出口占国内生产总值的比例从战后初期的 35% 上升到 1990 年的将近 50%。经济全球化，这一概念通常指贸易数量、外国投资以及资本流动的增加，它改变了一个国家内部的经济发展状况与国际经济发展隔绝的态势。社会的一个较大部分，特别是劳动力，已经变得容易受到相互依存的国际经济竞争条件的影响。此外，在欧盟（EU）和国际货币基金组织（IMF）等国际机构中，新自由主义的意识形态转变可以说使得对资本主义进行管理的观念愈发不被接受。

与此同时，对全球化与福利国家未来的关注成为学界聚焦的主要问题。国内学者普遍认为经济全球化的浪潮虽然有利于资源在全世界的优化配置，但不可避免地加剧了国际国内竞争，使欧洲弱势群体的处境更为艰难；欧洲一体化很容易在西欧各国内部造成信仰危机。国家主权让渡、民族身份丧失，使弱势群体对欧洲一体化的切身感受是失业、贫困和危机。西欧主流政党的中间化，左右翼意识形态趋同，使选民的归属感淡化，这就给极右翼政党"标新立异"的政治诉求提供了生存空间。

考虑到日益开放和相互依存的经济产生的后果，1990 年代早期和中期的主流文献预测了社会民主主义、社会民主党的衰落和新自由主义跨国趋同的趋势。但第二波的文献则质疑新自由主义的趋同，指向一系列实证研究，包括探讨福利国家的政策、国内制度的影响、政党对经济政策以及选举所需要

---

① Assar Lindbeck and Dennis J. Snower, Insiders versus Outsiders, *Journal of Economic Perspectives*, 15（1）, 2001.

② Kitschelt, Herbert, Peter Lange, Gary Marks and John D. Stephens（eds.）, *Continuity and Change in Contemporary Capitalism*, Cambridge：Cambridge University Press, 1999.

的资金所施加影响等方面。① 简而言之，关注全球化研究的文献提出了关于全球化影响福利国家的程度的各种相互矛盾的观点，一端的观点认为全球化将导致新自由主义趋同，而截然相反的另一种观点则认为全球化和福利政策没有什么关联。②

安德里亚·B. 豪普特（Andrea B. Haupt）的经验研究分析认为，在面对与全球化随之而来的经济变化时，左翼与右翼政党都在体系上作出了相应的调适。但是，与多数学者认为的新自由主义引发了主流左翼与右翼政党日益趋同的观点不同，豪普特认为不同政党在应对经济危机不同的指标时，在变化与适应方面呈现的是一种多样性，而不仅仅是左翼和右翼的趋同。③ 他发现，面对经济全球化带来的挑战，各个政党转变的方向并不是整齐划一的，这些转变也因全球化的不同组成因素而有异。因此，其并不支持这样一个过于简单的主张，即国际经济压力迫使福利国家全部朝着新自由主义的方向重新调整自身的社会经济政策。④

值得关注的是，今天当我们再次思考全球化时，金融危机已然发生，尤其是 2009 年欧洲爆发的主权债务危机已经为此付出了沉重的代价。以默克尔为首的德国，对希腊、西班牙、爱尔兰、意大利等重债国家进行救助，一揽子的分配计划不仅导致欧盟其他成员国产生不满，更是直接催生了以反欧元为政治诉求的德国选择党的诞生。2017 年德国大选后，选择党成为第三大党，正式成为德国体制内政党之一，德国的政治生态面临重大的转折。当我们关注全球化理论中的经济维度时，不能忽视的是，在对全球化的排斥中还应该有一个文化的维度需要审慎思考。比如，德国的 PEGIDA 运动，这一极右翼运动的政治诉求，就是希望保护正统、纯洁的基督教文化。关于全球化中的文化维度，本章在后续分析移民时，也会作出分析。

在全球化的经济、金融、信息流动都越出了民族国家疆域界限的背景下，民族国家面对资本、劳动力、市场都在快速流动的世界，过去的自我组

---

① Van Kersbergen, Political Allegiance and European Integration, *European Journal of Political Research*, 37 (1), 2000.

② Brian Burgoon, Globalization and Welfare Compensation: Disentangling the Ties that Bind, *International Organization*, 55, 2001.

③ Andrea B. Haupt, Parties' Response to Economic Globalization: What Is Left for the Left and What Is Right for the Right? *Party Politics*, 16 (1), 2010.

④ Andrea B. Haupt, Parties' Response to Economic Globalization: What Is Left for the Left and What Is Right for the Right? *Party Politics*, 16 (1), 2010.

织和自治将受到怎样的挑战？民族国家制度化决策的范围，与制定、分配和部署决策及其实施所需要的资源，这两者之间的规模差异日益扩大。尤其是，国家仍然是当代大部分尚未被取代的有效的社会管理组织，而面对全球化，国家政策层面的决策制定影响很难发挥效力。

齐格蒙·鲍曼（Zygmunt Bauman）① 深刻研究了全球化给整个人类带来的后果。他指出，今天全球化已成为每个人耳熟能详的一个词，但很快又从一个时尚的词变成了陈词滥调，它好似一个神奇的魔咒，成为打开现在和未来奥秘之门的通行证。对一些人来说，如果想要幸福，那全球化就是我们要选择的事情，而对另一些人来说，全球化却是让他们变得不快乐、不幸福的根源所在。对于我们每一个人来说，尽管全球化是不可逆转的一个过程，是这个世界令人棘手的一种命运安排，它同时也是一个用同样的方法、同样的方式影响着我们每一个人的过程。我们所有人无一幸免地都被全球化了。②

一方面是商业、金融、贸易和信息流动等新兴的"行星"的出现，与此同时，另一方面，一个本地的空间运作过程也开始在全球化过程中形成。这两个如影随形、紧密相连的过程极大地区分了世界上的整个人口以及每个部分的人口所存在的条件。对某些人而言，全球化似乎意味着他人的本地化，有一些人变得更加自由，而在许多其他人身上，全球化似乎是作为一种不请自来的残酷命运而降临到自己身上。流动性在令人垂涎的价值观中跻身最高级别，因为移动的自由，永远是一种稀缺且不均衡的商品，迅速成为我们现代或后现代时代的主要分层因素。

在这个充满永久性的变化的世界中，不流动是不现实的。但这种流动同时也带来文化意义上的结果。在社会的顶层和底层，流动有着极端不同的含义。对社会顶层的人们而言，流动是幸福与满足，身份地位的象征；在社会底层，则是面对不断涌入的外来者，自己没有充足的能力去流动，而不得不接受这个不快乐、不幸福的安排。而中间阶级，或者说中产阶级，夹在两者之间，承受着剧烈的不确定、焦虑与恐惧。换句话说，全球化带来的这种新情况是不对等的：我们中的一些人变得真正的、完全的"全球化"了，另一些人则固守在他们的本土性和地方性之中，在全球化定下的基调和游戏规则中，这种困境于他们而言是极不愉快也是不可忍受的。

---

① 波兰社会学家，1971 年因波兰反犹主义被迫离开前往英国定居。
② Zygmunt Bauman, *Globalization: The Human Consequence*, London Polity Press, 1998, p. 1.

在全球化的世界中，尤其是欧洲比较富裕的国家中，本地人或本土人的身份在某种程度上是社会资源匮乏和地位退化是种象征。当地存在的这种不舒服，公共空间被移出本地人所能掌控的范围，本地人正在失去他们原本的生活的意义、生产的意义和谈判的能力，在精神上愈发依赖已经全球化了的知识分子的社群主义梦想。

全球化进程的一个组成部分是渐进的空间隔离，由此带来分离和排斥的后果。那些处于全球化顶尖层面的不断增加的域外精英，与越来越"本土化"的其他人之间的沟通几乎中断。而这是比贫困分化差距更为意义不同的一种区分。也是极右翼思潮中对建制派，对精英深刻不信任的根源。

由此可见，全球化带给我们的图景，流动也是极化的。这样一种两极分化的极端表达，表现为社会的极化与撕裂，面对外来移民，面对防不胜防的恐怖主义袭击，欧洲普通民众对安全的关注往往被等同于对身体安全和个人财产安全的关注，这些都被随全球化流动而来的外来者，即其他人所带来的焦虑所放大，人们感觉到的是普遍的不安全和不确定性。而极右翼政党的领袖们正是利用了普通民众的这种焦虑情绪，对建制派提出挑战，从而深刻地侵蚀了传统社会民主党的选民群体，使得极右翼思潮蔓延开来。

（二）欧洲一体化的理论视角

全球化，尤其是经济全球化带来的影响，似乎成了分析当今世界政治的新指针，或者是成为一种新的政治分野。在欧洲的背景下，关于全球化的讨论自然而然就转变为对欧洲一体化的讨论，尤其是欧盟成了讨论的对象。许多人认为，在政治权力方面，欧洲一体化和欧盟的作用，就是将原本受保护和监管的成员国经济暴露给了全球市场以及欧洲内部的竞争。从外部来看，伴随着欧洲一体化的发展，欧盟形成的制度框架为极右翼势力的崛起创造了有利条件，尤其是在 2008 年经济大衰退以来，欧洲承受着多重危机的交叠影响，而国际社会的应对措施则进一步推动了新自由主义的巩固和扩张，并进一步凸显了欧盟的民主赤字，在这样的背景下，极右翼获得了有利的政治机会结构。

1. 欧洲一体化

欧洲一体化是指欧洲整体或部分地区在政治、法律、经济、社会与文化等领域统合的历史进程。现代欧洲统合主要由欧洲联盟和欧洲委员会推动进行。这一欧洲联合的思想最早是由奥地利政治家、哲学家理查德·尼古拉斯·冯·康登霍维－凯勒奇（Richard Nikolaus von Coudenhove-Kalergi）提出的，他在 1923 年发表了一篇名为《泛欧罗巴》的宣言。[①] 1946 年，英国首相丘吉尔提出"欧罗巴合众国（United States of Europe）"的思想，其他人士的类似声明也不断提出。在此基础上，1949 年成立的欧洲委员会成为第一个泛欧组织。

欧洲一体化进程是一个影响欧盟成员国和非成员国的不断发展的过程。出于各种政治、安全和经济因素的考量，欧洲民族国家认为有必要对美国在世界事务中的主导地位提供一些平衡。实际上，欧洲努力成为在地缘政治竞争中的一个世界地区。[②] 要做到这一点，欧洲规模和实力较小的国家需要加入一个可以提供两方面资源的联盟：①一个足够大的市场，可以产生与美国相同规模的市场力量；②一个强大的足以在国际谈判中与美国或日本成功谈判的政治集团，作为成员国，将在经济、政治和安全方面都得到相应的回报。但成员国也需要满足相应的条件。

1951 年 4 月 18 日，法国、联邦德国、意大利、比利时、荷兰及卢森堡六个国家签订了《巴黎协定》，1952 年 7 月 23 日条约生效，标志着欧洲煤钢共同体形成，这是欧洲漫长历史上出现的第一个拥有超国家权限的机构。1958 年，欧洲经济共同体和欧洲原子能共同体成立，二者随后在 1967 年统合在欧洲共同体之下，至 1993 年则统合在欧洲联盟之下。1995 年，共同货币欧元诞生。在此过程中，欧盟已经逐渐从贸易实体转变为经济和政治联盟。同时，欧洲经济共同体和后来的欧盟在 1973～2013 年经过八次扩张，成员国从最初的 6 个增至 28 个。2016 年 6 月 23 日，英国以全民公投的方式表决是否继续留在欧盟，结果脱欧派以微弱优势胜出，英国与欧盟开始了为期两年的"脱欧"谈判。2017 年 3 月 29 日，"脱欧"谈判程序启动，但拖延了三年之久，终于在 2020 年圣诞节之前，双方达成了协议。

欧盟作为目前欧洲地区规模最大的区域性国际合作组织，其成员国已经将自己的部分主权让渡给欧盟，主要是在经济方面，如货币、金融政策、外贸，也包括外交政策，欧盟各国的外交政策受欧盟委员会的约束。

欧洲一体化进程带来的影响不仅仅是在经济层面，它对欧洲政治层面的

[①]　Ben Rosamond, *Theories of European Integration*, Palgrave Macmillan, 2000, pp. 21 – 22.

[②]　B. Hettne, *The Globalization of Development Theory*, Institute for World Economics of the Hungarian Academy of Sciences, 1990.

影响也是极为深远与深刻的。在欧盟层面上，由于欧洲议会是独特的超国家议会，其建立以政治思想为基础，欧洲跨国议会党团由欧洲议会议员组成。其中有一些是欧洲政党在议会的政治代表，另外一些是由数个欧洲政党、国家政党和无党籍的政治家组成的政党联盟。在西欧社会，社会主义和社会民主主义政党自从现代欧洲合作起就是中间偏左的主要势力。在成员国层面上，由于危机后经济纾困和难民分配方案导致对欧盟的诟病与指责不绝于耳，极右翼政党意识形态中反全球化的诉求，在欧洲的政治语境中自然而然转换为对欧盟的批评。在欧洲各国大选中，支持抑或是反对欧洲一体化已愈发成为不同政党表达政治诉求的重要标尺之一。同时也是各成员国国内政治公共辩论的主要话题。

欧洲一体化也直接对社会民主主义带来了侵蚀与破坏。罗伯特·盖尔（Robert Geyer）等学者将目光聚焦于斯堪的纳维亚国家，在《全球化、欧洲一体化与斯堪的纳维亚国家社会民主主义的终结》一书中提出了研究问题："斯堪的纳维亚社会民主计划是否会受到全球化和欧洲化一体的压力、打击，它们将走向何方？如果它们继续存在，允许它们继续存在下去的理由又是什么？"[①]

我们知道，全球化的力量伴随着向更大的欧洲一体化迈进的趋势，全球化是多方面的，包括政治、意识形态、经济和文化因素，以及信息、商品、资本、疾病、服务都可能是全球性的，这些发展削弱了一直以来传统国家观念中强调的领土和主权的重要性。全球化伴随着欧洲化，一方面，正在推动欧洲民族国家日趋团结，诚如欧洲一体化通常这样表述的：在国家层面（面对全球化的压力）丢失的东西可以在欧洲层面得到弥补；另一方面，欧洲一体化进程也在欧盟内部的不同成员之间造成了深刻的不平等，尤其是新欧洲与老欧洲、西欧与东欧、南欧与北欧等之间的分歧非但没有随着一体化进程的深入而消弭，反而在不断加剧，因而极右翼政党从一开始就将疑欧主义作为自身重要的意识形态诉求。

斯堪的纳维亚国家处于这场争论的中心。无论是争论民族国家能否追求自主发展道路，还是争论欧洲社会民主主义面临着"危机和选择"。这些国家都提供了一个自然而然的例子。因为这三个国家有着广泛的福利国家体

---

① Robert Geyer, Christine Ingebritsen (eds.), *Globalization*, *Europeanization and the end of Scandinavian Social Democracy?* Macmillan Press, 2000.

系，尤其是瑞典，以"从摇篮到坟墓"的高度发达的福利体系而闻名，斯堪的纳维亚国家的公民享有极高的社会权利，有影响力的社会民主党和工会运动，社团主义社会组织和强劲的经济表现记录（特别是在失业率方面），这些国家传统上代表了英美自由主义与苏联共产主义之间的一种"中间道路"。尽管有困难（尤其是丹麦），但在不断增长的新经济自由主义的海洋中，斯堪的纳维亚国家仍代表着一种国家独特性，被视为社会民主主义成功的孤岛。

　　1980 年代末 1990 年代初，当东欧共产主义体系崩塌后，弗朗西斯·福山认为这是人类历史的终结。丹麦、挪威和瑞典这三个国家表现出受全球化或欧洲一体化影响的所有症状。经济开放程度提高了，独立货币政策被放弃了，福利国家的扩张受到抑制，控制通胀成为避免低失业率的优先考虑因素。在各种社会民主主义思索中，关于如何应对全球化、欧洲化和欧盟的问题越来越多。由此出现了几个关键问题需要思考：全球化和欧洲化的力量是市场导向和霸权吗？这些社会民主国家是否能够抵抗全球化或欧洲一体化的力量，还是像其他民族国家一样容易受到影响？欧盟如何影响这些力量？如果社会民主党人无法抗拒，第二次世界大战后确立的社会民主主义优势还将存在吗？

　　罗伯特·盖尔考察了全球化或欧洲一体化与斯堪的纳维亚国家关系的不同方面，认为与全球化或欧洲一体化相伴生的是国家主权和政策自治的衰落。如何理解欧洲一体化这种制度和政治上的精简威胁到了国家社会经济政策的独特性？可以从以下三个方面思考。

　　第一，资本流动。资本流动为政策制定者带来的一个重要教训在于，假设不断增长的金融资本的流动使得难以实行自主税收和政府收入政策，投资者就会寻找更有吸引力的投资环境。

　　第二，成员国的国家监管机制可能会受到欧盟所要达至的制度和谐的损坏；建立在辅助原则基础上的市场自由，会减少对工人和消费者的保护，减少公共支出，成为"竞次竞争（race to the bottom）"的同义词。

　　第三，左翼政党主导的国家，拥有更强大的、更具包容性的社会政策。然而，随着欧洲一体化的进程，资本和劳动力都越出了一国的边界，不在国家所能掌控的范围之内了。新的泛欧社会政策必然反映泛欧阶级的优势，即以资本为主导的优势，结果是斯堪的纳维亚国家的政治均衡，在态势上从传统的以左翼为主导转变为以资本为主导，从而使社会民主党的力量受到深刻侵蚀。在 2018 年瑞典大选中，极右翼的瑞典民主党成为第三大党，瑞典社民党的力量受到削弱，打破了长久以来瑞典的政治平衡模式。

2. 疑欧主义

欧洲一体化对欧洲政党政治生态的另一个影响在于疑欧主义思想的蔓延，在政治谱系的左翼、右翼，疑欧主义政党都给欧盟带来了前所未有的冲击与挑战。

2016 年 6 月 23 日，英国"脱欧"公投尘埃落定，51.9% 对 48.1%，脱欧派以微弱优势胜出，积极推动此次公投的英国独立党党魁奈杰尔·法拉奇将 6 月 24 日称为"英国独立日"。

英国独立党具有强烈的疑欧主义色彩，1993 年该党的创建就是作为对《马斯特里赫特条约》的直接回应。这一条约旨在欧洲一些关键领域如外交政策、军事联合等方面加深一体化程度。2008 年经济衰退以来，英国独立党以表达强烈的疑欧主义、反移民、反体制的政治诉求而迅速走红。2009 年，该党以使英国脱离欧盟为目标，首次获得欧洲议会席位。2013 年，独立党在地方选举中表现良好，在国家选举层面中位列第三。2014 年，疑欧主义的动员使该党在欧洲议会选举中成为英国第一大党。独立党在每个区都赢得席位，包括苏格兰。它得到了最大多数的选民支持，并且在欧洲议会中获得了 24 个席位。

疑欧主义最早是用来分析政党对待欧洲一体化的立场和态度，现在通常指对待欧盟和欧洲一体化的一系列消极态度。通常来说，边缘性政党更倾向于具有疑欧主义的特征。极左翼和极右翼政党在政党体制中处于边缘的地位，也恰是这种边缘位置，促使极端政党通过增强对欧盟的反对来凸显自己与主流政党的区别。

疑欧主义已成为欧盟所面临的现实威胁。疑欧主义处于政治谱系极端的左翼和右翼。左翼的疑欧主义者认为，欧盟是一个新自由主义的阴谋，它只对那些在布鲁塞尔游说的大企业有利。右翼的疑欧主义者认为，欧盟是一个官僚巨兽，它对成员国实行过度监管，鼓励劳动力自由迁徙，对传统的国家民族认同构成威胁。当这两种观点相互融合时，英国独立党的政治根基就形成了。

英国独立党通过强调区别和排他性来捍卫民族国家的同质性。而欧盟由很多不同的国家组成，欧盟内部成员国之间在劳动力和文化方面可以自由流动，而这一点和独立党优先保护自己国家的理念相悖。因此，独立党具有强烈的疑欧主义色彩，持强硬的反移民和排外政策，反对欧洲一体化。毫无疑问，英国公投结果表明，疑欧主义不再仅仅是一个刺激性的条件，而是欧盟现在和未来发展所面临的现实威胁。忽视这一问题在策略上来讲是非常不明智的。

疑欧主义在英国有着历史传统。在欧洲一体化初期，疑欧主义就已出现，且最早是由精英推动。1986 年 6 月 30 日，《泰晤士报》刊登撒切尔夫人发表的《布鲁日演说》，该演说充满了对欧洲一体化的不信任，"疑欧"一词首次进入公众视野。此后，"疑欧"逐渐演变为"疑欧主义"。在一体化建立之初，《马斯特里赫特条约》签订之前，疑欧主义长期以来只是一个处于政治边缘的现象和话题，因为在此之前，欧盟强调的是"宽容共识"的政治理念。1992 年，《马斯特里赫特条约》签订之后，出现了有关欧盟民主赤字和合法性的辩论，这一时期也标志着"平民表决政治"在欧洲的兴起，疑欧主义思潮弥漫且嵌入当时的政治中。

2008 年经济大衰退以来，每个人对欧盟的爱似乎都减少了，即使是知识分子精英也是这样。欧盟正在从各个方面受到指责和攻击。极右翼指责它是一个过度监管的官僚机构，削弱了欧洲在全球的竞争力；极左翼认为，欧盟就像 1990 年代在拉美的国际货币基金组织一样，将新自由主义强加给并不欢迎它的人。在债权国，如芬兰和德国，民众对纾困救助政策充满愤怒，担心对那些不负责任的国家进行财政补贴；而在重债国，如意大利和希腊，民众对紧缩政策充满愤怒，认为这是欧盟，尤其是德国强加在他们头上的剥削。

2015 年初，难民危机的爆发犹如雪上加霜，使得疑欧主义达到了历史最高点。对欧盟的怀疑，使得选民认为欧盟应该为所有的事情埋单，包括经济混乱、产业结构调整、紧缩和私有化、失业和工作不稳定、对移民的恐惧，等等。即使在经济发展一枝独秀的德国，与 2007 年相比，2015 年对欧盟的支持率也陡然下降了 32 个百分点，这能帮助我们理解为何极右色彩强烈的德国选择党能应运而生。

法国知名经济学家托马斯·皮凯迪（Thomas Piketty）在《21 世纪资本论》中指出，全球化带来的全球财富分配的不平等，有可能导致民族主义重新抬头。这一见解对于我们深入理解经济衰退、难民危机带来的疑欧主义上升，可以提供有益的启示。21 世纪全球化过程中出现了胜利者和失败者之间深刻的分歧，那些受过高等教育、可以自由迁徙、通晓数国语言的人在高技能专业领域里工作，他们远远将那些不能流动的低技能工人抛在了后面。这些处于社会中下层的人们被沮丧和失落包围。在此情形下，他们找不到更好的保护伞，纷纷转向了反对主流政治。当这些情绪与英国独立党的意识形态诉求捆绑在一起时，就为这种排斥赋予了新的政治内涵，让人们回想起昔日光荣的民族主义，人们一心想回到过去，而不管付出多么惨重的代价。

英国的"脱欧"公投鼓舞了其他反对欧盟的成员国。在荷兰，约一半选民想举行公投。如果现在立即举行公投，民调显示，多数选民愿意留在欧盟，但领先优势很小。丹麦的情况也很类似。在瑞典，民调显示如果公投，只有 32% 的选民愿意留在欧盟。即使在欧盟六个创立国之一的意大利，几乎有一半的受访者表示对欧盟持有负面看法。在法国，国民联盟的领袖玛丽娜·勒庞在 2017 年大选前多次指出，布鲁塞尔迟早会榨干法国，如果她能够当选法国总统，第一件事就是要求法国主权的回归。有的政党领袖将疑欧主义加以量身定做，以适合自己的特性。荷兰自由党的反伊斯兰平台以及希腊金色黎明党的暴力行为都可以聚集在疑欧主义之下。疑欧主义导致的这种恐惧的情感和文化并不孤单。2016 年美国大选共和党总统候选人特朗普在谈及英国"脱欧"时，指出英美在对待外来移民的态度上是相似的，不愿看到外来人口涌入自己的国家。疑欧主义政党在地方、国家和欧洲议会不同层面的选举中施加更大的压力，迫使主流政党转变自己的政治立场和观念，因为主流政党害怕失去选民的支持。因此，除非发生显著的国内经济和社会改革，才可以撼动这些疑欧的民粹主义政党所建立的基石；或者除非欧盟能够注入更多的民主合法性，否则，其将继续成为疑欧主义者的替罪羊。

3. 另一个欧洲：极右翼民粹主义对欧盟的挑战

本小节将以 2018 年 6 月的欧洲晴雨表调查数据为基础，结合欧洲当前最新的舆情，勾勒极右民翼民粹主义给 2019 年欧洲议会选举带来的风险与挑战。[①]

（1）对欧盟的信任程度

欧洲晴雨表是欧盟委员会的官方民调机构。2018 年最新一期欧洲晴雨表调查于 3 月 13~28 日在欧洲 34 个国家或地区进行，其中包括 28 个欧盟成员

---

① 《2019 年欧洲议会选举面临的风险与挑战》，澎湃研究所，2018 年 8 月 31 日，https://www.thepaper.cn/newsDetail_forward_2397124。

国，以及 5 个欧盟候选成员国。

调查数据显示，有 13 个欧盟国家的多数受访者不信任欧盟，不信任比例最高的三个国家分别是希腊（69%）、英国（57%）和捷克（56%）。

从长远来讲，更多的欧洲人（45%）认为欧盟在朝着错误的方向前行，只有 31% 的受访者认为欧盟的前行方向是正确的。希腊（65%）、比利时（56%）和捷克（54%）是认为欧盟在朝着错误方向前行的受访者比例最高的三个国家。受英国"脱欧"的影响，对这一问题回答最积极的国家是爱尔兰，三分之二的爱尔兰受访者认为欧盟正在朝着正确的方向前行。

鉴于更多的欧洲人认为欧盟正在沿着错误的方向前行，面对即将来临的 2019 年欧洲议会选举，处于欧洲心脏地带的政治家们，希望民众届时对欧盟的不满意能够变为一场真正的、贯穿整个欧洲大陆的民主对话，而不是政治冷漠。为达到这一目的，他们必须克服且避免使欧洲议会滑向一种不真实的、几乎与本国选民没什么联系的、接近最低投票率的选举。

（2）对民主的满意程度

调查数据显示，42% 的欧洲人信任欧盟，比 2017 年增加了 1 个百分点，并且这一数字是 2010 年秋季以来的最高水平。但与此同时，越来越多的欧洲人不信任自己国家的政府（61%）和议会（60%），分别比 2017 年增加了 2 个百分点。这意味着，传统的主流政党在民众心目中的信任度在不断下降。

9 个成员国的受访者尤其对他们国家的民主方式不满意，最不满意的 4 个国家，按信任程度降序依次是希腊（77%）、罗马尼亚（65%）、立陶宛（64%）和克罗地亚（63%）。

从社会人口统计学角度来讲，受访者的受教育程度、就业状况和社会地位决定了他们对于民主运作是否满意。那些 15 岁之前就离开学校的人中，49% 的受访者表示不满意；在失业人群中，54% 的受访者对民主运作表示不满意；有住房的人中，51% 的受访者表示不满意；而在那些大多数时间疲于应付支付各种账单的人中，64% 的受访者不满意民主的运作方式；在自认为是工人阶级的人群中，51% 的受访者对民主的运作方式不满意。

（3）欧盟意味着什么？

大多数受访者认为欧盟听到了他们的声音。这个比例在丹麦为 66%，在德国和瑞典均为 65%。但在另一些国家，民众认为欧盟并没有重视他们的声音，比例最高的三个国家是希腊（73%）、爱沙尼亚（70%）和捷克（67%）。

欧盟 28 个成员国中，27 个成员国的多数受访者认为，他们的国家留在欧盟内会更好，比例最高的三个国家是荷兰（85%）、德国（81%）和丹麦（78%）。即使在由民粹主义政党"五星运动"和极右翼政党"北方联盟"共同执掌政权的意大利，仍有 48% 的受访者认为留在欧盟会更好，但 41% 的受访者持相反观点。而在 2017 年，这一比例分别为 46% 和 43%。

社会人口统计数据表明：相较于 57% 的体力劳动者和 53% 的失业人口，高达 73% 的管理者相信他们的国家留在欧盟内会更好；在校学习的年龄达到或超过 20 岁的人中，72% 的受访者认为他们的国家留在欧盟会有更好的未来；而那些 15 岁或更早之前就离开学校的人中，只有 50% 的受访者认为他们的国家留在欧盟内会有更好的未来；在那些支付账单从来没有困难的人中，65% 的受访者认为自己的国家留在欧盟会有更好的未来；而对那些大多数时间要不停努力奋斗才能勉强支付账单的人而言，这一比例只有 40%。

调查显示，在欧盟层面，民众最关切的两个议题是移民与恐怖主义袭击，对经济状况的关心居第三位。移民问题成为首要关切问题，有 20 个成员国的超过半数即 52% 的受访者对来自欧盟之外的移民持负面态度。持负面态度比例较高的几个国家分别是斯洛伐克（83%）、匈牙利（81%），捷克（80%）和拉脱维亚（80%）。

整体而言，85% 的欧洲人认为需要采取更多的办法与那些来自欧洲之外的非法移民作斗争。尤其在希腊和匈牙利，持这一观点的比例高达 95%，其后依次是捷克（94%）、英国（78%）、法国（76%）和瑞典（75%）。

民众最关注的议题是对移民和恐怖主义袭击的担心。这就不难理解，为什么极右翼政党在欧洲的支持率能节节攀升。极右翼在欧洲持续发酵，在 2017 年德国大选中，右翼民粹主义政党德国选择党成为最大赢家，获得了 12.6% 的选票，一举进入议会，正式成为建制派的一部分。在奥地利，中右翼人民党的年轻候选人塞巴斯蒂安·库尔茨（Sebastian Kurz）选择与极右翼政党奥地利自由党一起联合组阁，成为奥地利总理。意大利大选结束后，民粹主义的"五星运动"与极右翼的"北方联盟"联合执掌政权。

当前欧盟面临的风险是，当多数民众比以往更热爱欧盟时，民粹主义者声称他们也爱欧盟。只是他们需要的是与目前欧盟不同的另一个欧洲。

2018 年 6 月，法国极右翼政党"国民阵线"更名为"国民联盟"，目的在于与其创建者让－玛丽·勒庞持有的极端反犹主义进一步拉开距离，以扩大自己的选民群体。在 2017 年法国大选时，让－玛丽·勒庞的女儿玛丽娜·勒庞宣称，如果胜选，她会带领法国退出欧盟。

　　但今天的国民联盟只字不提法国要退出欧盟，也不提法国要退出欧元区。国民联盟的领导人说："我们注意到，人们想要的是一个不一样的欧洲，这正是我们要打的一张牌。我们推崇重新谈判，而不是希望法国退出欧盟。"国民联盟真的改弦更张了吗？在欧盟总部所在地布鲁塞尔的欧盟建制派看来，国民联盟关于欧盟改革的提议是非常激进的，其中有一条就包括废除欧盟委员会，这是欧盟根本不能接受的。

　　整体而言，平均67%的受访者认为自己的国家成为欧盟成员国后获得了更多的益处。当欧洲人说他们比以前更喜欢欧盟时，他们同时也比以往任何时候都更不喜欢中间的主流政党。德国、法国、意大利、波兰这些国家通常持有中间立场的社会党的席位都面临风险。虽然法国总统马克龙领导的"共和国前进党"想取代社会党的位置，但迄今为止尚未实现既定目标。

　　意大利在所有欧盟成员国中，对欧盟的支持率是最低的。61%的意大利人认为欧盟并没有聆听他们的声音，这个数字是其他国家的两倍。意大利内政部部长马泰奥·萨尔维尼希望停止或阻止移民进入意大利，他对默克尔的联合欧洲一起处理移民问题的做法持怀疑态度，对欧盟的前途也不乐观。2018年6月底，他在接受德国《明镜》周刊记者采访时尖锐地说："一年之内，我们就会知道一个团结的欧洲是否仍然存在。"

　　在国家政府层面，政治辩论中充满了激烈的反欧盟言辞。对欧盟的评论已经根植于欧洲议会的政治群体中。2014年欧洲议会选举，极右翼成为最大的赢家。今天，在欧洲跨国议会党团中，几乎每个党团都有极端政党存在。欧洲人民党团（EPP）中就有匈牙利的青民盟；欧洲保守和改革党团（ECR）中就有波兰的"法律与公正党"；欧洲自由和民主党团（ALDE）中则有意大利的"五星运动"和"北方联盟"；身份、传统与主权党团（ITS）中则有玛丽娜·勒庞领导的"国民联盟"，并且还有相当多的独立议会成员也对欧盟持怀疑态度。当欧盟竭尽全力想争取年轻选民的支持时，63%的受访者认为新的政党和运动能够比现任的政党找到更好的解决办法。由此看来，任何尝试动员年轻选民的办法都要冒着把他们推到疑欧主义政党怀抱的风险。

　　当疑欧主义政党力量不断崛起时，我们不禁追问：为什么传统政党在最近几十年里逐渐失去了选民的支持？为什么欧洲一些国家，尤其在德国表现得更为明显，政党政治碎片化不断加剧呢？对这一问题，学界存有很多解读。

　　英国牛津大学学者埃利阿斯·戴纳斯与其合作者、西班牙学者佩德罗·

里埃拉从欧洲议会选举的角度对这一问题作了解答，他们将"次等选举"理论与政治社会理论相结合，剖析了欧洲议会选举与各国国内政党格局的关系。他们发现，当 1979 年欧洲议会选举第一次进行时，并没有人关注它将会对各政党在国内选举层面的力量变化产生什么影响。因为，欧洲议会选举是政治精英推动的，其主要目的在于增强欧盟的合法性。欧洲议会选举作为一个次等选举的典范，与国家层面的选举相比，选民的态度会更加漫不经心。因而，欧洲议会选举在某种程度上鼓励了对持反欧盟立场和抗议型小党的支持。[1]

选举舞台作为一个政治竞技场，同样的政治人物在不同的政治层面中竞争，一次选举可能带来潜在、长期的溢出效应。一个人早期的投票经验会影响到他日后的投票行为，因而那些在欧洲议会选举中曾经支持规模较小的抗议型政党的选民，在接下来的国家选举层面中很可能作出相同的选择。这一点在 2014 年的欧洲议会选举后表现得尤为明显。由此，在国家层面，传统大党力量削弱，小党产生，从而使各国国内政党格局趋于碎片化。

（三）经济危机与极右翼民粹主义的兴起

2008 年金融危机之后，在经济大衰退的阴影下，整个欧洲几乎都见证了极右翼的异军突起。在北欧斯堪的纳维亚地区，有挪威、丹麦、瑞典民主党，还有在芬兰获得了话语权的芬尼党；在西欧，玛丽娜·勒庞领导的具有极端民粹主义色彩的国民联盟取得了极大成功；在比利时、荷兰、瑞士、意大利和希腊，民粹主义也有了更强劲的市场；在中东欧的捷克、斯洛伐克、匈牙利、波兰，民粹主义成为危机中的阴影；同样，在盎格鲁 - 撒克逊地区的英国和爱尔兰，右翼民粹主义思潮也很盛行。

拉克劳认为，民粹主义天然地和危机联系在一起，如果没有危机，民粹主义不会迅速崛起。政治危机，换句话说，代议制危机是任何民粹主义动员的最根本原因。[2] 罗伯茨认为，在政治制度中，哪里虚弱，哪里就为民粹主义的产生提供了一种永久的趋势。[3] 墨菲特认为，与其说危机给民粹主义提

---

[1] Elias Dinas, Pedro Riera, Do European Parliament Elections Impact National Party System Fragmentation? *Comparative Political Studies*，4，2018.

[2] E. Laclau, *Politics and Ideology in Marxist Theory: Capitalism-Fascism-Populism*, Atlantic Highlands: Humanities Press, 1977.

[3] K. M. Roberts, Neoliberalism and the Transformation of Populism in Latin America: the Peruvian Case, *World Politics*, 48, 1995.

供了契机，倒不如说民粹主义努力让自己成为危机的契机。①

　　2008 年的经济衰退给欧盟各国带来了沉重的打击。从国内生产总值增长率上看，2008 年全球金融危机和 2009 年欧债危机降低了各欧盟成员国经济的整体表现。欧盟经济在 2009 年出现严重衰退（如图 6.1 所示），随后在 2010 年出现复苏，欧盟 27 国实际国内生产总值增加了 2.1%，2011 年又实现了 1.7% 的增长，但 2013 年又收缩了 0.2%。在欧盟内部，随着时间推移，各成员国之间的实际国内生产总值增长差异较大，在 2009 年除波兰外的其他成员国都有收缩，2010 年有 23 个成员国恢复了经济增长，2011 年也持续增长，然而这种发展趋势在 2012 年被扭转，只有不到 13 个成员国实现了经济增长。

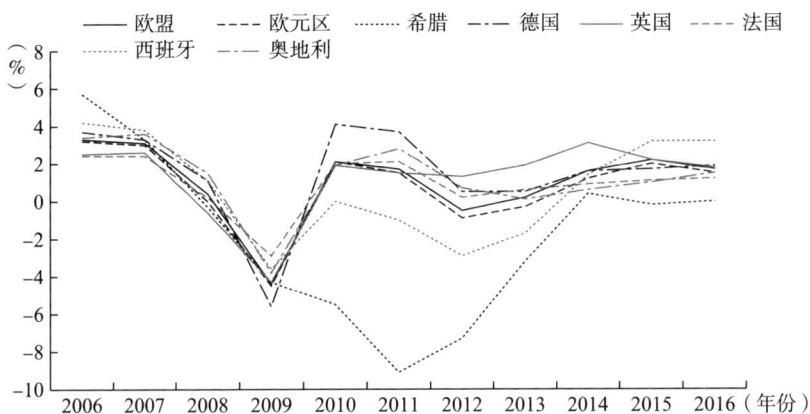

图 6.1　2006～2016 年欧盟主要成员国国内生产总值增长率

资料来源：http：//ec. europa. eu/eurostat/statistics-explained/index. php？ title = National_accounts_and_GDP#Developments_in_GDP。

　　与经济衰退相伴随的是失业率的节节攀升。欧盟统计局数据显示，2008 年第一季度，欧盟 27 个成员国失业人数为 1620 万，失业率为 6.8%。2008 年金融危机爆发后，失业人数迅速增长。自 2008 年第二季度到 2010 年年中，失业人数增加了 700 万，失业率达到 9.6%。自 2011 年第二季度到 2013 年第一季度，失业人数显著增长，达到了 2660 万，失业率达 10.9%。之后缓慢回落，到 2014 年 2 月，失业率为 10.5%，2015 年 2 月时失业率为

---

① B. Moffitt, How to Perform Crisis：A Model for Understanding the Key Role of Crisis in Contemporary Populism, *Government and Opposition*, 50, 2014.

9.8%，2015 年秋季为 9.4%。①

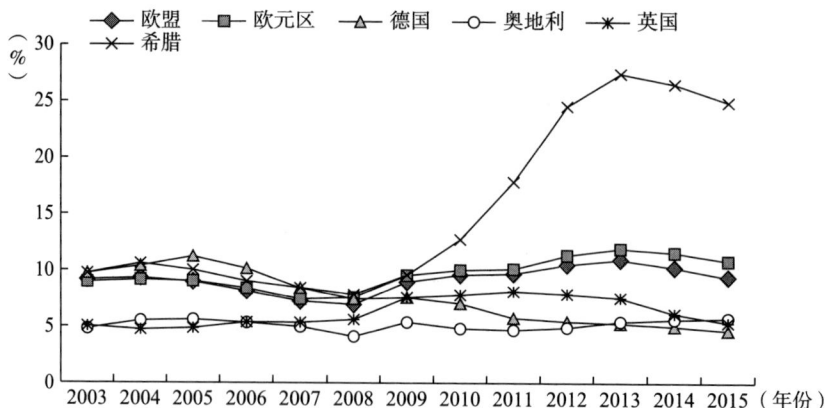

图 6.2　2003～2015 欧盟成员国、欧元区和主要国家年失业率

资料来源：http://ec. europa. eu/eurostat/statistics-explained/index. php/File：Un-employment_rate_2004－2015_（%25）_new. png。

　　年轻人失业率是所有年龄段人口失业率的两倍或者更高。在欧盟 27 个成员国中，15～24 岁以下的年轻人失业率在 2008 年第一季度为 15.1%，从 2008 年第二季度开始，年轻人失业率不断攀升，到 2013 年第一季度，高达 23.6%，到 2013 年底，年轻人失业率缓慢回落到 23.1%。2014 年的平均失业率为 22.2%，2015 年的平均失业率为 20.4%。（见图 6.3）居高不下的年轻人失业率可在一定程度上可以帮助我们理解年轻人对政治的冷漠态度。

　　2018 年是金融危机结束后的第十个年头，希腊也最终走出主权国家债务的阴影，不需要救助，变为一个正常国家。但经济危机带来的影响却未曾远去。经济危机的脚步刚刚离开，政治的混乱、社会的极化却接踵而至。极右翼民粹主义的强劲反弹给今天的欧盟带来了更多的挑战。

　　历史有着惊人的相似之处，阿兰·德·布鲁姆黑德（Alan de Bromhead）的研究表明，1930 年代的大萧条触发了政治极端主义。② 华盛顿胡佛研究所于 2016 年 9 月发表了三位学者的一份报告——《金融危机之后的政治走向极端化：1870～2014》。三位学者考察了 1870～2014 年 20 个国家的 800 次大选，量化了 100 次金融危机的政治后果，发现每次金融危机后，政治会向极

---

① http://ec. europa. eu/eurostat/statistics-explained/index. php/Unemployment_statistics#A_detailed_look_at_2013.

② https://www. nber. org/system/files/working_papers/w17871/w17871. pdf.

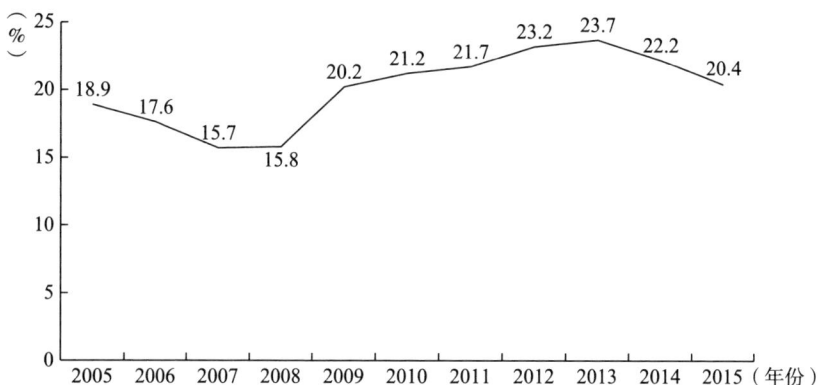

图6.3 2005～2015年欧盟成员国年轻人失业率

资料来源：https://ec.europa.eu/eurostat/databrowser/view/tepsr_wc170/default/ table？lang=en。

化发展，更加向右转，极右翼政党的支持率会上升；政治局势变得不稳定，街头抗议、罢工、示威和骚乱增加；议会形成政治僵局，政策的不确定性备受争议，经济复苏缓慢乏力。① 经济合作与发展组织的一份报告显示，过去30年里，在15个较富裕的欧盟国家中，工资占国内生产总值的比重持续下降了约13%。②

据德国联邦统计局2017年9月数据，当年7月，就业率较上年同期增长1.6%，大约有150万人失业，比一年前减少了26.3万人。此外，另据数据显示，德国老年人就业率持续提升。在60～64岁的人群中，2006年约有30%的人就业；到2016年，这一比例已上升到56%。在65～69岁的人群中，近15%的人在2016年仍在工作，而在2006年该比例仅为7%。在失业率总体下降的背景下，老年人就业率稳步提升，那么，年轻人的就业率和获得稳定工作的机会等，就成为必须关注的问题。在这一轮经济危机中，首当其冲的是年轻人，而工作不稳定使年轻人对政治变得冷漠。③

英国利兹大学一个名为"波兰和德国工作不稳定的年轻工人——对工作和生活条件、社会意识和公民参与的比较社会学研究"的科研项目，对1000

---

① https://www.hoover.org/sites/default/files/1115_eer_slides_sep2016_short.pdf.

② https://www.theguardian.com/business/2007/jun/20/globalisation.ukeconomy；https://www.thepaper. cn/newsDetail_forward_2849384.

③ 杨云珍：《德国政治生态面临重大转折》，《中国社会科学报》2017年11月3日。

名年龄在 18～30 岁的德国人作了调研。结果显示，经济不确定性将导致年轻工人比年长工人更容易发现自己处于不稳定的就业状态。该科研小组发现，经济上没有安全感的年轻人更容易处于被政治疏远的范围中。从事没有安全感工作的人，更有可能成为一个不确定的选民，或者是根本不去参加投票。长久以来，工人是社民党主要的支持根基。而德国前总理施罗德 2003年推出的《2010 议程》等一系列劳动力市场改革，使德国的工作形式变得不再稳定。这导致只有 14% 的工作不稳定的年轻工人将选票投给社民党，而在一般人群中这一比例也只有 20%。工作不稳定的年轻人与那些工作稳定的年轻人相比，对政治不感兴趣的人数是后者的两倍。面对社会生活，他们显得更为沮丧：超过 40% 的人认为，他们的选票不能使现状发生任何改变；而在有稳定工作的年轻人中，持同一看法的比例为 16%。

根据民调机构阿伦斯巴赫研究所（Allensbach Institute）的调查，2017 年大选前只有 19% 的德国人认为即将到来的选举至关重要。这一比例较 4 年前有所增多，但在 2005 年默克尔首次就任总理时，有 47% 的人认为选举是至关重要的；1998 年时，该比例为 45%。而此次大选的投票率是 75%，即每 4个人中就有 1 个人选择放弃。然而，年轻人似乎对这种不稳定习以为常，其中一些人连通过投票改变自己命运的兴趣都没有，而是选择了直接放弃。这一方面表现出年轻选民对政治的冷漠，另一方面也显示出选民的流动性与不确定性在增大。在选举前一周，德国仍有 40% 的选民没有确定投票给哪个政党。不确定选民的增加，或许在一定程度上可以解释，为什么两大主要政党的得票率远低于民意预测的结果。尤其是工作不稳定的年轻人的政治冷漠，在一定程度上可以解释社会民主党支持率的下滑和衰落。

比约恩·布雷默研究了 11 个西欧国家社会民主党对这场危机所作出的纲领性反应。他使用原始的数据集合记录了不同的社会民主党对不同议题的倾向，以及在竞选期间就不同议题采取的不同立场，并且对 2008 年前后社会民主党的纲领进行了比较。指出在危机期间，西欧社会民主党在福利和经济自由方面向左转，它们基本上接受了严格的预算和紧缩政策。[①] 许多观察家也认为在面临经济危机时，左翼迷失了自己的道路，接受了与自己身份定位相矛盾的政策，不仅在党内造成信任危机，普遍采取的紧缩措施也导致了

---

① Björn Bremer, The Missing Left? Economic Crisis and the Programmatic Response of Social Democratic Parties in Europe, *Party Politics*, 24, 2018.

欧洲社会民主党的危机。

（四）局内人与局外人——移民与身份政治

2015 年难民危机爆发后，默克尔起初对难民采取了不设上限的欢迎态度，默克尔的难民政策遭到了欧盟成员国的强烈反对，在 2015～2016 年的跨年之夜，德国多个城市发生了由北非及疑似阿拉伯裔男子实施的集体性侵事件，其中以科隆的规模最大。由于案件规模前所未见，加之案犯大多来自"伊斯兰国"的寻求庇护者，以及德国当局起初因犯案者的身份而隐瞒事件，这些进一步激发了德国民众对大量涌入的穆斯林移民的担忧，并质疑以默克尔为首的德国政界在欧洲移民危机中接纳穆斯林难民的居留政策。

2014 年民众最关心的前两个议题分别是经济情况和失业。对移民问题的关切位居第三。到 2015 年，最受关注的前两个议题是移民和经济状况；2016 年为移民和恐怖主义袭击；2017 年是恐怖主义袭击和移民。在 2018 年欧洲晴雨表调查中，欧洲民众最关注的两个议题仍然是移民与恐怖主义袭击。在受访者中，对移民问题的关注比例为：英国 28.94%，法国 38.67%，德国 42.32%，意大利 41.35%，波兰 45.02%，瑞典 42.24%，芬兰 40.11%，拉脱维亚 46.58%，希腊 36.71%，荷兰 45.36%，比利时 42.09%，捷克 58.19%，奥地利 37.68%，丹麦 54.32%。移民议题是大多数成员国受访者认为应该在 2019 年欧洲议会大选之前进行辩论的前三个问题之一。①

移民议题受到如此高的关注，这就不难理解为何以反移民为主要政治诉求的极右翼政党能在欧洲政坛上表现亮眼，为何右翼民粹主义能发展得如火如荼了。从移民议题的角度也可以看出中左翼的社会民主党在面对移民问题时左右为难的处境。

移民议题从表面上看似乎是一个单一议题，但它实际上却与其他很多议题纠缠在一起，如民族主义、福利沙文主义，尤其是在欧洲福利国家体系中，谁有资格享有成员资格，谁才有权利分享福利政策，这些都和移民议题难解难分。

1. 劳动分工差异——移民问题的深层次根源

托马斯·索维尔（Thomas Sowell）作为非洲裔的美国经济学家和社会学家，指出不同族裔文化上的差异常常是与技能或者人力资本方面的差异相联

---

① https://www.politico.eu/interactive/european-elections-most-important-issues-facing-the-eu.

系的。① 劳动分工的出现也可能是由于雇主想要把劳动力的价格降到最低，劳动力成本常常会随着文化差异的不同而不同，一般来说，雇佣来自经济欠发达地区群体的成员，比雇佣来自较发达地区群体的成员要便宜。外来移民如果具有相当的技能，那么，他们可能会挤走来自比较富裕国家的劳动力。为了把成本较低的移民的威胁降到最低，成本较高的劳工群体会想方设法挤走移民。法国的国民联盟的目标就是如此，几乎所有的极右翼政党都排斥外来移民。② 可问题在于，国家不仅仅提供人们普遍重视的公共产品，而且它提供的一些公共产品在文化上还具有排他性。几乎每个人都希望享受免费的公共教育，但教育却可以用不同的语言来进行。

移民本身正是全球化的一种表现形式，如果在既定的全球化框架中讨论不平等和移民问题，会是一个非常困难的任务，因为这是一个在两个不同层面上的权衡。一方面，因为迁徙可以帮助移民摆脱他们原来所在国家所处的贫困状态，移民在接收国可以获得更多的受教育和工作机会，更好的工资收入，生活品质也会得到提升。从这个角度而言，更多的移民会减少全球层面的不平等，它肯定会减少全球贫困，因此移民是一件好的事情。③ 另一方面，移民的到来会加剧移民接收国国家内部的不平等，同时引发相应的政治问题。从根本上来讲，这里有一个权衡的问题，因为不能选择极端的解决问题的方式。如果要将移民的自由流动减少到零，这种假设不仅在政治上是不可行的，在经济上也是具有毁灭性的。

2. 局内人与局外人——福利沙文主义

极右翼政党拥抱福利沙文主义的价值观。以往的学术文献、极右翼政党的纲领以及大选中的口号，其政治诉求都已清晰地阐明了这一点。极右翼意识形态的内核是强调两个维度之间的冲突，一端是同质性的团结、纯洁的人民，另一端则是由分裂的政治、经济与文化精英组成的敌人。这样一个两分的维度就是施密特所说的"我们"与"他们"的区分。因此，极右翼政党反对的一个敌人是隶属于建制派的、贪污腐败的、不值得信任的政治精英；另外一个敌人就是"和我们不一样的其他人——移民"。

福利沙文主义连接着移民/一体化和福利这两个最主要的议题。如法国

---

① Thomas Sowell, *Race and Culture: A World View*, Basic Books, 1994.

② 〔美〕迈克尔·赫克特：《遏制民族主义》，韩召颖译，中国人民大学出版社，2012，第131页。

③ *Inequality in Europe*, Friedrich-Ebert-Stiftung Hans Bockler Stiftung Social Europe Dossier, p. 8.

国民联盟的领导人让－玛丽·勒庞就曾宣称："我们必须保证我们的福利，以及我们的社会政策在就业、住房方面对我们的同胞具有优先权。当法国有500万失业人口时仍然接纳数十万外国人，是非常荒谬的。"①

无独有偶，荷兰的自由党在2010年的宣言中也直截了当地说："我们每年花在额外的监狱，额外的警察，额外的住房，额外的照顾、教育和医疗方面的数十亿欧元从哪里来？这些钱是从谁的钱包里来的？谁需要为这个多元社会付出代价？这些钱来自我们，勤劳的荷兰人民，而我们从未要求大规模的移民涌入我们的国家。"②

为什么主流政党需要对极右翼政党的福利沙文主义作出回应？最主要的一个考量是这一意识形态明显地给其自身的选举成绩以及潜在的治理能力带来了威胁与挑战。选举行为理论认为，当一个政党提出新的议题时，政党体系中的其他政党出于选举损失的考虑，都会对新议题作出自己的回应。那么，主流政党是在什么时间，这里包括同一次选举期间，抑或是时间上滞后的下一次选举期间对新议题作出回应呢？多数学者认为，主流政党是在经历过选举失利后才作出调整的。③

以荷兰和丹麦为研究个案，得出的结论是，面对极右翼福利沙文主义意识形态的挑战，主流保守的右翼政党迎合了极右翼政党的福利沙文主义，在政策层面上表现为采取了愈发严厉的移民政策；与此同时，一些左翼政党也变得对多元文化主义充满更多的怀疑，尤其是它们在面对选举失利之后。但是，在荷兰与丹麦的社会民主党中，没有发现明确的福利沙文主义的意识形态诉求。

自2015年难民危机以来，极右翼政党屡屡以移民问题发难，它们的选举成功通过反对移民、福利沙文主义的议程在很大程度上改变了福利国家的政治联盟。奥地利自由党成功地成为库尔茨领导的政府中的执政伙伴。2018年3月的意大利大选中，"北方联盟"和"五星运动"都持强烈的反移民色彩，最后的结果是，民粹主义与极右翼政党的领导人共同执掌意大利政权。

① Gijs Schumacher Kees van Kersbergen, Do Mainstream Parties Adapt to the Welfare Chauvinism of Populist Parties? *Party Politics*, 22, 2016.

② Gijs Schumacher Kees van Kersbergen, Do Mainstream Parties Adapt to the Welfare Chauvinism of Populist Parties? *Party Politics*, 22, 2016.

③ Ian Budge, M. J. Laver (eds.), *Party Policy and Government Coalitions*, Palgrave Macmillan, 1992.

这都是很好的例子。学者们对丹麦和荷兰案例的解读表明，在移民议题上，民粹主义政党会与主流右翼相结盟以减少对移民的福利开支，与此同时，其还通过与主流左翼甚至是极左翼结盟，对本国人民维持慷慨的福利计划。[①] 这从一定程度上可以说明为什么极左翼政党也在选举中取得了比以往更好的成绩。可以看到，中左翼的社会民主党，一方面受到极右翼政党的侵蚀，另一方面，其选民也流向极左翼政党。

在 2018 年 9 月的瑞典大选中，瑞典民主党成为大选的"造王者"。一直以来，瑞典是北欧模式最主要的代表，也是欧洲引以为骄傲的自由、民主的高地之一。但瑞典民主党也以移民问题发难，成为第三大党，改变了瑞典社民党长期以来的优势地位。

移民议题从一个侧面也清晰地反映出极右翼政党与主流政党之间的一种博弈态势。麦吉德在分析了主流政党对边缘性政党如何作出回应时，认为存在这样一种选举模式：首先，极右翼政党采取一个反对主流政党建制派的立场；其次，边缘性政党基于这样的一个立场，在选举中获得胜利；最后，主流政党调整政策，摆脱自身的传统立场，以此来适应极右翼民粹政党的挑战。[②]

3. 身份政治引发的不安全感认同

美国哥伦比亚大学社会政策教授尼拉·考沙尔（Neeraj Kaushal）2018年出版了研究移民问题的新著《谴责移民：民族主义与国际运动经济学》。在书中，她首先提出了问题，移民正在动摇世界各地的选举政治。欧洲、美国以及亚洲和非洲各国的反移民和极端民族主义政治正在崛起。是什么导致了这种本土主义的热情？移民是造成问题的原因，还是仅仅是一个共同的替罪羊？她考察了当前席卷全球移民接收国的民族主义和本土主义热潮、日益增长的焦虑情绪、移民群体的人口学特征以及驱动移民的经济和政策环境。她测试了对移民的普遍抱怨，移民会取代接收国工人或创造新工作机会吗？移民是接收国的净收益还是净拖累呢？她发现，总的来说，移民对接收国是有利的，助燃反移民情绪的最主因素在于接收国接纳、吸收、管理移民的意愿，而非移民的数量或涌入的速度，目前移民接收国提出的反移民措施可能

---

① Gijs Schumacher Kees van Kersbergen, Do Mainstream Parties Adapt to the Welfare Chauvinism of PopuList Parties? *Party Politics*, 22, 2016.

② B. M. Meguid, Competition between Unequals: The Role of Mainstream Party Strategy in Niche Party Success, *American Political Science Review*, 99, 2005.

会引发不良后果，并且无法阻止潜在的移民。①

　　尼拉·考沙尔同时研究了全球移民的人口统计数据、带来这些移民的经济潮流，以及塑造他们新家园的政策。她揭开了对移民的常见误解，表明今天的全球流动性在历史上是典型的，大多数移民流动是通过法律框架进行的。同时，移民易引发国家不安全感认同上升，从移民经济学的角度思考，这是由于金融危机以来，欧美等传统移民接收国的经济社会优势减弱，以及与移民相关的安全威胁常被媒体放大，从而助长了整个社会对移民问题的焦虑，进而助推了极右翼反移民的情绪。

　　全球化不仅仅是经济的全球化，也是文化的全球化。托克维尔在《论美国的民主》时指出："中世纪是一个教派分立和群雄割据的时代。当时，每个民族，每个地方，每个城市，每个家庭，都力图自保和独立。但在今天，却出现了一种相反的趋势，各国好像都在走向统一。各国之间的文化联系正在把世界上遥远的地区联合到一起。人们也不能继续孤立而不互通往来，或不能继续对地球上任何角落发生的事情一无所知。""世界上没有任何力量能叫移民们止步，不让他们开进这片为勤奋的人敞开大门，为受苦受难的人提供休养生息场所的沃野。不管未来发生什么事，都夺走不了美国人的气候、内海、大河和沃土。"② 托克维尔当时虽然讨论的是欧洲人流向新大陆，但不经意间却告诉了我们为什么人类是需要流动的。

　　塞尔维亚裔美国经济学家布兰科·米兰诺维奇（Branko Milanovic）认为，由于科技提供的便捷通信网络，世界上的人们愈发相互依赖。而在目前经济、技术、资本全球化的这个框架中，世界变得不平等。对于中国人和印度人来说，因为全球化，他们大多数是幸运的。而另外一些人，则没有那么幸运。在富裕的发达国家里，不平等正在加剧，中产阶级被掏空。③ 与此同时，不平等带来了极右翼民粹主义的增长。在选举中对于非主流政党的支持，实际上缘于经济因素，却通过文化的渠道发泄出来，表现为极右翼政党强烈的反移民意识形态诉求。

　　换句话说，这是因为经济缺乏进步和增长，是因为人们对自己的经济处境极为不满意，即工作不稳定，工资在下降，还有可能失业。因为没有钱而

　　① https://cup.columbia.edu/book/blaming-immigrants/9780231181457.
　　② 〔法〕托克维尔：《论美国的民主》（上），董果良译，商务印书馆，2010，第525页。
　　③ 〔塞尔维亚〕布兰科·米兰诺维奇：《全球不平等》，熊金武、刘宣佑译，中信出版社，2019。

不能够把自己的孩子送到更好的学校读书……有很多人通过指责另外一些人来表达自己的不满。这些不满意的人可以指责精英、指责移民，但最深层次的原因在于他们对经济的不满意。

除了经济因素外，是否也含有文化上的因素呢？我们将目光转到东欧国家，其不愿意接收移民，有两方面的因素是不能忽略和忘记的。一方面，经历了过去 200 年的发展后，尽管在这个长时段内，经历了不同的处境和不同的掌权者，但他们都尽力建立了一个同质性程度很高的国家。苏东剧变、柏林墙倒塌之后，例如在波兰，其拥有一个高度同质性的社会，尽管有德国人、乌克兰人、犹太人在该国居住，但 99% 的人口还是波兰人。同样在捷克、斯洛伐克和匈牙利，自第一次世界大战结束后，它们都是同质性的社会。随着塞族少数民族的消失，克罗地亚也呈现出类似的特征。

所有这些东欧国家都是同质性的，1989 年的事件有很强的民族主义因素。现在，时间已走到了这些国家抛下近两个世纪的历史包袱的关口，他们力图构建自己的民族国家，要接纳那些与他们完全不同的人困难重重。文化上的异质性也是波兰、匈牙利、捷克或者斯洛伐克不愿意接纳来自欧洲以外的移民的一个重要原因。

如果观察德国，就更能明白这一特点了。在 2017 年德国大选后，德国东部和西部有很大的不同。原东德地区并没有像原西德地区一样（西德在二战后接纳了大量意大利、土耳其的客籍工人来重振经济）接纳大量的外来移民，因而完全没有经历过移民到来的经验，但是东部城市德累斯顿的人们反而说"我们不愿意像他们一样"。对于 98% 的移民只是辛勤工作的情况视而不见，这也算是一种文化方面的排斥吧？

布兰科·米兰诺维奇认为，很难简单地给出一个结论，东欧国家的反移民有较多的文化因素。在英国"脱欧"中，也会发现在那些外国人口出生比例较小的地区，反而有强烈的反移民倾向。而在伦敦、维也纳等外来移民占比很大的大都市，反移民的倾向反而要小。在农村或较小的地区，人们担忧外来的人口会改变自身传统的生活方式。

在全球化引发的不平等这一大框架下来讨论，移民问题就显得更为紧迫了，需要以长远的眼光来制定政策和思考问题，因为这对于欧洲来说至为重要。

第一个方面的原因在于，欧洲多数国家的人口增长是停滞的，或者说是一直下降的。过去 50 年来，欧洲的人口一直在减少，这并不是巨大的减少，基本上是人口增长停滞。另外，撒哈拉以南的非洲人口是欧盟人口的两倍，非洲大陆与欧洲之间巨大的差距，尤其是在收入方面的巨大差距，目前还想不出任何好的办法来弥补。长远来看，欧洲面临移民的压力将会越来越大。

第二个方面的原因在于，移民问题深刻折射出欧洲发达国家的人口结构问题，以及深刻的代际冲突。2008 年以来，失业率，尤其是年轻人的失业率不断增高，社会的财富愈发集中于老年人身上，这一点在住宅需求迅速扩张的国家尤其明显。50～70 岁的中老年群体坐拥大量现金，同时还享有丰厚的退休金保障。这些财富中仅有一部分可以通过继承的渠道传给下一代。草根的反叛也是年青一代对年老一代的反叛。今天欧洲社会所面临的两难问题，一方面是由极右翼政党发起的反移民诉求，另一方面是服务业领域对廉价的移民劳动力的强劲需求。

当前欧洲各国对外来移民的排斥使得移民问题政治化，并已然成为一个炙手可热的议题，成为民众最为关注的问题，这些都为极右翼政党力量不断上扬提供了契机。最后，深层次的原因还在于，当今的世界，民族国家仍然是政治舞台的主角，虽然各国经济已经不可分割地联结在一起，但政治上仍是以民族国家为边界，这就带来了民族认同的深层次问题，也就使得极右翼思潮的核心，即"本民族优先"这样的话语有了生存的空间。一端是普遍的人与人之间的平等，另一端是民族国家边界之内的本民族优先，这是当前政治学领域内的一个两难困境，尤其使致力于追求人与人之间平等的社会民主党面临着巨大的困境与挑战。

（五）日益加剧的不平等

"不平等是我们这个时代的决定性问题。"这是美国前总统巴拉克·奥巴马于 2013 年对当时情形所下的判断。很多年过去了，不平等非但没有解决，反而在政治领域里带来了更大的挑战。2016 年，我们目睹了英国"脱欧"，目睹了特朗普当选美国总统，目睹了极右翼民粹主义的强劲反弹。亨宁·迈耶认为，这不仅在于社会中不同群体之间巨大的、持续的不平等，同时还因为脆弱的政治系统对于那些正处在困难境地中承受煎熬的人们没有作出积极的回应，没有关心他们，没有对他们承担更多的责任。[①]

如果从长时段来看，并将 1980 年代中期与今天进行比较，所有富裕国家的不平等现象都在增加。就经合组织国家而言，除了两三个国家之外，各

---

① *Inequality in Europe*，Friedrich-Ebert-Stiftung Hans Böckler Stiftung Social Europe Dossier，2018.

国的不平等现象都在增加。在欧洲，所有国家的不平等都呈现加剧的趋势。即使是一直被誉为社会民主主义典范的瑞典，其不平等也在增加。瑞典的不平等已经和欧洲其他国家的不平等汇流到一起。在瑞典，收入前10%的人群与其余90%的人群间的差距正在日趋极端化。[1]

在既定的全球化体系和框架中，2008年金融危机引发欧债危机后，西班牙、希腊、葡萄牙等重债国家的不平等都在加剧，与之相比，中欧一些规模比较小且在教育、种族方面同质性程度很高的国家，如匈牙利、奥地利、斯洛伐克、捷克、斯洛文尼亚，与重债国家相比，它们的不平等程度相对较低。

亚里士多德曾经说过："一切内讧通常都是以不平等为发难的理由，总是由要求平等的愿望这一根苗成长起来的。"[2]

我们以法国为例，据《2018年世界不平等报告》统计，在2014年法国税后个人净财富占有比例中，收入最高的1%的人口享有23.4%的财富；收入较高的2%~10%的人口享有31.9%的财富；中间40%的人口享有38.4%的财富；而社会底层50%的人口只享有6.3%的财富。

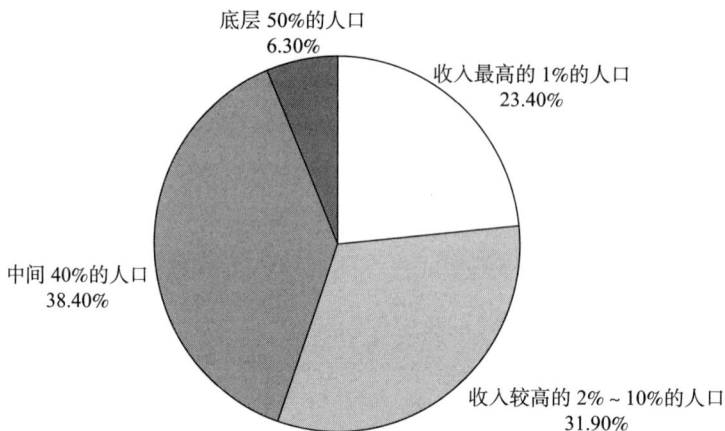

图6.4 2014年法国净个人财富份额

资料来源：World Inequality Report 2018，https：∥wid. word/country/france。

法国统计局的报道也指出，在2008~2016年期间，社会和税收改革虽然给家庭收入带来压力，但从整体上加强了再分配制度的社会安全网络。[3]

---

[1] https：∥www. socialeurope. eu/the-swedish-face-of-inequality.

[2] 〔古希腊〕亚里士多德：《政治学》，吴寿彭译，商务印书馆，1965，第234页。

[3] https：∥www. insee. fr/en/statistiques/3646118？sommaire = 3646243.

从总体来看，2017 年推出的福利和税收改革制度对生活水平不平等几乎没有改善。但是，每项措施都有不同的影响，具体取决于家庭的生活水平和家庭构成方面的地位。收入最低的 10% 的人口，全年生活水平提高了 0.4%。在生活水平规模的另一端，收入最高的 20% 的人口则主要受到养老金缴费率上升的影响，而这种增加也使中等生活水平的家庭处于不利地位。①

以马克龙为首的改革者，是从国家整体层面来考虑问题与制定政策的。但那些占比高达 50% 的底层民众、那些在贫困线挣扎的家庭、那些失业者，尤其是失业的年轻人，他们的切身感受却是改革的不公正，因而将马克龙称作富人的总统。

欧盟统计局 2018 年 12 月 14 日的统计数据显示，2017 年，法国人口中有 17.1% 的人面临贫困风险。而在 18 岁及以上的失业人口中，57.1% 的人面临贫困和被社会排斥的风险。虽然这一数字低于欧元区国家的平均水平（65.3%）和欧盟国家的平均水平（64.7%）。②

中等收入的家庭在贫困线上挣扎，他们又不属于收入最低的 10% 的人口，因而无法享受到更多的国家福利救助。加之法国长期以来形成的巨大城乡差距，因此，那些以汽车为生活中主要交通工具且生活在农村和巴黎郊区的人，成为 2018 年岁末法国黄背心运动的主力军。有评论认为，如同美国的占领华尔街行动一样，"黄背心们"反对的并不是环保政策，而是剥削压榨他们那 1% 的人口。在冬日的寒冷中，那醒目的黄色反光背心成为抗议者的统一徽章和标志。而在黄背心运动爆发之后，国民联盟领导人玛丽娜·勒庞第一时间宣布，国民联盟支持黄背心运动。

我们再将目光转向英国。2019 年 1 月，英国国家学术院（The British Academy）官网刊发了英国伦敦国王学院历史学家帕特里夏·塞恩（Patricia

---

① https://www.insee.fr/en/statistiques/3646118?sommaire=3646243.

② http://appsso.eurostat.ec.europa.eu/nui/show.do?query=BOOKMARK_DS-127831_QID_60959204_UID_-3F171EB0&layout=TIME,C,X,0;GEO,L,Y,0;WSTATUS,L,Z,0;AGE,L,Z,1;SEX,L,Z,2;INDICATORS,C,Z,3;&zSelection=DS-127831INDICATORS,OBS_FLAG;DS-127831AGE,Y_GE18;DS-127831WSTATUS,POP;DS-127831SEX,T;&rankName1=WSTATUS_1_2_-1_2&rankName2=AGE_1_2_-1_2&rankName3=INDICATORS_1_2_-1_2&rankName4=SEX_1_2_-1_2&rankName5=TIME_1_0_0_0&rankName6=GEO_1_2_0_1&sortR=ASC_9&sortC=ASC_-1_FIRST&rStp=&cStp=&rDCh=&cDCh=&rDM=true&cDM=true&footnes=false&empty=false&wai=false&time_mode=ROLLING&time_most_recent=false&lang=EN&cfo=%23%23%23%2C%23%23%23.%23%23%23%23.

图 6.5　法国与欧盟 18 岁及以上失业人口中面临贫困和被社会排斥风险的比例
资料来源：欧盟统计局。

Thane）教授撰写的文章《今天英国的贫困如何与过去相呼应》。① 她在文中指出，当前约有五分之一的英国民众处于贫困状态。自从英国政府推出"通用福利（Universal Credit）"措施以来，露宿街头和从食物银行领取食物的人数明显增多。

英国约瑟夫朗特里基金会（Joseph Rowntree Foundation）公布的一份报告也详细记录了该国当前的贫困状况。该报告提到，2016～2017 年，每 5 个英国人中就有 1 人处于贫困状态。在这些贫困人口中，有 400 多万人处于持续贫困状况。对比 2011～2012 年和 2016～2017 年两个时间段，儿童贫困人数呈现上升趋势且上升的速度超过了儿童人口增长速度。同时，工人的贫困状况也比过去 20 年的任何时候都更为严重。虽然当前英国的就业率创了历史新高，但这并没有缓解贫困。相关数据显示，自 2004 年以来，贫困工人人数的增长速度高于就业人数的增长速度。

联合国极端贫困和人权问题特别报告员菲利普·奥尔斯顿（Philip Alston）教授在对英国经过 12 天的访问后指出，英国政府的政策和对社会福利的大幅削减正在加剧贫困，并对这个世界上最富裕的国家之一造成了不必要的痛苦。当前的英国，有五分之一的人口，即 1400 万人生活在贫困之中。其中 400 万人的生活水平比贫困线低 50% 以上；有 150 万人属于极端贫困，

_____

① https：//www. thebritishacademy. ac. uk/blog/how-poverty-modern-britain-echoes-past.

无法负担基本生活必需品。①

众所周知，正是由于 20 世纪初英国民众的贫困状况让政府开始思考制定福利措施，其中包括 1906 年推出的《教育（供餐）法》以提供免费校餐，以及 1911 年通过的《全国保险法》以提供全民医疗和失业保险等举措。1945 年，英国工党执政后，政府大幅推动福利制度改革，尽管没有完全消除贫困，但是收入和财富不平等状况在 1970 年代降至 20 世纪以来的最低值。国家的福利制度服务范围也达到了顶峰。但 1979～1990 年，在保守党的领导下，英国贫困人口出现反弹，贫困人数迅速增加。

英国曼彻斯特大学社会学教授柯莱特·费根（Colette Fagan）表示，造成当前英国贫困人数上升的另一个重要原因是收入不稳定和低薪。② 虽然政府一直在强调就业，但是越来越多的工人在自己的岗位上只拿到最低的薪金，无法支付高昂的生活开支。与此同时，"零工经济"的到来改变了传统的雇佣方式，在带来灵活、便利的同时，也意味着越来越多的人收入变得不稳定。处于社会底层的工人，即低收入群体首当其冲，他们被社会不断边缘化，在贫困线下挣扎。

德国《明镜》周刊评论指出，英国"脱欧"公投分散了人们对英国国内真正问题的关注。当英国的政治家们将全部精力都放在"脱欧"上时，其国内令人不安的不平等却愈发严重。这将给立法者和普通公民带来极为严重的后果。菲利普·奥尔斯顿指出，特蕾莎·梅的政府已经系统地将无数英国公民推向贫困状态。他说："这不只是一种耻辱，而是社会灾难和经济灾难，所有这些都融为一体。"③

2019 年 1 月 21 日晚，英国下议院对"不平等"议题进行讨论时，650 名议员中只有 14 名出席，而且只讨论了 30 分钟就草草收场了。但第二天，讨论"脱欧"问题时，下议院座无虚席，参加者甚至很难找到站立的空间，这两场讨论参加人数的悬殊会带给人们怎样的思考呢？英国"脱欧"就好比英国民主的一个黑洞，吸引民众越多的时间和精力，选民们就越发趋于愤怒和报复。

---

① 《联合国人权专家考察英国贫困问题　警告政府削减社会福利政策造成不必要痛苦》，https://news.un.org/zh/story/2018/11/1023131。
② 赵琪：《英国贫困问题亟待解决》，《中国社会科学报》2019 年 1 月 25 日。
③ http://www.spiegel.de/international/europe/how-brexit-distracted-the-uk-from-its-real-problems-a-1249990.html。

2016 年 7 月，特蕾莎·梅在"脱欧"公投后不久就任英国首相，她感到近 52% 投票离开欧盟的人对欧盟充满了仇恨。在第一次对英国民众的演讲中，她强调指出，经历了数年的强制紧缩政策后，政府所做的也仅仅是在管理。这是极为不公正的。"如果你天生是贫穷的，你和其他人相比将少活 9 年。"因此梅首相承诺，她和她的政府所有的决定，都不是为那些有权有势的人，而是为英国的普通人和穷人服务的。但两年半过去了，梅首相的大多数政策和英国"脱欧"相关，她没有时间来考虑"将要燃烧的不公正"问题。因而，英国不平等情况比以前更糟糕也就不足为奇了。

2008 年金融危机后，保守党长达九年严格的紧缩政策，一定程度上使国家福利制度体系遭到破坏。英国的国民健康服务体系曾经是民族自豪感的源头，但现在处于永久性的危机模式中，数以万计的职位空缺。即使官方公布的失业人数在下降，"有工作的穷人"的数量却在不断增加。这就出现了一个矛盾的现象。虽然英国在"脱欧"问题上向前迈了一小步，但导致"脱欧"的根源问题不仅没有得到遏制，反而正在逐渐恶化。

迈克尔·道德施塔特（Michael Dauderstädt）从三个维度探讨了欧洲的不平等。分别是成员国国内的不平等、成员国之间的不平等以及欧盟内部的不平等。在成员国内部，过去几十年来大多数国家的不平等现象有所增加。这是众所周知的现象，同时导致了极右翼民粹主义的崛起。[1] 他同时指出，可以通过趋同来达成共识，削减欧盟内部成员国之间的不平等。不同国家之间的差距主要原因在于国内生产总值/人均劳动生产率。贫穷成员国的员工（每年约 2000 小时）比富裕国家的员工（每年 1500 小时）的工作时间更长。成员国之间持续的高度不平等会导致移民从贫穷国家流向富裕国家。事实上，一些中东欧国家，如罗马尼亚、拉脱维亚、立陶宛因为劳动力外迁而失去了 10% 的劳动力。通常，那些最需要资格认证的职业，如医生和律师就会到欧洲的核心地区去寻找更高报酬的工作，这使得贫穷国家的人才严重外流。与此同时，贫穷国家较低的工资水平也会吸引劳动密集型的外国企业投资。这种情况会给贫穷国家的国内生产总值带来积极影响。另外，富裕国家中中低技能的工人则会受到那些一直在寻找工作的移民的威胁，或者是企业主会把生产转移到工资低廉的国家。迈克尔·道德施塔特认为，要减少这种不平等的发生，最好的补偿措施就是法定最低工资，以及在教育和培训方面

---

① *Inequality in Europe*, Friedrich-Ebert-Stiftung, Hans Bockler Stiftung Social Europe Dossier.

增加社会投资。[①]

如一些学者观察到的，欧盟成员国之间的不平等，出现了"收入不平等的欧洲化"现象。从经济角度来讲，欧洲家庭的收入受到越来越多的欧洲因素的影响。欧盟执行的紧缩政策影响到希腊、西班牙、葡萄牙、爱尔兰和塞浦路斯等国工资和社会收益的增长。欧洲的自由化、一体化和对市场的监管决定了人们和公司的经济机会。从纯粹经济的观点来看，整个欧盟范围内的综合经济收入不平等已表现得十分明显。贫穷国家的欧盟公民为了提高收入，可能会愿意迁移到更富裕的国家。大型公司具有离岸生产能力，把工厂迁移到劳动力密集且工资水平较低的国家，以降低生产成本。这两个过程都会影响到富裕国家中那些低技能工人的收入和就业机会，从而加剧不平等。从政治上来讲，在欧盟富裕国家里出现的工资和就业不断碎片化的发展导致了民族主义和民粹主义的滋生与蔓延。那些支持英国"脱欧"的选民是因为对从贫穷的成员国来的太多移民感到恐惧。因此，自 2011 年以来不平等程度的停滞预示着欧洲未来的艰难。

皮凯迪指出，不平等 r > g 意味着过去的财富积累比产出和工资增长得要快。这个不等式表达了一个基本的逻辑矛盾。企业家不可避免地渐渐变为食利者，愈发强势地支配那些除了劳动能力以外一无所有的人。资本一旦形成，其收益率将高于产出的增长率。如此一来，过去积累的财富要比未来的收入所得重要得多。他强调说，如果要重新控制资本主义，就必须把赌注都压到民主上——在欧洲，是欧洲范围的民主。对欧洲的小国而言，相较于全球化的经济，欧洲的小国经济体量显得很小，选择闭关自守只会致使其比留在欧盟内面临更大的挫折和失望。21 世纪的主要挑战之一就是，在民族国家的平台上使社会和财政政策更加现代化，发展新的治理形式和介于公有制和私有制之间的共享产权。但是，只有区域政治一体化可以实现对 21 世纪全球承袭制资本主义的有效管理。[②]

（六）重回民族国家？

20 世纪上半叶两次惨绝人寰的世界大战，毫无疑问与民族主义的恶性膨胀有着直接的关联。二战后，以美苏为首形成了资本主义与社会主义互相对

---

① https://www.socialeurope.eu/inequality-in-europe-wider-than-it-looks.
② 〔法〕托马斯·皮凯迪：《21 世纪资本论》，巴曙松、陈剑等译，中信出版社，2014。

峙的两大阵营。在冷战时期的国际格局态势下，资本主义、社会主义成为主导的意识形态。民族主义成为两大阵营之间的一个"中间地带"，或者是两大阵营之间斗争的筹码。但是，1989 年东欧剧变、1991 年德国统一之后，由于作为世界阵营的社会主义体系已不存在，民族主义则高歌猛进，掀起狂澜，成为对当今世界影响最为深远，力量最为强劲的意识形态。而在新自由主义、全球化、欧洲一体化的背景下，尤其是 2008 年金融危机、2015 年难民危机之后，重回民族国家的呼声不绝于耳，在欧洲政治光谱中的极左翼和极右翼政党中，民族主义成为它们共同的诉求，民族主义的理念天然地和极右翼政党的意识形态诉求相契合，几乎所有的极右翼政党都反对欧盟，认为欧盟侵蚀了自己国家的主权。在第一次世界大战结束 100 周年之际，人们不得不重新思考与正视民族主义。

2018 年 11 月 11 日，来自美、俄、德、法等 70 多个国家和国际组织的领导人在法国巴黎凯旋门集会，隆重纪念第一次世界大战结束 100 周年。马克龙发表了重要演讲，指出全世界需要接受一战的历史教训，他告诫要警惕狭隘的民族主义，称爱国主义与民族主义并不相容，否则历史的恶魔还会重现。

1. 民族与民族主义的缘起

人类学文献中对"族群（Ethnic group）"这一概念的界定通常包含以下四个特征：①从古生物学角度来看具有较强的自我持续性；②共享在各种文化形式下的外显统一性中所实现的基本的文化价值观；③建立一个交流和沟通的领域；④拥有自我认同和被他人认同的成员资格，以建立与其他同一层级下的类别相互区分的范畴。[①]

挪威著名的人类学家弗里德里克·巴斯（Fredrik Barth）对此界定作出了批评。巴斯认为，迄今为止，族群的这一理想化的类别定义在内容上并没有从传统的观念中摆脱出来，即种族 = 文化 = 语言，社会 = 排斥或歧视他族的单位。并且必然产生下列特征所暗示的隔离：种族差异、文化差异、社会隔离和语言障碍，以及自发而有组织的仇恨。这种预设引导我们去想象每一个群体在相对的隔离状态下通过杜撰和选择性采借来适应历史。这种历史产生了大量的各自互补相关的民族，每一个民族拥有自己的文化，作为一个孤岛，每一个民族构成了可以合法隔离的社会而得到

---

① R. Narrol, Ethnic Unit Classification, *Current Anthropology*, 5 (4), 1964.

描述。①

民族是由出身情况决定的居住在一个领地内的共同体。一个人生来就属于一个民族。民族是历史上不断变迁、在一个领地内生活并具有一定文化特征的共同体。正因为生来就属于一个民族，这一生物事实极被看重，民族是人类几种亲属关系中的一种，且不同于其他亲属关系的形式，如家庭。因为民族的核心是领地；同样，民族也不同于其他拥有领地的社会，比如部落、城邦，因为它不仅占有更大范围的领地，而且有相对统一的文化为民族提供稳定性，使其可以长时间持续存在。②

斯蒂芬·格罗斯比（Steven Grosb）认为民族的存在非常重要。纵观历史，人类按照不同的标准形成了各种群体，把"我们"与"他们"区分开来，其中一个群体就是民族。为什么民族的概念如此重要？原因之一就在于，人类有把自己区分成各异的，常常是相互冲突的群体的趋向。③

民族的形成经历了漫长的历史变迁。如果考察前现代社会，有一些重要的因素在促成民族形成的过程中发挥了至关重要的作用：法律是形成大范围相对统一的领土的重要因素；而宗教是一种特殊文化发展的重要因素；除了法律和宗教，彼此之间的战争也是各民族形成独特文化的一个因素；与此同时，语言也是促使前现代民族形成的一个重要因素。

前现代社会或多或少表现出让人理所应当视其为民族的一些特征，包括：有自定的名称；有一个历史的记载；有一定程度的文化统一，这常常是宗教信仰的结果，并且由宗教支撑；有相应的法律条文；有一个权力中心；有疆界的领土观念。④ 其中的一些因素，一直到现代化的今天，仍然是我们在探讨民族问题时不可或缺的重要考量因素。

2. 民族主义中的包容与排斥

民族主义一词最早出现于 1774 年赫尔德（Herder）的作品中，从那以后，它一直被用来描述各种混杂在一起且令人困惑的现象。

民族主义有两种截然不同的政治渊源。第一种描述是，民族主义始于法国童话中的"睡美人"，在这个激动人心的童话中，普通民众战胜了代表法

---

① 〔挪威〕弗里德里克·巴斯：《族群与边界——文化差异下的社会组织》，李丽琴译，马成俊校，商务印书馆，2014，第 3 页。

② 〔美〕斯蒂芬·格罗斯比：《民族主义》，陈蕾蕾译，译林出版社，2017，第 6 页

③ 〔美〕斯蒂芬·格罗斯比：《民族主义》，陈蕾蕾译，译林出版社，2017，第 1 页。

④ 〔美〕斯蒂芬·格罗斯比：《民族主义》，陈蕾蕾译，译林出版社，2017，第 66 页。

国 1789 年革命之前旧制度的腐败的君主力量，因此法国画家德拉克·洛瓦在其描绘 1830 年法国革命寓言式的巨幅油画《自由领导人民》中，突出了一位在街垒战斗的硝烟中半裸着身体、一手高擎三色旗前进的自由女神形象。但是，到了 20 世纪，民族主义发生了变异，它变成了弗兰肯斯坦式的人形怪物，鼓励民众的仇外排外情绪，甚至发动进行种族灭绝的社会运动。[①]

迈克尔·赫克特（Michael Hechter）认为对民族主义的解释应该包含所有不同的方面：它应该既能涵盖自由民族主义（liberal nationalism），也能涵盖狭隘民族主义（illiberal nationalism）。[②]

长期以来，人们一直认为，民族主义是指以使民族，即这样一种以寻求自治为目标、具有独特文化特征的集合体的边界与国家的边界相一致的政治行为。迈克尔·赫克特将民族主义定义为意在使民族（nation）边界与其治理单元（governance unit）边界相一致的集体行动。而治理单元，是指负责向其成员提供绝大部分社会秩序与其他集体公共产品，包括保护私人财产、公平和福利等的领土单元。而"民族"一词是指那些高度团结，但在基因上并无直接联系的人们形成的较大群体。

这种一致性可以通过根本不同的政策来实现。民族和治理单元可以通过实施包容性政策来实现这种一致性，将不同文化群体成员平等地纳入同一政治共同体中，如美国硬币中"合众为一"的警句就贴切地表达了这种包容性的民族主义战略。同样，也可以通过实施排斥性政策来加以实现，即只允许一个或几个民族在政治群体中拥有完全的成员资格。这种排斥性民族主义战略包括实施由"统和民族主义者（integral nationalism）"提出的广为人知的限制移民或公民政策。[③]

弗里德里克·巴斯也从人类学的角度探讨了不同族群、群体之间的包容和排斥。他指出，首先，尽管人员通过边界在不断流动，但边界仍然能够得以维持。换句话说，绝对的族群区分并不是依赖于流动性、接触和信息的缺失，而是必须包括排斥与包含的一种社会化过程，正是在这样一个不同族群

---

① Kenneth R. Minogue, Nationalism: the Poverty of a Cocept, *European Journal of Sociology*, 8 (2), 1967.

② 〔美〕迈克尔·赫克特：《遏制民族主义》，韩召颖译，中国人民大学出版社，2012，第 6 页。"illiberal nationalism" 也被译为 "非自由民族主义"。

③ 〔美〕迈克尔·赫克特：《遏制民族主义》，韩召颖译，中国人民大学出版社，2012，第 8 页。

之间既有包含同时又有排斥的不断社会化的过程中，尽管对于单一个体来说，在个人生活史的过程中个体参与和成员资格在不断变化，但不同群体之间相关的互补类别却得以保存下来。其次，稳定、持续的极其重要的社会关系能穿越这些边界而得以维持，并且往往建立在族群地位二元性的基础之上。也就是说，族群区分并不依赖于社会互动和认可的缺失，恰恰相反，民族区分往往成为相互交织的社会体系得以建立的基础。在这样的社会体系当中，互动并不会通过变迁与涵化，即"文化摄入（acculturation）"而瓦解一个族群的文化，尽管族群之间相互接触并相互依赖，但是文化差异却继续保留下来。①

巴斯同时关注了族群认同的互联性以及族群边界与文化认同问题。他强调指出：族群并非在共同文化基础上形成的群体，而是建立在文化差异基础上的群体的一个历史的、动态的建构过程。族群之间彼此绝对的区别不在于流动性、接触或信息交流的缺乏，但确实包含了合并和排斥的社会过程。因此，虽然在个人生命历程里，人们的社会参与度和身份不断发生变化，但仍有一些被孤立的群体还能够生存下来。同时，他进一步强调指出，即使当不同群体的个体跨越边界同多个群体的成员产生认同，民族标签也将会经常存在。②

3. 文化民族主义？

民族主义最终取决于文化独特性，但文化独特性的含义是模糊的。一个群体的语言、宗教或社会习俗必须要与周围群体有多大差异才算得上是拥有文化独特性呢？显然，文化独特性是一种对变动的环境高度敏感的社会建构。社会认同是源自拥有群体成员资格的个人自我观念的组成部分，虽然"认同共同体（identity policy）"一词近来广为人们使用，但现在研究者还远远没有弄清楚为什么人们最终主要认同某一种群体，如民族，而不是另外一种群体，如阶级；有些具有文化特性的群体产生了民族认同，而其他的群体却未产生。群体是通过两种根本不同但又相互加强的模式形成的，以价值观念为基础和以近邻关系为基础。虽然这两个过程的终点经常是相同的，但起

---

① 〔挪威〕弗里德里克·巴斯：《族群与边界》，李丽琴译，马成俊校译，商务印书馆，2014，第 1~2 页。
② 〔挪威〕弗里德里克·巴斯：《族群与边界》，李丽琴译，马成俊校译，商务印书馆，2014，"序言"第 11 页。

点却是不同的。①

社会认同理论告诉我们，个人总是寻求社会对自己的尊重最大化，而要做到这一点，最重要的方式是想方设法获得一种积极的认同。个人的多重社会认同将表明其所处的地位等级或社会荣誉。群体的地位越多，成为其成员后，相应的社会对自己的尊重也就越多。基于文化差异的劳动分工是其中社会认同的最重要根源。在这样的前提下，民族主义运动就有了自己的社会基础，因为它总能得到某一部分群体的支持。

人们之所以支持民族主义，至少部分是因为他们希望通过提高小范围内的竞争力而改善自己的劳动力—市场地位。这也许有助于解释为什么在19世纪欧洲的民族主义运动中，是精英阶层以及文化工作者发挥了基础性的作用。因为，从整体来看，在多数民族国家里，如果人们的福祉主要依靠他们的民族与其他民族之间关系的维持或发展，他们就不会推崇民族主义。与自由职业者、政府雇员和从事服务行业的职员相比，产业工人的命运更多是与本地区之外的市场存在联系，这就是19世纪民族主义的绝大多数支持者来自白领阶层和第三部门的一个原因。②

西欧在二战后大力发展福利国家，无疑加强了国家在社会中的直接统治。通过扩大享受福利的公民的资格，福利国家强化了公民对中央政府的依赖，但牺牲了地方政府。福利国家体系的建构，其初衷是消除阶级之间的对立与冲突，它在这方面取得的成就远远超出了设计者的最高目标。它主要是通过直接统治来实现这一点的，虽然直接统治的扩大使阶级冲突销声匿迹，但是，它也给人们带来了没有预料到的后果——埋下了民族主义的种子。

在福利国家制度下，存在的一种可能是，如果现在的福利资源枯竭，那么，以社会阶级为基础的组织就有可能会复活。这就如同发生在美国的现象一样，随着美国的福利国家体系逐渐解体，阶级政治逐渐复活。西欧选民显然不愿意放弃他们自己的福利国家，从这一角度分析，未来的欧洲大陆民族主义的冲突将会更加激烈。③ 当前欧洲极右翼政党力量不断攀升，也从一个

① 〔美〕迈克尔·赫克特：《遏制民族主义》，韩召颖译，中国人民大学出版社，2012，第120~121页。
② R. Rogowski, Causes and Varieties of Nationalism: A Rationalist Account, *New Nationalisms of the Developed West: Toward Explanation*, 1985, p. 376.
③ 〔美〕迈克尔·赫克特：《遏制民族主义》，韩召颖译，中国人民大学出版社，2012，第190页。

侧面显示了在全球化带来的金融危机的冲击下，欧洲，尤其是传统的西欧和北欧福利国家所受到的冲击更为巨大。

值得注意的是，希特勒在第二次世界大战中所宣扬的种族主义，是建立在赤裸裸的生物学基础之上的，以不同族群之间的皮肤、头发、眼睛的颜色来加以区分。这导致了人类历史上惨绝人寰的针对犹太人的大屠杀。也正是在这样的一种历史记忆与语境中，随着第二次世界大战的结束，欧洲确立了战后以来多元主义的价值观，强调不同民族之间的平等与包容。因此，种族主义臭名昭著，今天，如果有哪位政治领袖公然为种族主义招魂，在选举政治中一定不被民众所接纳。因此，即使是反移民的欧洲极右翼政党，也会小心翼翼地避开种族歧视的用语。法国国民联盟党魁绝不可能在电视上大声表示："我们不希望这些下等的闪族人污染了我们的雅利安人血统、破坏我们的雅利安人文明。"然而，不管是法国的国民联盟、荷兰的自由民主党，还是奥地利自由党，它们都认为西方文化植根于欧洲，具有民主、宽容、性别平等等诸多特质，而伊斯兰文化根植发展于中东地区，于是具有阶级政治、宗教狂热和歧视女性的特质。正因为这两种文化如此不同，而且许多穆斯林移民不愿（或许也不能）采纳西方的价值观，所以这些政党认为欧洲不该允许他们移居进入西方社会，以免造成内部冲突，破坏欧洲的民主和自由主义。①

对于这种情况，法国种族主义问题研究公认的权威学者，政治学家皮埃尔－安德烈·塔吉耶夫一针见血地指出，这同样是一种种族主义，只不过是披上了一件文化的外衣，是文化意义上的种族主义。② 他同时指出，生活在群体中的个人并非与生俱来就是种族主义者，而是逐渐成为种族主义者的。在成为种族主义者之后，也可能不再是种族主义者。一个社会行为人行为表现的种族主义不能以这个人的趋向或天性来解释，对于种族主义的大多作为的主要解释因素是这个社会人所处的环境。如果借鉴塔吉耶夫对种族主义的思考来面对今天的文化民族主义，也许可以给我们带来更多的启示。

斯蒂芬·格罗斯比曾作出预想：现代化的结果之一就是使国际劳动分工不断加剧，形成欧盟这样的超国家机构的组织，而民族在不久后将会消失。

① 〔以色列〕尤瓦尔·赫拉利：《人类简史》，林俊宏译，中信出版社，2014，第295页。
② 〔法〕皮埃尔－安德烈·塔吉耶夫：《种族主义源流》，高凌瀚译，生活·读书·新知三联书店，2005。

然而，与民族消失的预见相反，在苏联解体、德国统一之后，在全球化带来国际劳动分工日益深化的情况下，民族情结仍持久存在。[①]

民族的存在说明了人类拥有怎样的特性？政治的任务并不是简单地去否认这些主导人类行为的不同目的，而毫不妥协地维护一种目的，并以牺牲其他目的为代价的行为，只能导致完全着迷于一种要么是民族主义，要么是原教旨主义的意识形态表达与诉求，而这种类似于摩尼教的两分，正是今天欧洲极右翼民粹主义的一种最主要的叙事与表达方式。政治是追求一种"善"的生活，因而是出于对集体利益的关心，尽管如何判定集体利益，有时难免模糊。因而，需要通过理智地践行文明美德来对不同目的所要求的不同生活方式作出巧妙的裁决。[②] 而要做到这一点，不仅需要政治家们的智慧，也需要对普通民众进行更多的公民权的教育，妥协、包容是政治应有之义，极端民族主义只是吸引了人们的视线，但并不是解决问题的最优选择。

二 极右翼政党、左翼政党自身发展原因——"支持一方"的理论

（一）政党竞争的"政治空间模型"

极右翼政党的选举结果，一方面受其自身的组织结构、组织方式和领袖力量的影响，另一方面还取决于其在政治空间中所处的位置。在特定的政治空间中，极右翼政党与传统右翼政党的竞争方式，会影响到自身的选举成绩。因为传统的右翼政党在意识形态方面同主流政党是最接近的，也是距离极右翼政党最近的竞争对手。

当政治学家提及政治空间这一体系时，并不是指一种物质上的领域，而是指选举人所立足于其中，各政党进行力量博弈的一个空间。对于使用空间分析这一方法来说并没有什么特别深刻的理论原因，对政治作出左和右的空间解释最初起源于法国大革命时期，如今它已成了一种约定俗成的惯例。[③]

① 〔美〕斯蒂芬·格罗斯比：《民族主义》，陈蕾蕾译，译林出版社，2017，第 109 页。
② 〔美〕斯蒂芬·格罗斯比：《民族主义》，陈蕾蕾译，译林出版社，2017，第 111 页。
③ M. Laver, W. B. Hunt, *Policy and Party Competition*, New York：Routledge, 1992, p. 11. Carter, *The Extreme Right in Western European：Success or Failure?* Manchester University Press, 2005, p. 103.

实际上，"空间这一比喻的说法已经成了政党竞争理论的专门语言"。①

政治空间模型的创立，其灵感在方法论上来源于经济学中的"空间区位竞争理论"。最早由哈罗德·霍特林（Harold Hotelling）在 1929 年一篇关于地域竞争的著名文章中提出，被称为"霍特林模型"，后来阿瑟·史密瑟斯（Arthur Smithies）对这一模型进行了修改。②

霍特林从厂商的不同空间位置出发，首次建立了一个线性（直线段）市场上的双寡头厂商定位模型。在没有价格竞争（每一个厂商都以边际成本定价）的情况下，厂商追求利润最大化的结果就是每一个厂商都倾向于聚集在市场中心，即彼此都遵循最小差异原理。因为在一条长度给定的直线上均匀地分布着消费者，在这个市场上两个厂商都向消费者出售相同的产品，消费者到厂商的交通成本是厂商与消费者之距离的线性函数，在厂商出售产品价格相同的条件下，每一个消费者都会到距离自己最近的厂商去购买产品。因此，每一个厂商的产品需求是由它吸引消费者的数量所决定的，即由厂商所占据给定线段的长度所决定，厂商之间的竞争就变成了如何在给定线段上选择一个点，使自己所占据的线段达到最大化。厂商在线段上的定位成为市场竞争的关键。霍特林从厂商到消费者之间的距离差异这一独特的视角出发，将相同厂商在出售相同产品时的差异看成厂商在直线上定位的差异。③

将霍特林模型的解释用于政治学领域，即假设人们是沿着一条直线标尺在空间中分布的，进而可推出结论：两党体制中的竞争将导致每个政党在意识形态上向自身的对立面移动。这种收敛的产生是由于每个政党都知道它这边的标尺端点上的极端投票人都倾向于它而不是它的对立面，因为它必定比它的对立面更靠近这些人，所以，对它来说，赢得更多支持的最好方式就是向另一端运动，以争取端点以外的投票人，即介于极端投票人和它的对立面之间的投票人。当两党越来越靠近时，为了争取关键的中间投票人，即那些由自己的观点决定的位于两党之间的投票人，两党在政策上就变得比较温和了，激进程度也降低了。在两党努力争取温和投票人的过程中，中心区域变得越来越小，最后两党在纲领与行动上几乎一致。例如，如果在标尺的每一点上都有一个投票人，政党 A 和政党 B 开始时分别位于点 25 和点 75 的位

① Carter, *The Extreme Right in Western European: Success or Failure?* Manchester University Press, 2005, p.129.
② 〔美〕安东尼·唐斯：《民主的经济理论》，姚洋、邢予青等译，上海世纪出版集团，2005。
③ 肖光恩、金田：《霍特林模型与空间区位竞争理论的拓展》，《理论月刊》2007 年第 3 期。

置，假定它们的运动速度一样，那么两党将相向运动并在点 50 会合。

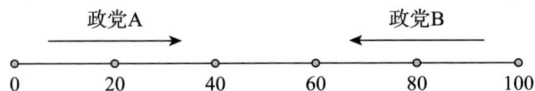

图 6.6　霍特林政治学模型

注：水平标尺表示政治倾向。

资料来源：〔美〕安东尼·唐斯：《民主的经济理论》，姚洋、邢予青等译，上海世纪出版集团，2005，第 108 页。

同霍特林著名例子中的两个零售商店一样，当全体选民在两党之间实际上没有差异时，两党将会合于同一个点上。

史密瑟斯把弹性需求引入标尺的每一点，对霍特林模型进行了拓展。即当零售商店离开端点时，由于交通成本的增加，它们将失去顾客。这阻止了两个零售商都来到中心。这和政治极端主义者很相似，它们厌恶彼此同一的政党，而且，如果政党彼此非常相似，它们就拒绝投任何政党的票。

在分析新政党产生的时候，必须区分两种类型。第一种新政党的产生是为了赢得竞选，它的创立者认为一俟该党成立，将代表一大批投票人的观点，因而可以将它摆放在代表一大批投票人的位置上，而任何的现存政党都不能代表这些人的观点；第二种新政党的产生是为了对现存政党产生影响，促使它们改变或者不改变政策。这种新政党的首要目的不是赢得竞选。而要对这两种类型的政党进行区分，困难是相当大的，因为许多以获取权力为首要目的而被创建的政党，实际上也深刻影响了主流政党的政策。从新政党的产生类型上，我们可以看到极右翼政党给当前欧洲政治带来的影响，其不仅左右了公共舆论中的议题，有的还赢得了选举，使主流政党的政策不得不改弦更张，各国日益收紧的移民政策就是一个例子。

安东尼·唐斯对霍特林模型中的空间市场进行了新的描述，构建了一个理想形态的政党竞争的"政治空间模型"。他假定政治空间市场是由从左到右，通常顺序是由 0 ~ 100 的直线标尺构成。为了使这一标尺具有政治意义，假定政治偏好能够按一种全体选民都统一的方式从左到右排列。选民们不必就他们个人赞同哪一点达成协议，他们只要对从一端到另一端的政党排序表示赞同即可。

那么在一个相对稳定的政治标尺中，新的政党何以产生呢？我们知道，任何一个政党，无论是新产生的，还是已存在的，都不能脱离一定的选民支持而存在，这种支持可以通过选举中的得票率来体现。这并非意味着政党必须恰好位于政治标尺上选民最多且最凸起的地方，而是说它比其他政党离多数选民更近即可，政党的位置就像它依赖投票人分布一样，也要依赖其他政党在政治标尺中的位置。

　　新政党产生的主要前提条件，是投票人沿政治标尺分布的变化。普选权的扩大，社会出现大的动荡，如第二次世界大战导致的传统观念的衰落，工业化引起的社会革命，总之任何产生动荡的事件都会引起政治标尺上投票人分布的变化。与此同时，有一种情况也可以产生新的政党，却不需要投票人分布的任何改变。当两党体制中的某个政党离开距它最近的异端向中间运动时，它的极端支持者可能会成立一个新政党，以便把它的政策再拉向他们。在图 6.7 中，政党 B 已经向它的右翼成员的左边移动，因为它想从左边的分布模式附近的大批选民中争取选票。为了以失败威胁政党 B 迫使它再返回到右边，极右翼的投票人就组建了一个新政党 C，这个党也许短时间内不能取得胜利，但它能够通过减少政党 B 的极端支持者，即对政党 B 进行惩罚性投票，而把选举推向对政党 A 有利的一方。[①]

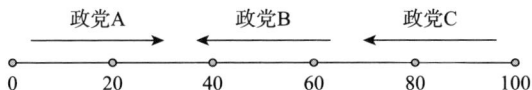

图 6.7　政党竞争模型一

　　第三党的崛起，按照唐斯的理论，有两种可能：一种就像工党那样，由于外部环境和选民分布的重大变化，从侧翼崛起，取代原来自由党的地位。极左翼和极右翼民粹主义政党的崛起均属于这种情形。另一种是由于外部环境和选民分布的重大变化，两大党都将自己的意识形态极端化，代表了左右两极，第三党则从中间崛起，掌握中间选民的选票。[②]

　　在两党体制中，追求政党间一致的趋势来自这样一种事实，即政党的领导者必须有一个多数选民结构与之相合。在一个作为整体的国家中，可想而知，多数结构不能建立在仅由有组织的工人给予的支持上；农民也不可能掌握足够产生多数结构的选票；商人显然也仅仅是少数集团。如果一个政党同

---

① 〔美〕安东尼·唐斯：《民主的经济理论》，姚洋、邢予青等译，上海世纪出版集团，2005，第 119~120 页。

② 〔美〕安东尼·唐斯：《民主的经济理论》，姚洋、邢予青等译，上海世纪出版集团，2005，第 119~120 页。

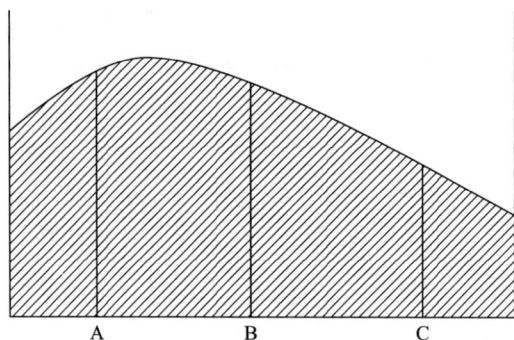

图 6.8 政党竞争模型二

各个阶层的大批选民之间有联系，那么政党形成一个多数选民结构的途径就是从各个阶层和利益集团中争取选民的支持。为了使这一努力获得成功，政党领导人不能得罪选民中的任何一个重要部分，如果领导人在不恰当的时候对重大问题作出明确表态，非常容易引起支持自己的选民中某一部分的反感。①

而"政治空间"模型也表明，政党都试图追求彼此相似和政策制定方面的模棱两可，它们在这方面越成功，投票人就越难以进行投票。但这恰恰造成了主流政党的趋同，并给极右翼政党的出现和生长提供了契机。

为什么在分析极右翼政党选举成绩之前，首要任务是探讨主流政党和极右翼政党的意识形态在政治空间中的定位呢？

在现实的社会政治生活中，社会的异质性、社会冲突的不可避免性和不确定性，以及资源的有限性，造成了每个社会中各个社会集团之间的本质冲突。当这些集团的范围很明确时，只要选民是理性的，这种冲突就可能使任何政党的意识形态都不可能同时对所有的社会集团产生相同的吸引力。因此，在意识形态上，每个政党仅能争取有限的社会集团的支持。因为当它迎合某一集团时，就潜在地使另一集团成了它的对立面。此外，政党所处的社会在不断地发生变化，由此导致的情形是这次选举中正确的联合可能在下次选举中就是错误的。这些都使得尽管各政党的目标是一致的，即争取选票最大化，但各政党选择的意识形态却可以迥然不同。②

---

① V. O. Key Jr. , *Politics*, *Parties*, *and Pressure Groups*, New York: Thomas Y. Crowell Company, 1953, pp. 231 - 232.
② 〔美〕安东尼·唐斯：《民主的经济理论》，姚洋、邢予青等译，上海世纪出版集团，2005。

安东尼·唐斯认为，在选举过程中，尽管所有政党的动机都是渴望选票最大化，但由于不确定性的存在，这种不确定性表现在选民不知道参与竞选的政党决策的详细内容是什么，而且除非付出高昂的代价，否则他们就不能搞明白。退一步讲，即使选民真的了解执政党的决策，他们也不能预测给定的政策将把社会引向何处。所以，选民不能准确地把握每项决策的结果，也不能把它们同自己的意识形态相联系，并且也不可能事先了解到在即将来临的任期中，执政党会面临什么问题。在此种情形下，选民就意识到了政党意识形态的作用，意识形态有助于选民把注意力集中在政党间的区别上；因此，如果政党之间的差别在一届又一届的选举中持续为零，那么充分了解信息并且把意识形态作为决策时的最后依据的选民将不参加投票，而且政党间意识形态的差别在他们的眼中也不再具有任何意义。

这个"政治空间模型"可以帮助我们更好地理解政治冷漠，以及选举中选民的流动性，选民对主流政党趋同感到厌倦，进而将手中的选票投给了处于极端位置的、反建制的政党。

（二）政党竞争模式：主流政党的趋同

除了受到居于政治光谱中右翼政党竞争模式的影响外，极右翼政党还受到政治谱系中居于中间地位的政党的影响。尤为关键的是，当中左翼政党和中右翼政党之间与日俱增的可互换性（interchangeability），换一种表述，即左右翼日益趋同，中左翼政党放弃自己的身份定位、政策主张，跟在中右翼政党身后亦步亦趋时，往往也是极右翼政党最能从中得益的时候。

约瑟夫·熊彼特（Joseph Schumpeter）曾指出：政党并不是按照古典学说（或埃德蒙·伯克）要我们相信的那样，旨在"按照他们全体同意的某个原则"来推进公共福利的一群人。因为任何政党在任何特定时间里当然要为自己准备一套原则或纲领，这些原则或纲领可能是采取它们政党的特征，对它的成功极为重要。但如同百货商店不能用它的商标来确定它的内容，一个政党也不能用它的原则来确定它的性质。一个政党是其成员打算一致行动以便在竞选斗争中取得政权的团体。如果这种说法不对，就不可能有不同政党采取完全相同或几乎完全相同的政纲这种情形了。政党企图调节政治竞争完全与同业公会调节商业竞争一模一样。由此看来，政党管理和政党宣传、口号和进行曲等心理技术不是可有可无的东西，它们是政治活动的精义所在。政治首领也是政治活动中不可或缺的。①

汉斯沃斯（Hainsworth）认为，"对于极右翼政党来说，最有利的情形莫过于主流政党彼此之间的意识形态的距离变得小之又小，这样就在政治谱系的右翼产生了一个政治的真空地带，容易使极右翼政党在选举中获得成功"。② 类似的，基舍尔（Kitschelt）也阐述说，"极右翼政党要想动员选民，最好的机会在于中左翼和中右翼政党的趋同"。③ 如果中左翼和中右翼政党之间的距离变得相对小了，极右翼的领袖就能趁此机会抛出一个新的政治主张或议题，迎合和吸引选民，以获得选民对自己的支持。并且在选举中扩大它们的活动领域，超越传统上由右翼政党居主导地位的统治核心，并通过民粹主义的动员方式建立起一个强有力的跨阶层的联合，以反对现存的政党。④

在相对稳定的政治空间内，中右翼政党和中左翼政党的意识形态的联系越是紧密（或者越是趋同），那么，极右翼政党在选举中取胜的机会就越大。数据显示1982~2000年，欧盟15个国家中的11个国家，中右翼政党和中左翼政党之间都发生了意识形态趋同的现象，只有在法国、希腊、挪威和瑞士没有出现这种主流政党趋同的现象。

1989~1997年，英国也发生了中左翼政党和中右翼政党意识形态趋同的现象，这一时期，工党和保守党都尽力使自身的意识形态立场变得更为温和。对于工党来说，意识形态变得温和主要体现为对于经济问题立场的改变。1989年工党在一篇名为《面对挑战，作出应变》的文件中指出，当时工党政府的主要任务是限制对于市场经济的刺激，限制国家对于经济的干预，只有当市场的力量不能有效保证资源的增长和分配时，国家才能对经济进行干预。这个政策一直延续到1990年，那时该党采用了所谓的"负责任

---

① 〔美〕约瑟夫·熊彼特：《资本主义、社会主义与民主》，吴良健译，商务印书馆，1999，第413页。

② Paul Hainsworth, Introduction-The Cutting Edge: The Extreme Right in Post-War Western Europe and the USA, in Paul Hainsworth (ed.), *The Extreme Right in Europe and the USA*, 1992, p. 11.

③ Herbert Kitschelt, *The Radical Right in Western Europe: A Comparative Analysis*, Ann Arbor: University of Michigan Press, 1995, p. 53.

④ Herbert Kitschelt, *The Radical Right in Western Europe: A Comparative Analysis*, Ann Arbor: University of Michigan Press, 1995, p. 53.

的社会市场模式"①。工党也同时调整了对私人企业的态度，宣称它不会改变现有的已经被撒切尔夫人的继承人所完成的大部分私有化政策。这体现在自 1997 年自布莱尔任英国首相以来，表示将"超越左和右"，取而代之的是以"第三条道路"来治理英国。新工党删除了原来党纲中第四条实现公有制的目标，代之以建立"雄厚的公共服务"和"繁荣的私有部门"之间的"伙伴关系"。新工党的举措给在野的保守党带来了巨大的压力。此后的十几年间，保守党提不出系统地有别于工党的政治理念和政策主张，在大选中接连败北。

面对这种情况，保守党的意识形态也开始变得温和，部分地体现为对于经济问题的改变。从 1990 年约翰·梅杰取代玛格丽特·撒切尔成为保守党的领袖和首相以后，该党在它一贯所追求的自由放任的经济模式这一问题上的态度已经不像以前那么强硬了。保守党追求私有化的步伐减缓。例如，1990 年初所出现的高失业率要求国家在一定程度上对经济进行干预。同时从梅杰任保守党领袖以来，该党也着手改变自身的欧洲政策。像工党和自由党一样，梅杰认为英国在欧洲应该起到更为积极的作用，并且想使"英国成为欧洲的中心"②。这就改变了保守党以往对欧洲所持的一贯拒斥的态度。

在 2010 年的英国大选中，两党进一步趋同，以"有同情心的保守主义"为政治标签的卡梅伦上台执政，基本上完成了英国政党政治中间化的进程。保守党和工党的政治趋同，反映了英国政党政治的阶级基础不断弱化，选民在政治空间中的分布日趋中间化。据英国海关总署统计，2004～2005 年，该国纳税人总数约为 3027 万，其中年收入在 15000 英镑以上的中间阶层人数达到 1672 万，为全部纳税人口的 55.24%。但这个庞大的中间阶层在政党竞争中阶级意识逐渐淡漠，在政党倾向上更加注重实用主义，往往针对具体的议题、政策而不是政党纲领进行投票。选民对传统政党的忠诚度降低，保守党和工党的"基础票"数量都在下降，游移不定的中间阶层成为决定大选的关键因素。为了迎合选民群体中比例最大的这一部分中间阶层的偏好，工党和保守党的意识形态分野愈发淡化。与此同时，也正是主流政党意识形态的趋同，给政治谱系中持极端意识形态观点的极右翼政党英国独立党提供了政

---

① Maor, *Political Parities and Party Systems: Comparative Approaches and the British Experience*, London: Routledge, 1997.

② Maor, *Political Parities and Party Systems: Comparative Approaches and the British Experience*, London: Routledge, 1997.

治空间。它以反移民、排外为口号，提倡"英国的工作机会，英国人优先"，过去十年来，英国独立党的力量有了长足的进展。在 2010 年英国大选中，英国独立党的得票率为 1.9%，党员超过了 10 万，成为英国第四大党。更不用说，英国独立党的党魁法拉奇被称作"脱欧先生"，他领导英国独立党直接推动了英国的"脱欧"公投。显而易见，左右翼政党趋同为极右翼政党提供了政治机会结构。

"第三条道路"表面上是社会民主主义的思想与理念，其实质仍然是新自由主义。自 1990 年代以来，欧洲各国社会民主党在"第三条道路"理论的影响下，不同程度地丧失了自己的身份特征，与保守党之间的执政理念出现了很大程度的趋同。2008 年金融危机和 2015 年难民危机后，社会民主党完全丧失了自己的政治根基，跟随在中右翼政党身后，对严厉的紧缩政策亦步亦趋，完全失去了话语权，因此在选举中遭到前所未有的溃败。社会民主党的溃败，不仅是欧洲经济危机的结果，从另一个角度也反映出传统的政党政治所面临的危机，民众对主流政党不满意，往往采取抗议性投票，增大对反体制政党的支持力度。

三　小　结

1980 年代欧洲极右翼政党的兴起，是欧洲社会从物质主义价值观向后物质主义价值观转型的产物。在政治谱系的两端，崛起了两支政党，左翼一端为追求环保、保护人权的绿党；而在另一端，则是反移民、排外的极右翼政党。2008 年金融危机后，极右翼民粹主义浪潮席卷欧洲，实际上是金融危机、难民危机为其提供了政治机会结构。英国学者 2019 出版了《欧洲大西洋关系的去一体化与新的威权主义》一书，该书作者认为，当前欧洲民粹主义崛起最深层次的原因，在于全球化引发的国际政治格局中大国权力的转换，不只欧洲，整个西方力量均呈现出衰落，由此引发了深刻的社会与经济问题，为民粹主义提供了滋生的土壤。①

英国"脱欧"之后，前首相托尼·布莱尔指出，所有的极右翼政党都是基于一个主题：建制派无视我们，那我们就将其抛弃以示抗议。从历史上来

---

① Vassilis K. Fouskas and Bülent Gökay, *The Disintegration of Euro-Atlanticism and New Authoritarianism : Global Power-Shift*, Palgrave Macmillan, 2019.

看，民粹主义的酝酿与破土而出、经济变化、对移民的焦虑以及民众的不满等都不是新鲜事物。但我们今天所面对的情形却是新的，主流政党无法作出有效应对也是新的。原因在于主流政党都变得自满且与现实脱节，仅仅是被动的管理者，而不是变革的推动者。①

在我们思考极右翼政党力量上升的同时，必须看到主流政党，尤其是中左翼的社会民主党遭遇了前所未有的衰退与溃败。其中既有中左翼政党所处的外部环境发生了改变，也有它们在应对冲击与挑战时，没能保持自己的身份特征，从而无法制定出清晰的纲领政策，特别是经济大衰退后，中左翼政党普遍支持欧盟的紧缩政策，反而成了压倒自己的最后一根稻草。而极右翼政党则抓住这一契机，在选举中抛出了引人注目的议题，为自己获取了更多的选民支持，从边缘逐渐成为主流。而处于困境中的欧洲左翼政党该何去何从，它们的未来又在何处呢？

---

① https://www.project-syndicate.org/commentary/saving-the-center-by-tony-blair-2017-01.

第七章

欧洲左翼政党的未来在何处

21 世纪初期的世界政治局势充满了不确定性，尤其是 2008 年金融危机以来，欧洲的政党政治生态发生了巨大的改变，欧洲左翼和社会主义力量面临的形势也发生了重大的变化。1989 年东欧剧变，1991 年苏联解体后，共产党和社会民主党等左翼力量一同遭遇了沉重打击，陷入了为生存而奋斗的境地。欧洲左翼力量随后经历了变化调整，在这样一个变迁的过程中，有坚守、有妥协、有退让、有蜕变、有转向，大体经历了三个发展阶段。①

第一阶段（1990～1995）：苏东剧变后西方左翼经历了溃退、蜕变、分化、为谋求生存而奋斗的时期。在右翼高奏凯歌和恣意进攻面前，左翼处于被动和守势的局面，整体上从抗争到服从于资本主义体系，在意识形态方面经历了从激进到温和的调整，在政治光谱上，则发生了从左向右移动，总之，这一阶段是总体退却、否定自己以谋求生存的阶段。

第二阶段（1996～2007）：是西方左翼在经过苏东剧变，经过大分化、大调整后进行大幅度的理论政策转向并取得一些实际效果的时期。在理论层面上，以安东尼·吉登斯提出的"第三条道路"为标志。这一阶段前半期出现了左翼的复兴，是西方左翼短暂的黄金时代，高峰则是欧洲当时兴起的"玫瑰潮"及一片"粉红色"的欧洲，欧盟 15 个成员国中有 13 个由左翼政党执掌政权。然而在经历短暂的辉煌后，21 世纪初期左翼又纷纷下台，右翼卷土重来，欧盟 15 国中有超过三分之二由右翼政党相继上台执政，欧洲的

---

① 〔英〕唐纳德·萨松：《欧洲社会主义百年史——二十世纪的西欧左翼》，姜辉、于海青、庞晓明译，社会科学文献出版社，2017，第 6～7 页。

政治钟摆再次向右倾斜。与此同时，西方国家的共产党则进一步被边缘化。总之，这一阶段是西方左翼更彻底地否定自己的传统、放弃自己明确的左翼身份特征、在变革或革新的口号下以大幅度向右转为代价的时期。

第三阶段（2008 年至今）：是资本主义发生金融危机，即 2009 年欧洲发生主权债务危机，加之 2015 年由叙利亚内战引发的难民危机爆发后，在多重危机的阴影下，欧洲左翼根据新的环境和条件进行再调适、再重组、再分化的时期，可以称之为"否定之否定"阶段，这在某种意义上出现了对苏东剧变前左翼传统中的某种程度的"回归"。主要标志是在思想理论领域西方重新兴起"马克思热"，激进左翼政党和左翼人士在资本主义危机的背景下对资本主义进行了猛烈抨击，30 余年来似乎被人们遗忘的阶级、工人阶级、社会主义、"替代资本主义"等概念重新回到了政治讨论的话语中。在政治实践领域，则是大规模的抗议或"占领"运动风起云涌，左翼对资本主义危机进行了全面深入的批判和反思。

姜辉认为，当前西方左翼的发展整体上可以概括为：占据"天时"但缺"人和"，转向激进但失锋芒，积极行动但缺少明确方向，谋求联合却分裂分化。①

2017 年是欧洲的大选年。帷幕从 2017 年 3 月荷兰的议会选举逐渐拉开，一直到 2018 年 3 月 4 日意大利选举开始前结束。在这两个国家中，社会民主党毫无疑问都是失败者。社会民主党在奥地利、捷克、法国都失去了权力。德国社会民主党是唯一一个进入大联合政府的胜利者，但那是一场惨淡的胜利，其与基督教民主联盟在大联合政府中保持着一种虚弱的联合。环顾当下的欧洲，社会民主党处于前所未有的危机之中。②

一　左翼的衰落威胁着欧洲的未来

1990 年代，柏林墙的倒塌，社会主义阵营的解体，对于西欧的共产主义运动而言是一场巨大的打击，对于社会民主党来说亦是如此。社会民主党丢失了自己最强大的武器——意识形态——面临着自我身份认同的危机。1980

① 〔英〕唐纳德·萨松：《欧洲社会主义百年史——二十世纪的西欧左翼》，姜辉、于海青、庞晓明译，社会科学文献出版社，2017，第 7～8 页。
② https://eadaily.com/en/news/2018/03/12/crisis-of-european-social-democracy-collapse-of-leftists-is-a-threat-to-eu.

年代~1990年代，在全球经济一体化的背景下，社会民主党停止了对平等的追求，开始宣扬个人主义和政治的平衡。在接下来的时间里，社会民主党转向强调资本主义改革与社会关系的新模式。这一改革带来的后果是越来越多的欧洲人对社会民主党说再见。今天，社会民主党被视为欧洲政治精英的一部分，它们今天的目标与价值观同过去已相去甚远。

现有的欧洲秩序是建立在冷战后欧洲民主国家的自由主义经济和政治一体化基础之上的。但目前这一秩序正受到侵蚀与挑战，包括2016年英国"脱欧"，以及东欧国家以波兰、匈牙利为代表的威权民粹主义倾向。在一些欧盟创始国，意大利出现了民族主义者和极右民粹主义者联合执掌政权的局面。在一些国家左翼阵营出现分裂，不仅使欧洲社会民主党处于瘫痪状态，而且进一步加速了欧洲社会民主运动的离心过程。能否改变这一局面，在很大程度上取决于主流政客是否能够重新获得选民的信任。为此，他们必须解决许多紧迫而又棘手的问题，比如经济不平等、不受控制的移民以及随之而来的不安全感。为了避免极端的民族主义，欧洲需要尽快克服由经济和移民所引发的危机，因为这是引起普通欧洲人不满的关键因素。

二战后的70多年来，社会民主党一直是欧洲民主两极中的一极，另外一个重要的支柱是中右翼。专家与学者指出，如果左翼这一支柱崩塌了，欧洲将失去稳定与可预测性，同时在左右两端都会出现民粹主义的增长。当然，中左翼仍然可以生存或转化为其他形式，但充其量它们仅仅是过去的那个充满自信的社会民主党的影子。法国和希腊就是最好的例子。法国的社会党在2017年大选中只有7.4%的支持率，而泛希腊社会主义运动（PASOK）在希腊也只拥有6%的支持率。

有一种观点认为，2008年的金融危机对欧洲社会民主党是一个关键的打击，随后的紧缩政策成为压倒社会民主党的最后一根稻草。但如果要探讨社会民主党的衰落，最深层次的根源在于社会主义阵营的崩塌。社会主义解体后，英国首相托尼·布莱尔和德国总理格哈德·施罗德建议社会民主党走"第三条道路"——将右派的经济信仰与左派的社会计划相结合——并且他们说服社会民主党人走上了改革和现代化的道路，对自身新市场条件下的价值观进行了调整。

"第三条道路"并不是铺满了玫瑰与鲜花，反对者称布莱尔和施罗德是叛徒，指责他们将脆弱的欧洲工人暴露在全球经济的血腥挑战之下。许多经济学家承认施罗德的《2010议程》是德国目前福利计划的基础。但另一方面，由《2010 议程》带来的严格的金融削减计划却激怒了德国人，也使德国社会民主党付出了惨重的代价。在 2017 年的大选中，德国社会民主党人仅仅获得 20.5% 的选票，为历史最低，而在 1998 年，它的支持率曾高达40%。德国的政治分析家与作家阿尔布雷希特·冯·卢克（Albrecht von Lucke）认为施罗德是给德国乃至整个欧洲社会民主党带来危机的关键人物。

但社会民主党的关键问题还在于自身的不团结：许多左翼的力量，从遍布欧洲的不同的绿色党派到西班牙极左翼的民粹政党"我们能"，它们都剥去了以往几十年来社会民主党所坚守的内核，以往它们都与社会民主党有共同的基础，也都从它们那里得到了选民支持。但现在，这些激进左翼政党都离社会民主党越来越远。

在法国和奥地利，对社会民主党的最主要的挑战来自极右翼阵营，且这个阵营正在获得新的动力。在 2015 年难民危机的背景下，社会民主党对移民的支持态度与倾向使它们失去了很多选民。今天，成千上万的欧洲人选择支持极右翼，因为极右翼政党承诺驱逐非法移民。这些人中有一些担心移民抢走自己的工作，有一些关注欧洲的文化认同（如德国的 PEGIDA 运动），其他一些则对安全抱有担忧。而这些担忧恰好可以为法国国民联盟和德国选择党加以利用。而左翼却无力作出合适的应对。

最大的失败者是法国社会党。2017 年选举中，社会党在第一轮选举中就败北，在一个月后的议会选举中，这个从 2012 年开始执政的政党只获得了7.4% 的选票，在 250 个议席中只获得了 30 席。选举结束后，欧盟经济事务的法国专员说，"社会党，我不知道它是活着还是已经死了"。① 2017 年选举失败引发了社会党内部的危机。7 月 1 日，代表社会党竞选总统失利的哈蒙脱离了社会党并宣布组建自己的新党。法国社会党的危机始于 2002 年，当时的候选人莱昂内尔·乔斯平（Lionel Jospin）没有进入第二轮，2012 年弗朗索瓦·奥朗德的胜利只是赢得了一个短暂喘息的机会。2017 年，该党面临进一步分崩离析、解散消亡的危险。

德国的社会民主党也在经历着不断的衰落。2014 年，在德国勃兰登堡州第二大城市科特布斯（Cottbus），德国与波兰的边界，社会民主党取得了压倒性的胜利，但是到了 2017 年 9 月，它们仅仅获得了 17% 的选票，而德国选择党却获得了 29% 的选票。社民党的问题在于它不再是社会相关圈子中最

---

① *Inequality in Europe*，Friedrich-Ebert-Stiftung Hans Bockler Stiftung，Social Europe Dossier.

强大的一方，它使工人流向了德国左翼党和德国选择党。

尤其是以创建"从摇篮到坟墓"高度发达的福利体系而引以为傲的瑞典社民党，自1932年以来，其曾在瑞典政坛执政65年，但在2018年的大选中，因极右翼的瑞典民主党异军突起，社会民主党领导的中左翼联盟只获得了40.6%的选票，没有过半，选举后又陷入了漫长的联合组阁政府时期。随着社会党力量的衰落，瑞典这一欧洲政治秩序最为稳健的国家也处于向左转抑或向右转的困境中。

放眼欧洲，抵抗运动声浪高涨，法国的黄马甲运动、柏林的抵抗房租上涨运动、瑞典中学生领导的气候变迁罢课运动，以及波兰中等教师要求增加工资的运动，这些社会运动搅动了欧洲政坛，它们呈现与以往社会运动不同的特征，表面松散但民众能快速聚集、社群号召力强大、缺乏鲜明的政治组织，很难将其归属于传统的左翼或右翼。传统的左翼政治力量不仅被新时代的政治诉求所抛弃，更逐渐消失在欧盟各国的政治角力中，左翼的衰落是谁造成的？左翼这般昏暗、艰难的前景与欧洲面临的挑战，被欧洲的知识分子视为"欧洲的存亡之秋"。

2019年1月，在欧洲议会选举前夕，法国著名作家和哲学家贝尔纳-亨利·莱维（Bernard-Henri Lévy）联手捷克的米兰·昆德拉等近30位欧洲知识分子，在法国《解放报》发表了一份题为《为欧洲而战，否则破坏者将摧毁它》的宣言。宣言指出："欧洲大陆面临着自1930年代以来最大的威胁与挑战，我们敦促爱国的欧洲人警惕民族主义的攻击"，"我们必须与极端民族主义这种古老的信念彻底划清界限，因为我们别无选择，我们必须为欧洲而战，或者眼睁睁看着欧洲在民粹主义的浪潮中灭亡。"①

二　左翼政党如何面对

面对今天所处的困境，欧洲左翼该何去何从？英国学者帕特里克·戴蒙德（Patrick Diamond）给出了战略建议。② 他认为，对于社会党人来说，首要的问题是如何更好地促进平等。

---

① Bernard-Henri Lévy, Milan Kundera, Salman Rushdie, Elfriede Jelinek and Orhan Pamuk and 25 others, Fight for Europe-or the Wreckers Will Destroy It.

② *Inequality in Europe*, Friedrich-Ebert-Stiftung Hans Bockler Stiftung: Social Europe Dossier, https://www.socialeurope.eu/wp-content/uploads/2018/01/Inequality-in-Europe-final.pdf.

（一）促进平等

19世纪的法国著名哲学家皮埃尔·勒鲁认为当卢梭精神传播到人民中间，并为我们定下法律时，由全体人民大声说出的平等这个词就成为一种原则、一种信条、一种信念、一种信仰、一种宗教。他还指出，要确立政治权利的基础，必须达到人类平等，在此之前，则没有权利可言。而公民平等只是一种特殊情况，也可以说是人类平等的一种必然结果。①

英国社会哲学家和经济史学家托尼·理查德·亨利（Tawney Richard Henry，1880~1962），曾为工党撰写过许多政策性文件。20世纪上半叶，他对英国社会思想作出了卓越的贡献。托尼探讨了一种共同文化的思想，对于社会凝聚力和团结的关注是其全部思想的基础。在《贪得无厌的社会》和《平等》中，他指出资本主义的道德混乱被视作这种社会工业混乱和社会不安宁的根源。他认为一种平等价值的道德学说是一种基本价值，这种平等价值的含义并不是一种数学上的平等或待遇的同一，而是"一种文明手段的普遍扩散"，这将扩大自由，促进自我发展，并缩小社会"底层与顶层之间的距离"。而在资本主义状态下，之所以缺乏社会统一，是因为不存在也不可能指向一个共同目标的道德统一。社会主义的状况最终取决于它能否创立一个具有共同目标的积极公民的重新道德化和整合的社会。在一个伙伴社会中，公民们处于相互合作的状态，因而能够维持和发展一个真正的共同体。半个多世纪以来，托尼的以下看法的持久力并未遭到怀疑：社会组织实质上是一个集体的道德工程，是"一个关系到所有人的共同事业"。②

哲学家皮埃尔·勒鲁在讨论平等的时候，探究了法国革命为什么把政治归结为自由、平等、博爱。他指出，人在他的一生的全部行动中都是合三而一的，就是说每个个体是知觉—感情—认识同时并存，因而在政治上必须对人的本性的这三个方面都有一个相对应的词。与人的形而上学中的知觉相对应的，在政治术语中就是自由；与认识相对应的就是平等；与感情相对应的就是博爱。如果说，我再一次相信自由，这是因为我相信平等；我之所以设想一个人人自由，并像兄弟一般相处的政治社会，则是由于我设想了一个由

---

① 〔法〕皮埃尔·勒鲁：《论平等》，王允道译，肖厚德校，商务印书馆，2011，第21、72~73页。

② 〔英〕戴维·米勒、〔英〕韦农·波格丹诺编，邓正来主编《布莱克维尔政治学百科全书》，中国政法大学出版社，1992，第754页。

人类平等的信条所统治的社会。事实上，如果人们不能平等相处，又怎么能宣布人人自由呢？如果人们既不能平等，又没有自由，他们又怎么能以兄弟般的情谊相亲相爱呢？[①]

1970 年代，伴随着新自由主义的勃兴，左翼政党所珍视的价值观受到侵蚀。全球化不仅加剧了国家与国家之间的不平等，同时也加剧了一国内部的不平等。加剧了 1% 与 99% 之间的矛盾。极右翼政党抓住了这一契机，它们发现了问题，以不平等发难，对于建制派提出挑战。但它们解决问题却寄希望于用简单的办法来面对这个纷繁复杂的世界，使极端民族主义和民粹主义回潮，同时也使欧洲处于危机之中。

泰勒（Taylor）和厄默（Ömer）在《从里根到特朗普的宏观经济不平等：市场势力、工资压制、资产价格上涨和工业衰退》一书中指出："工会和工人们集体谈判权利的衰落，几十年来的工资压制是分配不善的根本原因，也是导致当今结构性不平等的根源所在。"[②] 从而道出了左翼政治力量的衰落带来的严重后果，同时给今天形形色色的极右翼的崛起提供了政治空间。

泰勒著作中最重要的信息与 "涓滴经济学（trickle-down economics）" 正好相反。涓滴经济学的理论认为，给富人和企业减税可以改善整体经济，最终可以惠及所有人包括穷人，因此反对以征税来缩小贫富差距，也减少对穷人的社会救助。但泰勒认为，短时间内没有任何 "灵丹妙药" 可以迅速逆转过去 50 年结构转型的影响，但减少不平等确实可以发展经济和生产力。[③]

社会民主党人已经制定了一项新战略，以促使欧洲社会和公民平等，而不是简单地回归到战后时代试验性的补救措施。这项战略的宗旨在于，左派必须塑造与当代经济和社会相关的平等主义计划。经济生产的除垢、灵活性和专业化的增长、全球生产链的出现以及新兴数字化技术的影响，所有这些都需要新的平等主义政策。在本质上，这意味着重新关注私人部门市场中的工人和工薪阶层的经济权力，这就是 "预分配（predistribution）" 的方法。预分配政策分为几种类型。

[①] 〔法〕皮埃尔·勒鲁：《论平等》，王允道译，肖厚德校，商务印书馆，2011，第 12、15 ~ 16 页。

[②] https://www.project-syndicate.org/onpoint/us-inequality-and-slowing-productivity-growth-according-to-lance-taylor-by-william-h-janeway – 2020 – 12.

[③] https://www.project-syndicate.org/onpoint/us-inequality-and-slowing-productivity-growth-according-to-lance-taylor-by-william-h-janeway – 2020 – 12.

　　第一种是关注提高低收入者的相对赢利能力，高质量的职业教育和培训将提高生产力，但也应该有针对性地支持那些低收入家庭，提高他们的劳动力和市场准入的能力。这些政策包括扩大儿童保育的可操作性、赋予工人权力意味着解决劳动力的驱动因素等。市场歧视导致性别工资差距持续存在，以及对残疾员工和老年工人的歧视。提高工人的工资也需要增加安全保障，比如增加社会关怀。

　　第二种预分配政策是关于打击过高的薪酬、不平等的奖励和巨大的工资差异。当然，这需要强制执行最低工资制，严厉惩罚流氓雇主。而且，鼓励工会作为劳动力市场机构，为那些工资过低，以及处境恶化的工人提供帮助。企业的治理改革，如工人作为公司董事会的代表可以帮助限制高管的薪酬奖励，保持最低薪酬和最高薪酬之间的公平性。与此同时，应该有针对性地采取行动反对金融领域的不合理回报，因为这往往给其他经济部门树立了一个坏榜样。

　　第三种预分配政策是产品、资本和消费者市场的改革。国家应该使用竞争政策压低价格，特别是对对弱势群体产生不成比例影响的能源和公用事业市场进行改革。

　　第四种预分配政策是为了解决增长问题。自 2008 年金融危机以来，承受经济危机的一代年轻人的实际收入和生活水平有所下降。政府干预应该包括增加提供高质量的住房和公平的房租，地方部门应该建立更多的房屋。对于那些低收入学生，应该有更强的激励机制，使得他们能够进入大学。

　　这不是一个详尽的清单，但说明了预分配作为平等主义战略的广度。首先，"再分配"和"预分配"不是相互排斥的。平等主义者需要两者的配合。如果预分配的措施是有效的，它们应该能通过促进就业参与提高整体税收；从长远来看，更有弹性的税收政策可以增加再分配和社会投资的潜力。

　　但是，预分配往往比传统的再分配在政治上面临更多的困难。预分配会触动根深蒂固的既得利益群体，尤其是在金融领域。重要的是要强调较低的初级收入的不平等对经济效率和社会正义都有利。而更多的平等有助于创造更稳定的市场经济，通过民主政治的社会的力量而不是市场经济占上风的力量来保持社会平等。

　　最后，自第二次世界大战以来的政策经验表明，平等不能仅仅在民族国家的边界内实现。为了打击逃税、避税，加强共同的劳动力标准以阻止在全球市场的竞次竞争，国际协调行动已愈发成为紧迫的需求。

（二）超越民族国家应对全球化

全球化是市场、金融、贸易、服务、文化、旅游等方面的全球整合。全球化带来的好处分布不均。大多数对金融和贸易政策的管制使跨国公司的利益超过了公民的利益，因此自 1990 年代全球化首次受到质疑以来，其使得资本、劳动力、金融组织广泛在全球流动，而社会民主主义是以国家为导向的意识形态，面对全球化的冲击，短时间之内还无法跳出在自己的国家边界内维系自己成就（福利国家、教育和公民权等）的窠臼。

社会民主党是建立在工人阶级基础之上的，产业工人则以制造业和采矿业为主，但随着科技的发展和新兴产业的兴起，采矿业和制造业的衰落，以及全球化带来的离岸生产，工人们的工作场所更加支离破碎，工会的权力有所下降。这不仅被视为社会堕落的原因，也直接导致了社会民主党选民的大量流失。

全球化带来的一个直接后果就是金融从一个健全、谨慎的贷款方转变为商业和工业须臾不可离的一个轮子。成为一个巨大的、占主导地位的吸血鬼，榨取企业的生命血液，最终榨干了国家本身。这是所有政党都不得不面对的挑战，尤其是社会民主党。

全球化引发的另一个问题是对移民的恐惧，无论是真实的还是想象的。这种恐惧通常都被夸大了，也被社会民主党所忽视了。出于政治正确的考量，社会民主党都避免触及移民这个议题，从而失去了对劳动力市场的监管。爱尔兰工会的首席经济学家保罗·史云尼（Paul Sweeney）认为，国际化和全球化并不意味着国家的终结，在未来很长的一段时间里，民族国家仍然是权力的主要支柱。

为了应对欧债危机，2012 年 3 月初，除英国和捷克以外的欧盟 25 个成员国签署了"欧盟财政契约"。它规定，欧盟成员国必须保证在 20 年内遵守《马斯特里赫特条约》，公共债务不得超过国内生产总值的 60%，但事实上，根据 2014 年的统计，德国、英国、比利时、葡萄牙、意大利、希腊等国的公共债务均已超出这一规定。从欧盟层面来讲，财政契约有积极一面的作用，它标志着欧盟通过深化一体化解决债务危机的努力进入了一个新阶段。但在成员国层面，财政契约削弱了负债严重的国家的社会地位，对于社会民主党人来说，严苛的财政纪律更加束缚了他们的手脚，社会民主党在社会政策方面更加难以施展自己的抱负，不得不跟在中右翼政党身后亦步亦趋，对紧缩政策的支持，成为压倒社会民主党的最后一根稻草。

经济学家丹尼·罗德里克（Dani Rodrik）认为，全球化对世界各地的社会产生了高度不对称影响，尤其是先进民主国家，这些国家的基本社会契约已经瓦解。① 今天我们看到的极右翼上升，在很大程度上归因于由全球化引发的分裂、不信任、失落与无助，而中左翼政党放弃自己身份定位的做法，用不正确的方法拥抱全球化，为极右翼政党提供了政治空间。极右翼政党提供了一种文化的、民族主义的叙事方式，提供了一种解释框架。极右翼意识形态的吸引力在于降低了世界的复杂性。

那么，该如何因应这种全球化呢？逆全球化、反全球化并不是解决问题的根本所在。左翼的政治家和政治力量需要认识到目前全球化的真正棘手问题并不是我们有太高的全球化，而是这种全球化的模式使跨国公司、金融机构、高科技公司获得高额回报，却把普通劳工和弱势群体排除在外。丹尼·罗德里克认为，需要一种新的再平衡。这意味着要更多地关注劳动力所关心的问题，而较少地关注资本所关心的问题；打破关税壁垒，在某些领域，全球化或全球治理还远远不够，比如公司税收协调和全球银行业务更高的透明度就是其中之一；建立一个全球性的临时劳动力流动制度。因为，在商品和资本方面，全球市场已经相当自由，而国际劳动力流动经济学告诉我们，劳动力流动性获得的收益是巨大的，这在一定程度上也能回应极右翼对移民的排斥。

丹尼·罗德里克指出，中左翼力量是使全球化指向新自由主义的同谋。社会民主党将全球化视为无法控制的自然力量，导致了不平等的加剧，使福利国家受到侵蚀，普通劳工失去了社会保护。社会民主党的选举衰落与它所采取的非批判性的全球化的后果直接相关。

全球化存在一个三角关系的悖论，面临着在民族国家、超国家主权和全球主义之间进行选择，我们可以拥有其中的任何两个，但不能同时拥有三个。"高度全球化"显然意味着新自由主义完全不受管制的世界经济的理想，需要通过某种方式，比如在国内层面展开对全球化的辩论来对全球化加以约束和管制。

全球化的反弹既有文化维度又有经济维度，因此必须与之正面交锋。在今天这样一个相互依存、全球化的世界，需要拥有各种层次身份的公民，这

① https://www.socialeurope.eu/wp-content/uploads/2019/03/The-Crisis-of-Globalisation-final.pdf.

些公民不仅对当地社区、城镇、地区，以及它们的国家保持忠诚，还需要对超越国界的问题加以关注，如环境保护等，公民之间的联系必须是能够互相促进和加强，而不是一种简单的零和博弈。

罗伯特·基欧汉认为，并非所有的全球化模式都是有益的，我们当今所处的是一个非均衡的全球化，怎样才能摆脱治理困境呢？他认为摆脱困境的出路在于，更多地关注、期待其他人会如何作为，更多地关注基础的价值观和"信仰（belief）"，"期待（expectation）"是行为的一个关键的决定性因素。它们在很大程度上依赖于信任、声誉和互惠等要素，而这些要素又依赖公民的参与网络，或者说是社会资本。公民的参与网络并非简单地划分为"国际的"和"国内的"，相反，它们是跨越这些界限的。①

牛津大学全球经济治理学教授恩盖尔·伍茨（Ngaire Woods）认为，资本主义正在发生巨大的改正，如果我们回溯历史，那些思考资本主义的最深层次的思想家，无论是亚当·斯密还是其他人，他们都不是盲目信奉将一切都交给市场。真正的政治家需要考虑选民的担忧，以及住房、卫生、教育、工作。英国在二战后每年建造十万间房屋，并确保每个英国家庭有一个像样的房子，但现在这一政策已停滞很久。政府应该思考如何应对基本问题，首先是回应本国人口的需求。这在全球治理的语境下，表明政治上可能意味着首先要向本地化倾斜，以提高人们的参与和信任，然后再去思考构建全球治理的制度体系。我们需要自下而上重建政治，重新思考合作中的战略利益，进入一个互惠的模式，欧洲需要与其他国家一起追求这些目标，并最终达成共识。

戴维·赫尔德认为，世界主义对政治和人类福利愈发重要，为了在世界政治中实现更多的责任、民主和社会公正，我们需要深入思考全球化和全球治理的适当形式。世界主义非但不是一种乌托邦，反而处于第二次世界大战后法律和政治重大发展的核心。② 许多人已经显示出能够做到这一点的能力，但是要继续这样下去，他们需要感到自信和安全，这就需要左翼提供力量支持。

---

① 〔英〕戴维·赫尔德，安东尼·麦克格鲁编，《治理全球化——权力、权威与全球治理》，曹荣湘、龙虎等译，中国社会科学文献出版社，2004，第482、501页。

② 〔英〕戴维·赫尔德，安东尼·麦克格鲁编，《治理全球化——权力、权威与全球治理》，曹荣湘、龙虎等译，中国社会科学文献出版社，2004，第27页。

（三）为何左翼需要加强团结？

自 1980 年代以来，从工人和社会主义运动角度来讲，欧洲左翼的设想是解决新自由主义政府执政以来西欧面临的一系列经济和社会问题，如经济危机、滞胀、福利国家危机和新技术革命所引发的一系列问题。在此背景下，一些共产党和社会党对以往的政策进行反省后得出了一种解决问题的方案。新保守主义势力通过严厉的紧缩政策，缩减福利开支，降低了财政赤字，使经济有不同程度的回升，但扩大了贫富差距，法国称之为"新贫民"，格洛茨称之为"三分之一的社会"（即社会三分之一的成员，如失业者、养老金领取者、残疾者、流动工人等，生活水平将下降到贫困线以下）。西欧左翼政党起初对保守主义的生命力估计不足，认为不久即可取而代之。但1980 年代随后的选举结果令左翼失望。它们逐渐认识到：①资本，特别是金融资本在全球流动，西欧任何一个国家都很难凭一己之力解决自己的经济和社会问题；②面对 1980 年代美国和日本的强大竞争力量，西欧只有联合起来才能保护和扩大自己的产品市场；③对新技术革命不能被动应对，听任新技术革命对传统工业的冲击，放任长期的结构性失业，而是应积极利用新技术成果，努力创造新的就业机会；④关于西欧和第三世界的关系，从积极角度看，西欧和第三世界有着紧密的联系，此外，从"社会主义"必须是全球性的理想来看，西欧都必须支援第三世界。以上这些看法，再加上安全问题，必然使得一些共产党和社会党在确定自身政策时放眼于西欧、整个欧洲，乃至世界。①

从政党政治的角度来看，英国是较为典型的两党制，由于保守党和工党代表着两大对抗的阶级，资产阶级和工人阶级，前者坚持固有的资本主义原则，后者坚持民主社会主义，因而，彼此的方针、路线、纲领难以调和。基本不存在政党联盟的问题。但欧洲还有许多采纳多党制的国家，由于政党众多而又缺少一个"超级大党"，仅凭一党之力要获得超过半数的席位极为不易。法国就是个经典的例子。自法国政党诞生，其数量之多至今在欧洲多党制国家中首屈一指。而且，法国选举制度的设定，尤其是第五共和国大部分时期采用单记名多数两轮选举制，又使得法国政党都千方百计地寻求政党联盟和制定政党联盟的策略。法国的左翼政党联盟，其历史也并非一帆风顺，

---

①　殷叙彝：《关于欧洲左翼的几点看法》，《当代世界社会主义问题》1988 年第 3 期。

经历了曲折与起伏。

在第二次世界大战时期，法国共产党和社会党放弃前嫌，并肩携手，抗击法西斯主义。1972 年 6 月，双方经过艰苦谈判，达成了《共同施政纲领》，该纲领概括了左翼联盟在取得政权后在政治体制改革、经济和社会措施，以及外交方面所应采取的基本政策以及对"其他民主政党和组织"的开放原则。在工业发达的资本主义国家里，社会党人和共产党人共同发表一个完整而具体的施政纲领还是破天荒第一次，具有不可估量的历史意义，也大大增加了左翼的力量，扩大了自身的政治影响力。左翼联盟的总统候选人密特朗在 1974 年的总统选举中在第一轮投票中就胜出。① 总结近一个世纪以来法国左翼联盟所经历的风雨路程，可以得出以下结论：第一，左翼联盟是团结法国各个左翼政党，尤其是法共和社会党的法宝。这两支力量合则两利，分则两败。因而，左翼联盟在法国社会严重分裂的情况下对法国左翼政党是很有必要的。第二，左翼联盟的形式多种多样，但核心就是法共和社会党的关系，从而形成团结法国中下层劳动人民的最广泛的联盟。第三，左翼联盟必须始终如一地奉行左翼政策和共同纲领，贴近中下层群众的诉求。

今天，玛丽娜·勒庞领导的极右翼政党国民联盟，已经搅动了法国政坛。2017 年的大选中，社会党的得票率只有 7.4%。面对不断极化且碎片化的法国政治，面对严重撕裂的法国社会，面对愤怒的黄马甲抗议者，法共和社会党还能够像从前一样，在历史的紧要关头重新组成左翼联盟吗？

三 左翼政党的未来在何处

2020 年最畅销书之一是《食利资本主义：谁拥有经济，谁为其买单？》，作者布雷特·克里斯托弗斯（Brett Christophers）对 21 世纪初的资本主义进行了全面的审视，将其称为"食利资本主义"。他一针见血地指出，食利主义塑造了我们共同生活的每个领域，从能源、房地产、航空航天、医疗保健乃至娱乐。这种既有说服力又有力量的资本主义的均衡状态，是租金积累的一种，而这种均衡是通过国家行使阶级权力造成的。这就不难理解，在英国经济中，所有权集中度最近几十年一直在提高。英国一些最大的公司的利润不是来自生产，而是来自他们利用对关键资源的控制从而获取经济租金的能

---

① 吴国庆：《法国政党和政党制度》，社会科学文献出版社，2008。

力。换句话说，一方面，极有钱的人通过垄断各类资源，比如土地、知识产权、自然资源、数据、平台等，获取高额利润，对社会贡献少，但食利资本在国民收入中所占的份额却稳步增长；另一方面，工人的利益受到牺牲，劳动者经历了双重困境。恰恰是这种食利资本主义的典型弊病，即巨大的不平等现象和根深蒂固的经济停滞，无情地导致英国"脱欧"。[①]

资本主义世界里存在的严峻问题被极右翼政客们发现了，他们以不平等发难，以保护社会底层的本地人为核心，以纯粹的人民、"我们"和"他们"的区分为政治动员口号，提出自己的诉求——反精英、反建制、反移民、反全球化、反欧盟。不得不说，极右翼政党所发现的问题，是主流政治家不容回避的。资本主义社会的这些弊端，给极右翼的出现提供了某种程度的正当性。但我们需要思考的是，极右翼政党提出的解决方案，简单地否定一切的解决方案，是真正明智和可行的吗？面对不断蔓延的极右翼力量，左翼政党的未来又在何处？

迈克尔·布罗宁（Michael Bröning）是弗里德里希艾伯特基金会国际政策室的主任，并且还是德国社会民主党基本价值观委员会成员。他相信欧洲的社会民主党仍然会发挥自己的作用。"社会民主党的问题在于他们似乎忘记了如何动员自己的资源来进行斗争。一旦他们回想起来了，他们就可以发挥更多的作用。"[②]

英国前首相托尼·布莱尔指出，对于主流政党尤其是中左翼政党来说，忽略愤怒的选民，对极右翼力量视而不见，都是于事无补的。正确的做法是，应当在公共辩论中占有主动权，领导公共辩题，对于民众关心的议题必须在政治上作出回应，包括技术、教育、医疗保健，以及人们担忧的安全和移民问题，在保护我们价值观的同时，提出明智的解决方案，重新提出一个能拥抱未来的政策议程。这样才能真正有效地应对极右翼浪潮的挑战。[③]

从政治的角度看，如果政府能够成功地维持更公平的财富分配，那么民主政府的长期合法性将会得到加强。然而，已经发生的自发的私有化运动和企业家利用许多转型经济中大量存在的机会去套利，即已创造的私有财富造

---

① Brett Christophers, *Rentier Capitalism Who Owns the Economy, and Who Pays for It?* Verso, 2020.

② https://eadaily.com/en/news/2018/03/12/crisis-of-european-social-democracy-collapse-of-leftists-is-a-threat-to-eu.

③ https://www.project-syndicate.org/commentary/saving-the-center-by-tony-blair-2017-01.

就了一个富有阶层，这样一来，想要建立公平的资本主义就变得困难重重了。一个忠告是，要以"正确的方式提出问题"，不要把"市场"与"政府"对峙起来，而应该在两者之间保持恰到好处的平衡，因为也有可能存在许多拥有中间形态的经济组织。①

自基督教改革运动以来，西方文明发展的重要主题就是创造一个更美好的世界。19世纪，一些乌托邦的幻想被付诸实践，结果只是获得了非常有限的成功。然而19世纪也经历了意识形态的大发展，它一方面取代了长时间统治人类的宗教教义，另一方面又被人们以类似于相信宗教教义那样的热情来信奉。

确实，我们只有在事后才能知道某一特定政策是否具有生命力。关键的一点是没有理由相信市场经济会"自然"地作出正确的权衡，特别是没有理由相信过于残酷竞争的市场经济比那些温和一些的经济会更有效率。而且，既然某一特定的种类能否生存下来要依靠其所处的环境，也就是说它具有内生性，那么就没有理由相信市场经济体制总体上具有最优的特性。这种体制只是保证在由其所创造的特定环境中，那些能适应环境的人才能生存。因此，可以设想一个社会里存在两种类型的个体：管理者与革新者。

约瑟夫·E. 斯蒂格利茨认为，从目前的历史趋势看，社会主义在处理公有与私人财产间的均衡时，也许没有提供最完美的答案，社会主义在这方面的不全面使其经济理论遭到失败，但它的理论和价值将成为永恒，并且它为我们探寻一种更人道、更平等的社会提供了有益的尝试。② 正如伟大的美国诗人罗伯特·弗罗斯特（Robet Frost）曾在一首诗中写道："树林中的两条道路在我面前分开/我选择了一条鲜为人行的道路，这使我的一切从此与众不同。"

---

① 〔美〕约瑟夫·E. 斯蒂格利茨：《社会主义向何处去：经济体制转型的理论与证据》，周立群等译，吉林人民出版社，2011，第303页。

② 〔美〕约瑟夫·E. 斯蒂格利茨：《社会主义向何处去：经济体制转型的理论与证据》，周立群等译，吉林人民出版社，2011，第313页。

结　语

2016 年在世界历史发展进程中注定成为不平凡的一年，英国"脱欧"，特朗普成功当选美国总统，黑天鹅事件频出，使得欧美出现了民粹主义的回潮。2017 年是欧洲的大选年，法国国民联盟的领袖玛丽娜·勒庞，德国选择党的领袖弗劳克·佩特里都给主流政治带来严峻的挑战，给欧洲政坛带来新的冲击波。

人们不禁会问，欧洲极右翼政党在政治实践中，何以能掀起这样的波澜，取得如此大的成功？笔者认为，任何一种单一的理论都不足以解释这一现象，探究极右翼政党成功的理论原因，需要构建一个多元的政治理论体系框架，它是一个力的平行四边形，是多种合力共同作用的结果。其中，极右翼政党所处的外部社会环境的政治极化和社会分化，为它的滋生提供了丰厚的土壤；新兴媒体的推波助澜，使民主政治俨然完全沦为选举政治，在竞选中，传统政治的话语禁忌不断被打破，在普通民众心目中提升了极右翼政党的合法性；而且，极右翼政党自身，也在坚持不懈地进行着去极端化的努力。如法国国民联盟的玛丽娜·勒庞在接任其父的职位后，就为国民联盟的去极端化作了持续的努力。极右翼政党领袖还抛出特定的政治议题，如反建制、反移民、反欧盟等，通过夸张的修辞进行策略动员，不断放大经济危机和移民与难民带来的危害，借此机会批判主流政治精英，指责他们背叛了人民。更为重要的是，在政党政治博弈的体制中，主流的中左翼政党放弃了自己的身份特征，面对社会不平等以及移民和难民问题，鲜少提出明确的解决方案和政治议程，从而导致选民流向极右翼阵营。

英国著名学者，比较欧洲史研究专家唐纳德·萨松指出，一个政党的历史与它形成于其中却又努力进行反对的经济社会结构是无法分开的。① 要考察极右翼政党强劲上升的原因，也离不开孕育其生长的社会环境。从政治和社会维度看，欧洲国家面临着严重的内部问题，政治"极化"和社会"分化"愈演愈烈，那些失落的民众，似乎成了沉默的大多数，借公投机会发声，公开表达他们对现有政治制度的失望和无奈。

托马斯·珀古特克（Thomas Poguntke）考察了2009年德国联邦议院的选举结果以及随后州一级的选举，指出德国的政党体制正在发生根本性的改变。两个传统的大党失去了在选举中的优势地位，小党力量超过10%。他用定量分析指标分析了这些变化的产生，指出过去的20年德国的政党体制正在不断遭受侵蚀，与此同时德国的政党民主也在经历着深刻的改变。②

马修·J.古德温（Matthew J. Goodwin）和奥利弗·希斯（Oliver Heath）对2016年英国"脱欧"公投的投票进行了分析，指出这次全民投票充分表达了英国社会出现了比以往更深刻的分歧，而这种分歧是跨越了代际、教育和阶级界限的。支持英国脱离欧洲的群体往往是那些养老金领取者、低技能和受教育程度比较低的蓝领工人，以及那些因经济转型、受自由主义媒体以及政治阶层所宣扬的价值观影响而不断被边缘化的普通人。他们内心充满不安全感和悲观主义，感到不断被边缘化，觉得不论是布鲁塞尔还是威斯敏斯特的精英都不能分享他们的价值观，代表他们的利益，并真诚地对他们因社会、经济和文化迅速变化而产生的强烈愤怒表示同情。长期以来，普通民众被排除在主流共识之外，他们利用全民投票来表达自己的声音，不但对英国的欧盟成员国资格提出质疑，而且认为欧盟对他们的国家认同、价值观和生活方式存在广泛的威胁。③

法国知名经济学家托马斯·皮凯迪在《21世纪资本论》中指出，2008年的金融危机不仅是对市场缺陷的控诉，也是对政府作用的挑战。由于政府在二战后的几十年内形成了对经济和社会生活的核心影响力，人们问责政府就合情合理。某些人对政府新职能存在抗拒甚至强烈抵制，尤其是当立场不

① 〔英〕唐纳德·萨松：《欧洲社会主义百年史——二十世纪的西欧左翼》，姜辉、于海清、庞晓明译，社会科学文献出版社，2013，"序言"第9页。
② Thomas Poguntke, Towards a New Party System: The Vanishing Hold of The Catch-All Parties in Germany, *Party Politics*, 20 (6), 2014.
③ Matthew J. Goodwin and Oliver Heath, The 2016 Referendum, Brexit and the Left Behind: An Aggregate-level Analysis of the Result, *The Politically Quarterly*, 87, 2016, p. 331.

同而引发不可调和的冲突时。有些人极力主张政府应扮演更大的角色，而另外的人则呼吁政府应立即解散。①

政治机会结构与政党获胜之间的关系在一定程度上说明，失业和贫困促使选民更倾向于选择那些在关键政策领域内具有竞争力的政党。换句话说，在经济困难和低迷时期，民众对政党的期待并不是看重它一贯所秉持的责任，而是更看重它对经济危机所作出的反应。危机以来，在国家和欧盟层面，精英们不断在令人炫目的国际媒体面前作出关键性决定。这样的政治戏剧比危机本身更能给拥有极右民粹色彩的反体制政党带来更多的话语机会。并且，极右翼领导者者还可以在国家或欧盟层面把一些关键的决定同特定的精英联系起来，这些精英被选民视为应对他们负责，最后，危机也可能为抱持市场自由主义、强调主权国家意识形态的极右翼政党提供政治机会，因为他们支持社会里的中产阶层，反对欧盟臃肿的超国家形态。

2008 年爆发的经济衰退，使得民众对政府的不信任、不满意程度急剧上升，而 2015 年爆发的难民危机，更是雪上加霜，犹如催化剂，使得原本由全球化导致的全球财富分配的不平等进一步加剧，贫富差距的鸿沟越来越大。在这样多重危机交织的背景下，欧洲社会民众的失落、恐惧心理进一步加深，极右翼政党力量的凸显，犹如一张晴雨表，折射出社会存在的尖锐问题。政治的"极化"和社会的"分化"愈演愈烈，人们对民粹主义政党的支持，恰恰是因为主流政党乏善可陈，传统的左右翼政党意识形态趋同，学界普遍认为，中左翼政党在面对危机时，放弃了自己的身份定位，接受紧缩政策成为压倒自己的最后一根稻草。这样就给处于政治谱系中极左和极右翼的民粹主义政党提供了政治空间。因此，正是经济衰退和难民危机给欧洲的极右翼思潮抬头和极右翼政党崛起提供了政治机会结构。极右翼力量的上升在一定程度上为那些面对全球化，内心充满失落和无助的社会群体，对主流政治表达不满提供了一个便捷的工具和通道。

在这样一种逆全球化大行其道，极右翼民粹主义潮流甚嚣尘上的时候，重温多米尼克·莫伊西的见解，会给我们带来有益的启示。他是一位温和而热情的国际关系学者，以情感的方式诠释了全球化对世界不同地区带来的影响。他强调欧洲和美国已经被恐惧的情感所主导，他们害怕其他力量，也害怕失去自己的国家身份和目标，这是一种"恐惧的情感和文化"。但不应忽

① 〔法〕托马斯·皮凯迪：《21 世纪资本论》，巴曙松、陈剑等译，中信出版社，2014，第 488 页。

视的是，人类以如此众多的数量，如此广泛的分布，而在生活方式、价值观和环境等方面又是那么不同。人们很容易忽视这种复杂性的存在，因此，激进主义和极端意识形态的吸引力，就在于它将世界的复杂性降低，甚至只剩下口号、标语和僵化的指令。① 这是反智的，对复杂问题提供简单化的解决方式，这也是极右翼具有吸引力的原因。但与此同时，欧洲在漫长的历史过程中所形成的价值也告诉我们，理解他人和我们在文化和历史方面的相同和差别，是一个更加宽容的世界的重要基础。

2008 年的金融危机，使得传统的凯恩斯主义的方法失灵，但同样失灵的也包括主流右翼提出的自由市场模式。吉登斯认为处于中间地带的，应该是一种"负责任的资本主义"的模式。

托马斯·皮凯迪在《21 世纪资本论》一书中对全球财富不平等作了切中肯綮的研究后，得出结论认为：如果放任自流，基于产权的市场经济包含强有力的趋同力量（尤其是知识和技术扩散的影响），但是它也包含强大的分化力量，这将潜在地威胁各民主社会以及作为其社会基础的社会正义价值。②

从这个角度来讲，历史上曾为欧洲的民主制度作出巨大贡献的社会民主党，在今天面对极右翼政党的挑战时，能否再一次承担起团结欧盟的重任，就不仅仅是在经济领域减少不平等，更重要的是在政治领域，它是一支捍卫欧洲价值观的重要力量。

但是，诚如皮凯迪的研究结论，若应对全球财富不平等，应对不受控制的资本，还需要加强民主的力量。社会民主主义以及左翼的价值在今天没有过时，但在新的政治语境下，其要变为政治实践，却是艰巨的任务。需要政治家们付出更多的智慧与努力。在这样的一个背景下，欧洲的知识分子群体，为当前欧洲所面临的困境不断寻找解决方案。30 多名世界知识分子发表公开信，呼吁拯救欧洲于危亡之中。欧洲左翼知识分子也呼吁构建一个美好的社会。短时间内，也许找不到任何灵丹妙药可以逆转过去 50 年来新自由主义引发的欧洲社会深刻的结构性变迁，极右翼民粹主义仍然可以寻找到新的议题，来进行反体制、反精英、反多元主义的鼓动与宣传。但是，我们处

---

① 〔法〕多米尼克·莫伊西：《情感地缘政治学：恐惧、羞辱与希望的文化如何重塑我们的世界》，姚芸竹译，新华出版社，2010，第 170 页。
② 〔法〕托马斯·皮凯迪：《21 世纪资本论》，巴曙松、陈剑等译，中信出版社，2014，第 589 页。

于一个地球，面对共同的自然环境与气候变化，人类依然是一个相互依存的整体，并且至关重要的是，人类以比过往数千年来前所未有的复杂方式生活在一起，极右翼降低世界的复杂性，以简单手段为解决复杂问题的方式是危险的。因此，在危机重重的现实中，我们有理由坚信，左翼的价值追求并未过时，因为社会组织实质上是一个集体的道德工程，是"一个关系到所有人的共同事业"。①

---

① 〔英〕戴维·米勒、〔英〕韦农·波格丹诺编，邓正来主编《布莱克维尔政治学百科全书》，中国政法大学出版社，1992，第 754 页。

参考文献

————❦❦❦————

中文著作

冯克利:《尤利西斯的束缚——政治思想笔记》,江苏人民出版社,2004。

高景柱:《当代政治哲学视域中的平等理论》,天津人民出版社,2015。

顾俊礼主编《欧洲政党执政经验研究》,经济管理出版社,2005。

顾肃、张凤阳:《西方现代社会思潮史》,山东教育出版社,2004。

黄平、周弘、程卫东主编《欧洲发展报告(2017~2018)》,社会科学文献
    出版社,2018。

江宜桦:《自由民主的理路》,新星出版社,2006。

李景治、张小劲:《政党政治视野下的欧洲一体化》,法律出版社,2003。

李乐增、郑春荣主编《德国发展报告(2012)》,社会科学文献出版社,
    2012 年。

李友梅、孙立平、沈原主编《当代中国社会分层:理论与实证》,社会科学
    文献出版社,2006。

林红:《民粹主义:概念、理论与实证》,中央编译出版社,2007。

林勋健:《政党与欧洲一体化》,当代世界出版社,2000。

刘成、马约生:《欧洲社会民主主义的缘起与演进》,重庆出版社,2006。

刘东国:《绿党政治》,上海社会科学院出版社,2002。

刘军宁编《民主与民主化》,商务印书馆,1999。

刘淑春等:《欧洲社会主义研究》,中国社会科学出版社,2013。

刘文秀:《欧盟的超国家治理》,社会科学文献出版社,2009。

吕薇洲主编《变动世界中的国外激进左翼》，广西师范大学出版社，2015。

浦兴祖：《西方政治学说史》，复旦大学出版社，1999。

史志钦：《全球化与欧洲社会民主党的转型》，中央编译出版社，2007。

宋全成：《欧洲移民研究——20 世纪的欧洲移民进程与欧洲移民问题化》，山东大学出版社，2007。

宋玉波：《民主政制比较研究》，法律出版社，2001。

王邦佐：《中国政党的社会生态分析》，上海人民出版社，2000。

王海霞：《奥地利社会民主党研究》，北京广播学院出版社，2003。

王学东、张文红主编《中国共产党和欧洲左翼政党的发展》，中央编译出版社，2011。

王长江：《政党的危机——国外政党运行机制研究》，改革出版社，1996。

王长江：《政党现代化论》，江苏人民出版社，2004。

吴国庆：《法国政党和政党制度》，社会科学文献出版社，2008。

吴前进主编《欧洲移民危机与全球化困境：症结、趋势与反思》，社会科学文献出版社，2018。

向文华主编《冷战后社会党研究》，中央编译出版社，2006。

郇庆治：《绿党政治研究》，山东人民出版社，2000。

郇庆治：《当代欧洲政党政治——选举向度下的西欧社会民主党研究》，山东大学出版社，2007。

杨云珍：《当代西欧极右翼政党研究》，上海人民出版社，2012。

张莉：《西欧民主制度的幽灵：当代西欧右翼民粹主义政党研究》，中央编译出版社，2011。

张芝联：《法国历史》，中国大百科全书出版社，2013。

周弘主编《欧洲发展报告（2008~2009）》，社会科学文献出版社，2009。

周弘主编《欧洲发展报告（2009~2010）》，社会科学文献出版社，2010。

周敏凯：《现当代西方主要社会思潮》，中国社会科学出版社，2012。

周淑真编著《世界政党格局变迁与中国政党制度发展》，中国友谊出版公司，2013。

周淑真：《政党与政党制度比较研究》，人民出版社，2001。

周叶中：《代议制度比较研究》，武汉大学出版社，2005。

中文论文

陈方堃：《德法选举制度对其政党制度的影响分析》，《濮阳职业技术学院学报》2011 年第 6 期。

陈林：《对欧洲左翼问题的几个概念的理解》，《欧洲研究》1999 年第 1 期。

陈崎：《新世纪的西欧右翼政党》，《北京行政学院学报》2006 年第 4 期。

陈青山：《移民风暴中，欧洲极右政党异军突起》，《联合早报》2010 年 9 月 19 日。

陈玉瑶：《从"勒庞现象"看法国移民》，《中国民族》2011 年第 6 期。

丁爱萍：《丹麦中右联盟为何能上台执政》，《当代世界》2002 年第 1 期。

高奇琦：《德国社会民主党选举困境与左翼政治生态格局》，《中国社会科学报》2014 年 8 月 27 日第 639 期。

郭业洲：《一党入阁 四邻不安——奥地利自由党参政的背景和影响》，《当代世界》2000 年第 3 期。

郭忠华：《西方政党与民主：在共生和悖论的结构中》，《岭南学刊》2006 年第 2 期。

《法国大选与法国民主制度——李其庆教授访谈》，《国外理论动态》2007 年第 8 期。

胡伟：《民主与参与：走出貌合神离的困境？——评卡罗尔·帕特曼的参与民主理论》，《政治学研究》2007 年第 1 期。

江穗春：《勒庞的三幅面孔》，《世界知识》2002 年第 10 期。

金重远：《法国极右翼政治势力的历史与现实》，《华东师范大学学报》2003 年第 3 期。

李筠：《2010 年大选后的英国政党政治》，《国外理论动态》2010 年第 9 期。

李乐增：《欧盟 14 国对奥地利制裁述评》，《德国研究》2000 年第 4 期。

李路曲：《当代西方政党的形态和类型评析》，《中共天津市委党校学报》2006 年第 3 期。

李路曲：《西欧政党与政府的关系、政党交易和政党的衰落》，《马克思主义与现实》2006 年第 6 期。

李其庆：《"欧洲激进左翼"探析》，《当代世界与社会主义》2014 年第 4 期。

林德山：《欧洲激进左翼政党现状及变化评介》，《马克思主义研究》2014 年第 5 期。

林德山:《欧洲左翼政党的现状与前景》,《当代世界》2015 年第 14 期。

林刚:《勒庞:不只一个人》,《新闻周刊》2002 年 5 月 6 日。

林红:《后冷战时代的欧洲新民粹主义》,《国际论坛》2005 年第 4 期。

刘立群:《德国极右翼势力问题探究》,《欧洲研究》2003 年第 2 期。

〔英〕尼尔·戴维森、〔英〕理查德·萨鲁:《新自由主义与极右翼联姻:一个充满矛盾的组合》,杨颖、王潇锐译,《国外理论动态》2018 年第 1 期。

〔美〕乔瓦尼·萨尔托里:《政党的类型、组织与功能》,胡小君、朱昔群编译,《马克思主义与现实》2006 年第 3 期。

〔法〕让－尹夫·加缪:《欧洲的极右翼》,陈露译,《当代世界与社会主义》2001 年第 3 期。

史志钦:《欧洲极右政党透视》,《国际论坛》2001 年第 6 期。

史志钦:《欧洲社会民主党的转型与困境》,《人民论坛》2013 年 12 月上。

舒笙:《奥地利:"海德尔现象"的危险在于德国问题回潮》,《国际展望》2000 年第 4 期。

孙恪勤:《欧洲极右势力为何屡屡抬头?》,《求是》2002 年第 4 期。

田德文:《2010 年英国大选与政治走势》,《中国党政干部论坛》2010 年第 6 期。

田德文:《欧洲极右翼势力的政治化趋势》,《光明日报》2000 年 12 月 20 日。

汪琦、孔寒冰:《左右易位——2001 年 11 月丹麦三重选举透视》,《国际政治研究》2002 年第 2 期。

王聪聪:《比较视野下的欧洲激进左翼政党选举支持探析》,《欧洲研究》2017 年第 3 期。

王辑思、阎学通、史志钦等:《右翼、极右翼与未来的世界》,《世界知识》2002 年第 11 期。

王军:《西方学者政党研究方法论管窥》,《国际政治研究》2000 年第 1 期。

王克宁:《冷战结束以来欧洲左翼思想变迁的理论分析》,中共中央党校硕士学位论文,2006。

王鹏:《法国式民主能否选举出高效总统》,《中国社会导刊》2007 年第 8 期。

王学东:《九十年代以来西欧社会民主党的理论反思和政策调整》,《当代世界与社会主义》1996 年第 4 期。

韦弦:《海德尔——纳粹的阴影》,《百科知识》2000 年第 5 期。

吴怀友、曹休宁：《全球化与新自由主义关系新论》，《国际论坛》2005 年第 6 期。

吴茜：《冷战后西方极右翼政治思潮的新变化及其影响》，《当代世界与社会主义》2003 年第 5 期。

伍慧萍：《德国选择党——疑欧势力的崛起与前景》，《国际论坛》2015 年第 2 期。

肖光恩、金田：《霍特林模型与空间区位竞争理论的拓展》，《理论月刊》2007 年第 3 期。

肖云上：《析法国国民阵线的分裂》，《国际观察》1999 年第 2 期。

徐锋：《当代西方政党组织形态变化述评》，《欧洲研究》2006 年第 4 期。

徐锋、朱昔群：《国外政党基层组织比较研究》，《马克思主义与现实》2007 年第 4 期。

许振洲：《两种民主理论之辩——对一段历史的重新审视》，《国际政治研究》2005 年第 4 期。

杨光：《海德尔现象的政治学分析》，《新视野》2001 年第 6 期。

杨皓、史志钦：《欧洲新民粹主义政党探析》，《国际论坛》2004 年第 4 期。

杨汝生：《奥地利——极右翼政党入阁惊煞欧洲》，《人民论坛》2000 年第 3 期。

殷叙彝：《关于欧洲左翼的几点看法》，《当代世界社会主义问题》1988 年第 3 期。

殷叙彝：《"民主社会主义"和"社会民主主义"概念的源起和演变》，《中国特色社会主义研究》2007 年第 5 期。

张宏艳：《法国政党政治研究》，《黑龙江社会主义学院学报》2008 年第 6 期。

张莉：《右翼民粹主义、选举政治与法国国民阵线》，《国际政治研究》2007 年第 2 期。

张莉：《再议海德尔现象》，《国际论坛》2010 年第 4 期。

张世鹏：《关于当代西欧社会阶级结构研究的几个问题》，《当代世界与社会主义》1998 年第 1 期。

张文成：《吉登斯谈欧洲政党政治与中左政党的复兴》，《国外理论动态》2004 年第 5 期。

张文红：《德国社会民主党的危机与启示》，《党建》2010 年第 7 期。

张文红：《"欧洲左翼党"的建立及其面临的问题》，《国外理论动态》2004年第 8 期。

张英武、陈永亮：《当代欧洲极右翼政党分析》，《贵州师范大学学报》（社会科学版）2004 年第 2 期。

张小劲：《关于政党组织嬗变问题的研究：综述与评价》，《欧洲研究》2002年第 4 期。

周淑真：《如何区分左翼和右翼》，《环球时报》2004 年 10 月 29 日。

周穗明：《20 世纪西方三大左翼关于社会结构演进的理论沿革》，《当代世界社会主义问题》2008 年第 1 期。

中文译著

〔美〕阿伦·利普哈特：《民主的模式——36 个国家的政府形式和政府绩效》，陈崎译，北京大学出版社，2006。

〔美〕T. 埃弗哈德·霍尔特曼：《德国政党国家：解释、发展与表现形式》，程迈译，中国政法大学出版社，2015。

〔美〕埃里希·弗罗姆：《逃避自由》，刘林海译，国际文化出版公司，2000。

〔英〕安东尼·吉登斯：《第三条道路：社会民主主义的复兴》，郑戈译，北京大学出版社，2000。

〔英〕安东尼·吉登斯：《社会的构成：结构化理论大纲》，李康、李猛译，生活·读书·新知三联书店，1998。

〔英〕安东尼·吉登斯：《现代性与自我认同》，赵旭东、方文译，生活·读书·新知三联书店，1998。

〔美〕安东尼·唐斯：《民主的经济理论》，姚洋、邢予青等译，上海世纪出版集团，2005。

〔澳〕安德鲁·文森特：《现代政治意识形态》，袁久红译，江苏人民出版社，2008。

〔英〕保罗·塔格特：《民粹主义》，袁明旭译，吉林人民出版社，2005。

〔美〕本杰明·巴伯：《强势民主》，彭斌、吴润洲译，吉林人民出版社，2006。

〔美〕本尼迪克特·安德森：《想象的共同体：民族主义的起源与散布》，吴叡人译，上海人民出版社，2011。

〔美〕本尼迪克特·安德森：《想象的共同体：民族主义的起源与散布》，吴叡人译，上海世纪出版集团，2005。

〔英〕彼得·伯克：《历史学与社会伦理》，姚明译，上海人民出版社，2001。

〔加〕A. 布莱顿、〔法〕P. 赛蒙：《理解民主——经济的与政治的视角》，毛丹、潘一禾、应严、孙仲译，学林出版社，2000。

〔比利时〕达维德·范雷布鲁克：《反对选举》，甘欢欢译，社会科学文献出版社，2018。

〔英〕戴维·赫尔德：《民主的模式》，燕继荣等译，中央编译出版社，2004。

〔英〕戴维·米勒、〔英〕韦农·波格丹诺编，邓正来主编《布莱克维尔政治学百科全书》，中国政法大学出版社，1992。

〔美〕丹尼尔·贝尔：《后工业社会的来临》，商务印书馆，1986。

〔美〕道格拉斯·拉米斯：《激进民主》，刘元琪译，中国人民大学出版社，2008。

〔法〕多米尼克·莫伊西：《情感地缘政治学：恐惧、羞辱与希望的文化如何重塑我们的世界》，姚芸竹译，新华出版社，2010。

〔英〕比尔·考克瑟、〔英〕林顿·罗宾斯、〔英〕罗伯特·里奇：《当代英国政治》，孔新峰、蒋鲲译，北京大学出版社，2009。

〔德〕弗里德里希·迈内克：《德国的浩劫》，何兆武译，商务印书馆，2011。

〔德〕汉娜·鄂兰：《极权主义的起源》，林骧骅译，时报文化出版企业有限公司，1995。

〔德〕黑格尔：《历史哲学》，王造时译，上海书店出版社，2001。

〔法〕吉斯卡尔·德斯坦：《法兰西民主》，新文、诗云合译，商务印书馆，1980。

〔美〕卡尔·波普尔：《开放社会及其敌人》，桂冠出版社，1986。

〔美〕卡罗尔·佩特曼：《参与和民主理论》，陈尧译，上海人民出版社，2006。

〔加〕莱斯利·雅各布斯：《寻求平等机会——平等主义正义的理论与实践》，刘宏斌、方秋明译，江苏人民出版社，2018。

〔德〕莱因哈德·屈恩尔：《法西斯主义剖析》，邸文译，军事科学出版社，1992。

〔英〕卢克·马奇：《欧洲激进左翼政党》，于海青、王静译，社会科学文献出版社，2014。

〔法〕吕克·费雷:《期望少一点 爱多一点》,李月敏、欧瑜译,复旦大学出版社,2009。

〔美〕罗伯特·A.达尔:《多元主义民主的困境——自治与困境》,周军华译,吉林人民出版社,2006。

〔美〕迈克尔·赫克特:《遏制民族主义》,韩召颖译,中国人民大学出版社,2012。

〔英〕纳什·斯科特主编《布莱克维尔政治社会学指南》,浙江人民出版社,2007。

〔挪威〕弗里德里克·巴斯:《族群与边界——文化差异下的社会组织》,李丽琴译,马成俊校,商务印书馆,2014。

〔英〕佩里·安德森:《思想的谱系:西方思潮左与右》,袁银传、草荣湘等译,社会科学文献出版社,2010。

〔法〕皮埃尔-安德烈·塔吉耶夫:《种族主义源流》,高凌瀚译,生活·读书·新知三联书店,2005。

〔法〕皮埃尔·勒鲁:《论平等》,王允道译,肖厚德校译,商务印书馆,2011。

〔法〕让·布隆戴尔、〔意〕毛里齐奥·科塔主编《政党与政府——自由民主国家政府与支持性政党关系探析》,史志钦等译,北京大学出版社,2006。

〔法〕让-马里·可特雷、克洛德·埃梅里:《选举制度》,张新木译,商务印书馆,1996。

〔美〕塞缪尔·亨廷顿、〔美〕劳伦斯·哈里森主编《文化的重要作用:价值观如何影响人类进步》,程克熊译,新华出版社,2010。

〔美〕史蒂芬·E.弗兰泽奇:《技术年代的政党》,李秀梅译,商务印书馆,2010。

〔美〕斯蒂芬·格罗斯比:《民族主义》,陈蕾蕾译,译林出版社,2017。

〔南非〕德斯蒙德:《没有宽恕就没有未来》,图图、江红译,闫克文校译,广西师范大学出版社,2014。

〔法〕古斯塔夫·勒庞:《革命心理学》,佟德志、刘训练译,吉林人民出版社,2004。

〔英〕斯图亚特·汤普森:《社会民主主义的困境:思想意识、治理与全球化》,贺和风、朱艳圣译,重庆出版社,2008。

〔以色列〕J.F.塔尔蒙:《极权主义民主的起源》,孙传钊译,长春:吉林人民出版社，2004 年。

〔英〕唐纳德·萨松：《欧洲社会主义百年史——二十世纪的西欧左翼》，姜
　　辉、于海青、庞晓明译，社会科学文献出版社，2017。

〔英〕特里·伊格尔顿：《马克思为什么是对的》，李扬、任文科等译，新星
　　出版社，2011。

〔法〕托克维尔：《论美国的民主》（上、下），董果良译，商务印书馆，2010。

〔德〕托马斯·迈尔：《社会民主主义导论》，殷叙彝译，中央编译出版
　　社，1996。

〔法〕托马斯·皮凯迪：《21 世纪资本论》，巴曙松、陈剑等译，中信出版
　　社 2014。

〔加〕威尔·金里卡：《少数的权利：民族主义、多元文化主义和公民》，邓
　　红风译，上海译文出版社，2005。

〔美〕威廉·A. 哈维兰：《当代人类学》，王铭铭等译，上海人民出版社，
　　1987。

〔美〕沃尔特·拉克尔：《法西斯主义——过去、现在、未来》，张峰译，北
　　京出版社，2000。

〔美〕西摩·马丁·李普塞特：《一致与冲突》，张华清等译，上海人民出版
　　社，1995。

〔古希腊〕亚里士多德：《政治学》，吴寿彭译，商务印书馆，1965。

〔美〕杨－威尔纳·穆勒：《解读民粹主义》，林麓雪译，台湾时报出版社，
　　2017。

〔意〕博比奥：《左与右：政治区分的意义》，陈华译，江苏人民出版社，2012。

〔意〕乔·萨托利：《民主新论》，冯克力、阎克文译，东方出版社，1998。

〔意〕G. 萨托利：《政党与政党体制》，王明进译，商务印书馆，2006。

〔以色列〕尤瓦尔·赫拉利：《人类简史》，林俊宏译，中信出版社，2014。

〔英〕约翰·邓恩：《民主的历程》，林猛等译，吉林人民出版社，1999。

〔英〕约翰·麦克里兰：《西方政治思想史》，彭淮栋译，海南出版社，2003。

〔美〕约瑟夫·E. 斯蒂格利茨：《社会主义向何处去：经济体制转型的理论与
　　证据》，周立群、韩亮、余文波译，吉林人民出版社，2011。

〔美〕约瑟夫·熊彼特：《资本主义、社会主义与民主》，吴良健译，商务印书
　　馆，1999。

〔美〕约瑟夫·熊彼特：《资本主义、社会主义与民主》，吴良健译，商务印书

馆，2007。

〔美〕詹姆斯·博曼、〔美〕威廉·雷吉主编《协商民主：论理性与政治》，陈家刚译，中央编译出版社，2006。

〔美〕朱利安·扬：《海德格尔 哲学 纳粹主义》，陆丁、周濂译，辽宁教育出版社，2002。

报纸

Front Assault，How Marine Le Pen Became the Worker' Favourite in the North，*Economist*，25.2. 2012.

《"第三条道路式微"，欧洲左翼力量走向何方?》，《中国社会科学报》2015年5月20日。

《"德国另类选择"党对欧元说"不"》，《光明日报》2013年4月17日。

《热点问答：意大利为何要举行修宪公投》，新华社，2016年12月2日。

《国际思想周报 第三条道路之死》，澎湃新闻，2015年4月15日。

李华泽：《英国工党对公有制态度的百年嬗变》，《中国社会科学报》2019年1月31日。

田德文：《欧洲极右翼势力的政治化趋势》，《光明日报》2000年12月20日。

王悠然：《内外因共同催生欧美反移民潮》，《中国社会科学报》2019年1月29日。

杨云珍：《并不孤单的疑欧主义》，《文汇报》2016年7月4日。

杨云珍：《德国政治生态面临重大转折》，《中国社会科学报》2017年11月3日。

赵琪：《英国贫困问题亟待解决》，《中国社会科学报》2019年1月25日。

周淑真：《如何区分左翼和右翼》，《环球时报》2004年10月29日。

英文著作

Anders Widfeldt, *Linking Parties with People? Party Membership in Sweden 1960 – 1994*, Farnham: Ashgate, 1999.

Andrew Knapp, *Ephemeral Victories? France's Governing Parties, the Ecologists and the Far Right*, London: Sage, 2004.

Annvi Gardberg, *Against the Stranger: The Gangster and the Establishment*, Helsinki: Swedish School of Social Science, University of Helsinki, 1999.

Anthony Giddens, *Beyond Left and Right*, Cambridg: Polity Press, 1994.

Arend Lijphart, *Patterns of Democracy: Government Forms and Performance in Thirty-six Countries*, New Haven, CT: Yale University Press, 1999.

Ben Rosamond, *Theories of European Integration*, London: Palgrave Macmillan, 2000.

Bert Klandermans and Nonna Maye, *Extreme Right Activists in Europe: Through the Magnifying Glass*, London: Routledge, 2006.

Björn Hettne, *The Globalization of Development Theory*, Budapest: Institute for World Economics of the Hungarian Academy of Sciences, 1990.

Cas Mudde, *Populist Radical Right Parties in Europe*, Cambridge: Cambridge University Press, 2007.

Cas Mudde, *Racist Extremism in Central and Eastern Europe*, London: Routledge, 2005.

Cas Mudde, *The Ideology of the Extreme Right*, Manchester: Manchester University Press, 2004.

Cas Mudde, *The Ideology of the Extreme Right*, New York: St. Martin's Press, 2000.

Christine Ingebritsen, *The Nordic States and European Unity*, New York: Cornell University Press, 1998.

Daniel Bell ed. , *The Radical Right*, New York: Transaction Books, 2001.

Daniele Albertazzi and Duncan McDonnell eds. , *Populism and Democracy in Twenty-first Century Populism the Spectre of Western European Democracy*, London: Palgrave Macmillan, 2008.

David Art, *Nazi Past in Germany and Austria*, Cambridge: Cambridge University Press, 2006.

Dimitris Tsarouhas, *Social Democracy in Sweden the Threat from a Globalized World*, London, New York: Tauris Academic Studies Press, 2008.

Elin Haugsgjerd Allern and Tim Bale eds. , *Left-of-Centre Parties and Trade Unions in the Twenty-First Century*, Oxford: Oxford University Press, 2017.

Elisabeth Carter, *The Extreme Right in Western European: Success or Failure?* Manchester: Manchester University Press, 2005.

Erik Åsard and W. L. Bennett, *Democracy and the Marketplace of Ideas: Communication and Government in Sweden and the United States*, Cambridge: Cambridge University Press, 1997.

Ernesto Laclau, *Politics and Ideology in Marxist Theory: Capitalism-Fascism-Populism*, Atlantic Highlands, New Jersey: Humanities Press, 1977.

Frank Böckelmann and Hersch Fischler, *Bertelsmann: Hinter der Fassade des Medienimperiums*, Frankfurt: Eichborn Verlag, 2004.

Gustav Le Bon, *Crowd: A Study of the Popular Mind*, New York: Viking Press, 1960.

Hans Bockler Stiftung ed., *Inequality in Europe*, Berlin: Friedrich-Ebert-Stiftung and Hans Böckler Stiftung Social Europe, 2018.

Hans-Georg Betz and Stefan Immerfall eds., *The Politics of the Right: Neo-populist Parties and Movements in Established Democracies*, London: Macmillan, 1998.

Hans-Georg Betz, *Radical Right-wing Populism in Western Europe*, Basingstoke: Macmillan, 1994.

Hanspeter Kriesi and Takis S. Pappas, *European Populism in the Shadow of the Great Recession*, Rowman and Littlefield: ECPR Press, 2015.

Henning Meyer and Jonathan Rutherford eds., *The Future of European Social Democracy Building the Good Society*, Basingstoke: Palgrave Macmillan, 2012.

Herbert Kitschelt, Peter Lange, Gary Marks and John D. Stephens eds., *Continuity and Change in Contemporary Capitalism*, Cambridge: Cambridge University Press, 1999.

Herbert Kitschelt, *The Radical Right in West Europe: A Comparative Analysis*, Ann Arbor: University of Michigan Press, 1995.

Herbert Kitschelt, *The Transformation of European Social Democracy*, Cambridge: Cambridge University Press, 1994.

Ian Adams, *Political Ideology Today*, Manchester: Manchester University Press, 1993.

Ian Budge et al., *Mapping Policy Preferences: Estimates for Parties, Electors and Governments, 1945 – 1998*, Oxford: Oxford University Press, 2001.

Jan Niklas Engels and Gero Maass, *The New Promise of Happiness: Current State of the Discussion on the Future Social Democracy*, Friedrich-Ebert-Stiftung: Internationale Polotik und Gesellsachaft, 2010.

Jean A. Laponce, *The Use of Visual Space to Measure Ideology*, Toronto: Toronto University Press, 1972.

Jean-Michel de Waele and F. Escalona eds., *The Palgrave Handbook of Social Democracyin the European Union*, London: Palgrave Macmillan, 2013.

Jim McGuigan, *Cultural Populism*, New York: Routledge, 2003.

John Raymond Zaller, *The Nature and Origin of Mass Opinion*, Cambridge: Cambridge University Press, 1992.

Jonathan D. Ostry, *Confronting Inequality: How Societies Can Choose Inclusive Growth*, New York: Columbia University Press, 2019.

Jonathan Marcus, *The National Front and French Politics*, New York: New York University Press, 1995.

Joseph La Palombara and Myron Weiner eds. , *Political Parties and Political Development*, New Jersey: Princeton University Press, 1966.

Julia Bläsius, Tobias Gombert, Christian Krell and Martin Timpe eds. , *Foundation of Social Democracy*, Berlin: Friedrich-Ebert-Stiftung, 2009.

Marcel Gauchet and Gladys Swain, *Dialogue Avec L'insense, Essais D'histoire De La Psychiatrie*, Paris: Gallimard, 1994.

Marcel Lubbers, *Exclusionistic Electorates: Extreme Right-Wing Voting in Western Europe*, Nijmegen: Nijmegen University, 2001.

Mary Douglas and Aaron Wildavsky, *Risk and Culture*, Berkeley and Los Angeles: University of California Press, 1982.

Michael Laver and W. Ben Hunt, *Policy and Party Competition*, New York: Routledge, 1992.

Moshe Maor, *Political Parties and Party Systems: Comparative Approaches and the British Experience*, London: Routledge, 1997.

Nadia Urbinati, *Democracy Disfigured: Opinion, Truth, and the People*, Cambridge Mass: Harvard University, 2014.

Neeraj Kaushal, *Blaming Immigrants: Nationalism and the Economics of Global Movement*, New York: Columbia University Press, 2018.

Norberto Bobbio, *Left and Right: The Significance of a Political Distinction*, Cambridge: Polity Press, 1996.

Offee Claus, *Social Movement: Challenging the Boundaries of Institutional Politics*, New York: St. Martin's Press, 1985.

Paul Hainsworth ed. , *The Politics of the Extreme Right: From the Margins to the Mainstream*, London: Pinter, 2000.

Paul Hainsworth, *The Extreme Right in Europe and the USA*, London: Pinter, 1992.

Paul Hainsworth, *The Extreme Right in West Europe*, London: Routedge, 2008.

Paul Pierson ed. , *The New Politics of the Welfare State*, Oxford: Oxford University Press, 2001.

Paul Webb, David Farrell and Ian Holliday eds. , *Political Parties in Advanced Industrial Democracies*, Oxford: Oxford University Press, 2002.

Paul. M. Sniderman et al. , *The Outsider: Prejudice and Politics in Italy*, New Jersey: Princeton University Press, 2000.

Peter Davies, *The Extreme Right in France, 1789 to the Present*, London: Routledge, 2002.

Peter Vallentyne and Hillel Stiner eds. , *Left-libertarianism and its Critics*, London: Palgrave Macmillan, 2000.

Piero Ignazi, *Extreme Right Parties in Western Europe*, Oxford: Oxford University Press, 2003.

Pierre Bourdieu et al. , *The Weight of the World: Social Suffering in Contemporary Society*, Cambridge: Polity Press, 1999.

Pippa Norris, *Radical Right-voters and Parties in the Electoral Market*, Cambridge: Cambridge University Press, 2005.

Robert Geyer and ChristineIngebritsen eds. , *Globalization, Europeanization and the End of Scandinavian Social Democracy?* London: Palgrave Macmillan, 2000.

Roger Eatwell and Cas Mudde, *Western Democracies and the New Extreme Right Challenge*, London: Routledge, 2004.

Ronald Inglehart, *The Silent Revolution: Changing Values and Political Styles Among Western Publics*, New Jersey: Princeton University Press, 1977.

Sabrina P. Ramet ed. , *The Radical Right in Central and Easter Europe Since 1989*, Pennsylvania: University of Pennsylvania Press, 1999.

Seymour MartinLipset, *The Politics of Unreason: Right Wing Extremism in America 1790 - 1977*, Chicago: University of Chicago Press, 1978.

Sidney Webb and Beatrice Webb, *History of Trade Unionism*, London: Longmans and Co. , 1920.

Sieglinde Gstöhl, *Reluctant Europeans: Sweden, Norway, and Switzerland in the Process of Integration*, Boulder: Lynne Rienner, 2002.

Stefano Bartolini, *The Class Cleavage: The Political Mobilisation of the European*

Left, 1860 – 1980, Cambridge: Cambridge University Press, 2000.

Terrie Givens, *Voting Radical Right in Western Europe*, Cambridge: Cambridge University Press, 2005.

Tom A. B. Snijders, Roel J. Bosker, *Multilevel Analysis: An Introduction to Basic and Advanced Multilevel Modelling*, London: Age, 2000.

Valdimer Orlando Key, *Politics, Parties and Pressure Groups*, New York: Thomas Y. Crowell Company, 1964.

Vassilis K. Fouskas and Bülent Gökay, *The Disintegration of Euro-Atlanticism and New Authoritarianism: Global Power-shift*, London: Palgrave Macmillan, 2019.

Yves Mény and Yves Surel eds. , *Democracies and the Populist Challenge*, London: Palgrave Macmillan, 2002.

Zygmunt Bauman, *Globalization: The Human Consequence*, Cambridge: Polity Press, 1998.

英文论文

Ack Watts and Tim Bale, "Populism as an Intra-Party Phenomenon: The British Labour Party under Jeremy Corbyn", *The British Journal of Politics and International Relations*, Vol. 21, No. 1, 2019.

Alexandra Cole, "Old Right Versus New Right? TheIdeological Positioning of Parties of the Far Right", *European Journal of Political Research*, Vol. 44, No. 2, 2005.

Amir Abedi, "Challenges to Established Parties: The Effects of Party System Features on the Electoral Fortunes of Anti-political-establishment Parties", *European Journal of Political Research*, Vol. 41, No. 3, 2002.

Anders Kjellberg, "The Decline in Swedish Union Density Since 2007", *Nordic Journal of Working Life Studies*, Vol. 1, No. 1, 2011.

André Blais and R. Kenneth Carty, "The Psychological Impact of Electoral Laws: Measuring Duverger's Elusive Factor", *British Journal of Political Science*, Vol. 21, No. 1, 1991.

Andrea B. Haupt, "Parties' Response to Economic Globalization: What is Left for the Left and What is Right for the Right?", *Party Politics*, Vol. 16, No. 1, 2010.

Anton Derks, "Populism and the Ambivalence of Egalitarianism. How do the

Underprivileged Reconcile a Right-wing Party Preference with their Socio-economic Attitudes?", *World Political Science Review*, Vol. 2, No. 3, 2006,

Assar Lindbeck and Dennis J. Snower, "Insiders Versus Outsiders", *Journal of Economic Perspectives*, Vol. 15, No. 1, 2001.

Benjamin Moffitt, "How to Perform Crisis: A Model for Understanding the Key Role of Crisis in Contemporary Populism", *Government and Opposition*, Vol. 50, No. 2, 2015.

Bjorn Bremer, "The Missing Left? Economic Crisis and the Programmatic Response of Social Democratic Parties in Europe", *Party Politics*, Vol. 24, No. 1, 2018.

Bonnie M. Meguid, "Competition Between Unequals: The Role of Mainstream Party Strategy in Niche Party Success", *American Political Science Review*, Vol. 99, No. 3, 2005.

Brian Burgoon, "Globalization and Welfare Compensation: Disentangling the Ties that Bind", *International Organization*, Vol. 55, No. 3, 2001.

Cas Mudde, "Right-wing Extreme Analyzed: A Comparative Analysis of the Ideologies of Three Alleged Right-wing Extreme Parties (NPD, NDP, CP'86)", *European Journal of Political Research*, Vol. 27, No. 2, 1995.

Cas Mudde, "The Paradox of the Anti-Party Party: Insights from the Extreme Right", *Party Politics*, Vol. 2, No. 2, 1996.

Cas Mudde, "The Single-issue Party Thesis: Extreme Right Parties and the Immigration Issue", *West European Politics*, Vol. 22, No. 3, 1999.

Cas Mudde, "The War of Words: Defining the Extreme Right Party Family", *West European Politics*, Vol. 19, No. 2, 1996.

Christopher T. Husbands, "The Other Face of 1992: The Extreme-right Explosion in Western Europe", *Parliamentary Affairs*, Vol. 45, No. 3, 1992.

Daniel Oesch, "Explaining Workers' Support for Right-wing Populist Parties in Western Europe: Evidence from Austria, Belgium, France, Norway, and Switzerland", *International Political Science Review*, Vol. 29, No. 3, 2008.

DavidWeakliem, "The Effects of Education on Political Opinions: An International Study", *International Journal of Public Opinion Research*, Vol. 14, No. 2, 2002.

Duane Swank and Hans-Georg Betz, "Globalization, the Welfare andRight-wing Populism in Western Europe", *Socio-Economic Review*, Vol. 1, No. 2, 2003.

Eatwell Roger, "The Rebirth of the 'Extreme Right' in Western Europe", *Parliamentary Affairs*, Vol. 53, No. 3, 2000.

EliasDinas and Pedro Riera, "Do European Parliament Elections Impact National Party System Fragmentation?", *Comparative Political Studies*, Vol. 51, No. 4, 2018.

Elisabeth Carter, "Political Opportunity Structures and Right-wing Extremism Party Success", *European Journal of Political Research*, Vol. 45, No. 3, 2006.

Elisabeth Carter, "Proportional Representation and the Fortunes of Right-wing Extremist Parties", *West European Politics*, Vol. 25, No. 3, 2002.

Francis G. Castles and Peter Mair, "Left-right Political Scales: Some 'Expert' Judgements", *European Journal of Political Research*, Vol. 12, No. 28, 1982.

Frederick D. Weil, "The Variable Effects of Education on Liberal Attitudes: A Comparative Historical Analysis of Anti-semitism Using Public Opinion Survey Data", *American Sociological Review*, Vol. 50, No. 4, 1985.

Geoffrey K. Robert, "Extreme in Germany: Sparrows or Avalanche?", *European Journal of Political Research*, Vol. 25, No. 4, 1994.

George Steinmetz, "The Radical Right in Western Europe: A Comparative Analysis", *American Journal of Sociology*, Vol. 102, No. 4, 1997.

Georgia Savannah and Ian Budge, "Expert Judgments of Party Policy Positions: Uses and Limitations in Political Research", *European Journal of Political Research*, Vol. 37, No. 1, 2000.

Gijs Schumacher and Kees Van Kersbergen, "Do Mainstream Parties Adapt to the Welfare Chauvinism of Populist Parties?", *Party Politics*, Vol. 22, No. 3, 2016.

Gosta Esping-Andersen, "Politics without Class: Postindustrial Cleavages in Europe and America", in H. Kitschelt et al. eds., *Continuity and Change in Contemporary Capitalism*, Cambridge: Cambridge University Press, 1999.

Hans-Georg Betz, "Exclusionary Populism in Western Europe in the 1990s and Beyond. A Threat to Democracy and Civil Rights?", United Nations Research Institute for Social Development, *Identities, Conflict and Cohesion*, No. 9, 2004.

Hans-Georg Betz, "The New Politics of Resentment: Radical Right-wing Populist Parties in Western Europe", *Comparative Politics*, Vol. 25, No. 4, 1993.

Heemin Kim and Richard C. Fording, "Voter Ideology in Western Democracies,

1946 – 1989", *European Journal of Political Research*, Vol. 33, No. 1, 1998.

Herbert Kitschelt, "Political Opportunity Structures and Political Protest: Anti-nuclear Movements in Four Democracies", *British Journal of Political Science*, Vol. 16, No. 1, 1986.

Hermann Schmitt and KReif, "Nine National Second-order Elections: A Systematic Framework for the Analysis of European Elections Results", *European Journal of Political Research*, Vol. 8, No. 1, 1980.

James L. Newell, "Italy: The Extreme Right Comes in from the Cold", *Parliamentary Affairs*, Vol. 53, No. 3, 2000.

Jens Rydgren, "The Sociology of the Radical Right", *Annual Review of Sociology*, Vol. 33, 2007.

Jocelyn A. J. Evans, "The Dynamics of Social Change in Radical Right-wing Populist Party Support", *Comparative European Politics*, Vol. 3, No. 1, 2005.

John Huber and Ronald Inglehart, "Expert Interpretations of Party Space and Party Locations in 42 Societies", *Party Politics*, Vol. 1, No. 1, 1995.

Jørgen Goul Andersen and Tor Bjørklund, "Radical Right-wing Populism in Scandinavia: From Tax Revolt to Neo-liberalism and Xenophobia", in Paul Hainsworth ed. , *The Politics of the Extreme Right: From the Margins to the Mainstream*, London: Pinter, 2000.

Jørgen Goul Andersen, "Denmark: The Progress Party-Populist Neo-Liberalism and Welfare State Chauvinism", in Paul Hainsworth ed. , *The Extreme Right in Europe and the USA*, London: Pinter, 1992.

Kenneth R. Minogue, "Nationalism: The Poverty of a Concept", *European Journal of Sociology*, Vol. 8, No. 2, 1967.

Kenneth Roberts, "Neo-liberalism and the Transformation of Populism in Latin America: The Peruvian Case", *World Politics*, Vol. 48, No. 1, 1995.

Kert Weyland, "Clarifying a Contested Concept: Populism in the Study of Latin American Politics", *Comparative Politics*, Vol. 34, No. 1, 2001.

Klaus Von Beyme, "Right-wing Extreme in Post-war Europe", *West European Politics*, Vol. 11, No. 2, 1988.

Kurt R. Luther, "The Self-destruction of a Right-wing Populist Party? The Austrian Parliamentary Election of 2002", *West European Politics*, Vol. 26, No. 2, 2003.

Manuel Funke, Moritz Schularick and Christoph Trebesch, "Going to Extremes: Politics after Financial Crises, 1870 – 2014", *European Economic Review*, Vol. 88, 2016.

Marc Swyngedouw, "The Extreme Right in Belgium: Of a Non-existent Front National and an Omnipresent Vlaams Blok", in Hans-Georg Betz and S. Immerfall eds., *The Politics of the Right: Neo-populist Parties and Movements in Established Democracies*, London: Palgrave Macmillan, 1998.

Marcel Coenders and Peer Scheepers, "Support for Ethnic Discrimination in the Netherlands 1979 – 1993: Effects of Period, Cohort, and Individual Characteristics", *European Sociological Review*, Vol. 14, No. 4, 1998.

Marcel Lubbers, Mérove Gijsberts and Peer Scheepers, "Extreme Right-wing Voting in Western Europe", *European Journal of Political Research*, Vol. 41, No. 3, 2002.

Margaret Canovan, "Trust the People! Populism and the Two Faces of Democracy", *Political Studies*, Vol. 47, No. 1, 1999.

Martin Schain, "Book Review: The Radical Right in Western Europe", *Comparative Political Studies*, Vol. 30, No. 3, 1997.

Matthew J. Goodwin and Oliver Heath, "The 2016 Referendum, Brexit and the Left Behind: An Aggregate-level Analysis of the Result", *The Politically Quarterly*, Vol. 87, No. 3, 2016.

Michael Billing, "The Extreme Right: Continuities in Anti-Semitic Conspiracy Theory in Post-War Europe", in Roger Eatwell and Noel O'Sullivan eds., *The Nature of the Right*, London: Pinter, 1989.

Michael Gallagher, "Proportionality, Disproportionality and Electoral Systems", *Electoral Studies*, Vol. 10, No. 1, 1991.

Michael Minkenberg, "The New Radical Right in the Political Process: Interaction Effects in France and Germany", in Aristide Zolberg ed., *Shadows over Europe: The New Development and Impacts of the Extreme Right in Western Europe*, London: Palgrave Macmillan, 2002.

Michael Minkenberg, "The West European Radical Right as a Collective Actor: Modeling the Impact of Cultural and Structural Variables on Party Formation and Movement Mobilization", *Comparative European Politics*, Vol. 1, No. 2, 2003.

Nicholasm Aylott, "Between Europe and Unity: The Case of the Swedish Social Democrats", *West European Politics*, Vol. 20, No. 2, 1997.

Oddbjorn Knutsen, "Cleavage Dimension in Ten West European Countries: A Comparative Empirical Analysis", *Comparative Political Studies*, Vol. 21, No. 40, 1989.

Organization for Economic Cooperation and Development (OECD), "Trends in International Migration. SOPEMI, Continuous Reporting System on Migration", *Annual Report*, Paris: OECD, 1992.

Paul Hainsworth, "Introduction-The Cutting Edge: The Extreme Right in Post-war Western Europe and the USA", in Paul Hainsworth ed., *The Extreme Right in Europe and the USA*, London: Pinter, 1992.

Paul Taggart and Aleks Szczerbiak, "The Party Politics of Euroscepticism in EU Member and Candidate States", Sussex European Institute Workings Paper, No. 51, 2002.

Paul Taggart, "A Touchstone of Dissent: Euroscepticism in Contemporary Western European Party Systems", *European Journal of Political Research*, Vol. 33, No. 3, 1998.

Paul Taggart, "New Populist in Western Europe", *West European Political*, Vol. 18, No. 1, 2007.

Paul Warwick, "Disputed Cause, Disputed Effect: The Post Materialist Thesis Re-examined", *Public Opinion Quarterly*, Vol. 62, No. 4, 1998.

Peter Mair and Cas Mudde, "The Party Family and its Study", *Annual Review of Political Science*, Vol. 1, No. 1, 1998.

Pia Knigge, "The Ecological Correlates of Right-wing Extremism in Western Europe", *European Journal of Political Research*, Vol. 34, No. 2, 1998.

Piero Ignazi, "The Silent Counter-revolution Hypotheses on the Emergence of Extreme Right-wing Parties in Europe", *European Journal of Political Research*, Vol. 22, No. 1, 1992.

Raoul Narrol, "Ethnic Unit Classification", *Current Anthropology*, Vol. 5, No. 4, 1964.

Robert G. Moser, "Electoral Systems and the Number of Parties in Post-Communist States", *World Politics*, Vol. 51, No. 3, 1999.

Robert W. Jackman and KarinVolpert, "Conditions Favouring Parties of the Extreme Right in Western Europe", *British Journal of Political Science*, Vol. 26, No. 4, 1996.

Roger Karapin and Hans Source, "Radical-right and Neo-Fascist Political Parties in Western Europe Comparative Politics", Vol. 30, No. 2, 1998.

Sarah L. de Lange, "A New Winning Formula? The Programmatic Appeal of the Radical Right", *Party Politics*, Vol. 13, No. 4, 2007.

Subrata Mitra, "The National Front in France: A Single-issue Movement?", *West European Politics*, Vol. 11, No. 2, 1998.

Ted Perlmutter, "Bringing Parties Back in: Comments on 'Modes of Immigration Politics in Liberal Democratic Societies'", *International Migration Review*, Vol. 30, No. 1, 1996.

Thomas M. Meyer and Markus Wagner, "Perceptions of Parties' Left-right Positions: The Impact of Salience Strategies", *Party Politics*, Vol. 26, No. 5, 2020.

Thomas Poguntke, "Towards a New Party System: The Vanishing Hold of the Catch-all Parties in Germany", *Party Politics*, Vol. 20, No. 6, 2014.

Thoms Saalfeld, "The Politics of National-Populism: Ideology and Politics of the German Republikaner Party", *German Politics*, Vol. 2, No. 1, 1993.

Uwe Backes and Cas Mudde, "Germany: Extreme Without Successful Parties", *Parliament Affairs*, Vol. 53, No. 3, 2000.

Van Kersbergen, "Political Allegiance and European Integration", *European Journal of Political Research*, Vol. 37, No. 1, 2000.

Voerman Gerrit and Paul Lucardie, "The Extreme Right in the Netherlands: The Centrists and their Radical Rivals", *European Journal of Political Research*, Vol. 22, No. 1, 1992.

Wolfgang C. Müller, "Evil or the 'Engine of Democracy'? Populism and Party Competition in Austria", in Yves Mény and Yves Surel eds., *Democracies and the Populist Challenge*, London: Palgrave Macmillan, 2002.

Wouter Van der Brug and Anthony Mughan Charisma, "Leader Effects and Support for Right-wing Populist Parties", *Party Politics*, Vol. 13, No. 1, 2007.

Wouter Van der Brug and M. Fennema, "Protest or Mainstream? How the European Anti-Immigrant Parties Developed into Two Separate Groups by 1999", *Euro-

pean Journal of Political Research，Vol. 42，No. 1，2003.

Wouter Van der Brug, M. Fennema and J. Tillie，"Anti-immigrant Parties in Europe：Ideological or Protest Vote?"，*European Journal of Political Research*，Vol. 37，No. 1，2000.

相关政党研究学术期刊的网站

Party Politics，http：//ppq. sagepub. com.

European Journal of Political Research，http：//www. blackwell-synergy. com/loi/EJPR.

国内相关欧洲研究中心网站

北京大学欧洲研究中心：http：//www. pku. edu. cn/academic/euc。

中国社会科学院欧洲研究所：http：//ies. cass. cn。

同济大学德国、欧盟研究所：https：//dgyj. tongji. edu. cn。

国外大学研究中心网站

KEELE EUROPEAN PARTIES RESEARCH UNIT（KEPRU），http：//www. keele. ac. uk/depts/spire/research/KEPRU/kepru_home. htm.

斯坦福大学弗里曼斯波利国际研究学院：https：//fsi. stanford. edu。

普林斯顿大学政治学系：https：//politics. princeton. edu。

哈佛大学肯尼迪政治学院：https：//iop. harvard. edu。

相关极右翼政党网站

德国选择党：http：//www. alternativefuer. de。

法国国民联盟：http：//www. frontnational. com。

奥地利自由党：http：//www. fpoe. at/fpoe/bundesparteiobmann。

瑞典自由党：https：//www. liberalerna. se。

荷兰自由党：https：//www. pvv. nl。

相关左翼政党网站

德国社会民主党：https：//www. spd. de。

英国工党：https：//labour. org. uk。

意大利民主党：www. partitodemocratico. it。

瑞典社会民主工人党：https://www. socialdemokraterna. se。

匈牙利社会党：http://mszp. hu。

欧洲社民党党团：https://www. socialistsanddemocrats. eu。

国外主流媒体及智库网站

英国广播公司：http://www. bbc. co. uk。

《新闻周刊》：http://www. newsweek. com。

美国国家公共电台：http://www. npr. org。

欧洲犹太出版社：http://www. ejpress. org。

《经济学人》：http://www. economist. com。

《纽约时报》：http://www. nytimes. com。

《泰晤士报》：http://www. thetimes. co. uk/tto/news。

《每日电讯报》：http://www. telegraph. co. uk。

弗里德里希艾伯特基金会，https://www. fes. de。

欧洲社会调查：https://www. europeansocialsurvey. org。

欧洲政治：https://www. politico. eu。

欧洲价值观调查：https://europeanvaluesstudy. eu。

欧洲政党与选举：http://www. parties-and-elections. eu/index. html。

欧洲议会：https://www. europarl. europa. eu/portal/en。

卡内基战略欧洲：https://carnegieeurope. eu/strategiceurope。

社会欧洲：https://www. socialeurope. eu。

评论汇编：https://www. project-syndicate. org。

后 记

————

书稿即将付梓，内心感触良多，回望来路，满怀感激。

走上对欧洲政党政治的研究之路，最早起于我在山西大学跟随程人乾先生攻读硕士学位之时。当时，我讨论了第二次世界大战时期德国的纳粹主义，为什么自诩高贵的雅利安文明可以把犹太人不视为"人"来看待。带着这样的问题意识，我于2006～2009年在中国人民大学国际关系学院攻读博士学位时，将论文选题锁定为"当代西欧极右翼政党研究"，毕业论文得到了导师周淑真教授的悉心指导，以及学院众多老师们的帮助。2012年，博士学位论文有幸获得上海市学术出版资助，由上海人民出版社出版。

2011年，我来到同济大学马克思主义学院工作，在承担公共课教学的同时，没有停止对欧洲政党政治的关注和研究。2013年，我获得了国家社科基金项目"极右翼思潮蔓延对欧洲左翼政党的影响研究"资助，这本《极右翼阴影下的欧洲左翼政党》就是在结项报告的基础上完善而成的。

感谢同济大学马克思主义学院的领导和同事在工作上给予的帮助，每当我遇到困难时，同事们都帮我分担教学任务，对他们我心怀感激。此次书稿的出版，同济大学马克思主义学院也欣然支持，在此一并表示感谢。

感谢山西大学历史学专业的程人乾教授，是他将我引入了学术研究的领域，程老师治学严谨，对学子十分关爱，是我成长路上的一盏明灯。

感谢中国社会科学院欧洲研究所的冯仲平教授，早年聆听他有关国际关系的研讨，为我日后的研究兴趣开启了一扇大门。在读博期间和工作后，冯老师一直给予我指导和帮助。

感谢我在中国人民大学求学时的导师周淑真教授，她一直对我关爱有加，即使毕业后，她对我的帮助也从未中断；感谢我的博士后合作导师，上海师范大学的李路曲教授，他鞭辟入里的研究、注重理论分析的风格让我领略了比较政治学研究的精妙；感谢我的英国导师，基尔大学政治与国际关系学院的库尔特·理查德·路德（Kurt Richard Luther）教授，从 2008 年我前往基尔大学访学至今，我们从未中断过学术上的交流，他总是睿智地指出我研究的不足，第一时间将政党政治研究领域的最新动态分享给我，引领我一同探究和思考。

感谢华东师范大学马克思主义学院的丁晓强教授，他在同济大学工作时，结合校园特色，鼓励我给研究生们开设了选修课"中欧政党比较研究"，促使我在欧洲政党政治研究领域中进一步努力深耕。

感谢同济大学德国研究中心主任郑春荣教授使我有机会成为该中心的一员，能和众多优秀的同事合作，我在研究中不再孤单。同时，加盟德国研究中心亦帮助我拓宽了视野，在研究欧洲政党政治生态变化的基础上，我也同时关注欧洲内部的政治变化对中欧关系以及世界格局的影响。尤其令人感到温暖的是，此次书稿的出版不仅得到了德国研究中心的慷慨资助，还被纳入"同济大学欧洲与德国研究丛书"。

经师易得，人师难求。我在这些学界前辈和同仁的身上看到他们孜孜以求，率先垂范，在研究和思考的路上从未停歇。这种探究的精神，这种严谨端正的学术品格，形塑着我的人生观和价值观。别人的路无法复制，但我愿意以他们为榜样。

感谢选修"中欧政党比较研究"课程的学生们，在每一轮授课中，我都结合最新的研究成果和最新的选举态势，更新讲义和资料，力争拓宽学生们的知识面，给他们带来深度的启发和思考。

感谢我指导的硕士研究生：蒋小涵同学帮助完成了本书德国社会民主党部分资料的整理工作；王瑞同学帮助完成了部分文字校对工作；苏磊同学帮助完成了文字校对以及后期英文文献的核对工作。

爱如一炬之火，万火引之，其火如故。学生是老师心灵的后裔，薪火相传，今天作为人师的我正在将从导师们那里学来的精神、品格传予后辈。我很欣慰，在他们成长的路上，我能有幸陪伴一段旅程。

感谢社会科学文献出版社的编辑老师们，他们既专业又敬业，在审校书稿的过程中，每一页上密密麻麻的红色标注，都展现着他们为他人做嫁衣的无私付出，这让我深感敬佩。没有两位编辑老师的严格把关和鞭策，本书恐怕很难顺利出版。

最后要感激的是我的家人，作为母亲，作为一名大学教师，两端都需要我全力付出，很多时候，也曾顾此失彼，唯有他们的理解和包容，方才支持我走到今天。

杨云珍

2021 年 10 月于上海

图书在版编目（CIP）数据

极右翼阴影下的欧洲左翼政党／杨云珍著. -- 北京：
社会科学文献出版社，2022.1
（同济大学欧洲与德国研究丛书）
ISBN 978 - 7 - 5201 - 9662 - 8

Ⅰ.①极…　Ⅱ.①杨…　Ⅲ.①政党 - 研究 - 欧洲
Ⅳ.①D750.64

中国版本图书馆 CIP 数据核字（2022）第 018763 号

·同济大学欧洲与德国研究丛书·

极右翼阴影下的欧洲左翼政党

著　　者／杨云珍

出 版 人／王利民
组稿编辑／祝得彬
责任编辑／仇　扬
文稿编辑／陈旭泽
责任印制／王京美

出　　版／社会科学文献出版社·当代世界出版分社（010）59367004
　　　　　　地址：北京市北三环中路甲 29 号院华龙大厦　邮编：100029
　　　　　　网址：www. ssap. com. cn
发　　行／社会科学文献出版社（010）59367028
印　　装／三河市东方印刷有限公司

规　　格／开　本：787mm×1092mm　1/16
　　　　　　印　张：14　字　数：243 千字
版　　次／2022 年 1 月第 1 版　2022 年 1 月第 1 次印刷
书　　号／ISBN 978 - 7 - 5201 - 9662 - 8
定　　价／88. 00 元

读者服务电话：4008918866